李学锋 杨开忠 麻智辉 李志萌 等 著

江西省县域新型城镇化研究

STUDY ON NEW-TYPE
URBANIZATION
IN COUNTY-LEVEL REGIONS OF
JIANGXI PROVINCE

社会科学文献出版社
SOCIAL SCIENCES ACADEMIC PRESS (CHINA)

前　言

中国新型城镇化正经历从"规模扩张"向"质量共生"的深刻转型。党的二十大报告明确提出"推动绿色发展，促进人与自然和谐共生"，将生态文明建设提升至国家战略高度。作为国家生态文明试验区，江西省以其独特的生态禀赋与县域经济基础，积极探索生态文明与新型城镇化深度融合的创新路径。《江西省县域新型城镇化研究》立足江西实践，系统梳理其以生态文明重塑城镇化逻辑的探索，旨在为全国县域新型城镇化发展提供理论参考与实践启示。

江西省森林覆盖率长期稳居全国前列，拥有鄱阳湖湿地、井冈山生态屏障等重要生态系统，但同时也面临城乡差距显著、产业结构单一、生态资源转化不足等现实挑战。在此背景下，江西以"绿水青山就是金山银山"理念为引领，坚持"产城融合、生态筑基、民生为本"，通过产业集群培育、基础设施提级、公共服务均等化与绿色转型，走出了一条"以产促城、生态优先、文化赋能、城乡共富"的县域新型城镇化道路。这一实践不仅是对"中国式现代化"内涵的生动诠释，更是对全球可持续发展目标的创新回应。

本研究聚焦生态文明建设与新型城镇化的内涵与互动机理，通过理论分析与案例研究，阐明两者在制度协同、产业转型、空间优化等层面的耦合关系。研究指出，生态文明为城镇化提供价值导向与生态约束，而城镇化则为生态文明落地创造载体，二者的协同是破解资源环境约束、实现高质量发展的关键。

本研究以江西省县域实践为核心，总结其历史性成就与模式创新，深入探讨了县域城镇化"江西模式"的主要特征。

一是以产促城。通过产业园区建设与创新驱动，培育县域经济新增长极。例如，南昌县依托新能源汽车、冷链物流等千亿级产业集群，实现"市县同城"融合；高安工业园区以新能源新材料为主导，推动"产城人"协同发展。

二是生态优先。将生态保护嵌入城镇化全过程，创新生态价值转化机制。资溪县"两山银行"整合碎片化生态资源、武宁县"林长+司法"联动机制，以及婺源县"生态旅游+"模式，均为生态资源资本化提供了范例。

三是文化赋能。以非遗活化、公共文化服务升级为抓手，推动城乡文化振兴。文港镇通过"一支笔"撬动百亿产业，建成国家级特色小镇；进贤县以医疗器械、毛笔制造等传统产业为基底，实现文化与经济的深度融合。

四是城乡共富。通过土地改革、公共服务均等化与农村产业升级，缩小城乡差距。江西农村土地流转率超40%，城乡居民收入比从2014年的2.41∶1降至2024年的2.10∶1，展现了共同富裕的阶段性成果。

面向未来，江西县域城镇化仍面临诸多挑战：中心城市带动力不足、县级行政区划调整滞后、人口流动新趋势带来区域分化风险等。本研究提出"三轮驱动"发展策略——特色产业驱动培育新质生产力，绿色低碳转型打造生态文明样板，基础设施提级构建智慧化城乡网络，并强调通过区域协同、乡村振兴与行政区划优化，推动城镇化与生态文明的深度耦合。

本研究的意义在于：一方面，为县域尺度下生态文明与城镇化的协同推进提供了理论框架，揭示"生产—生活—生态"空间的动态平衡机制；另一方面，通过总结江西经验，为全国同类地区破解发展瓶颈、探索可持续路径提供实践参考。本研究涵盖政策分析、实地调研与数据建模，力求兼顾学术严谨性与实践指导性。期待本研究能为政府决策者、学术研究者及城镇规划从业者提供有益借鉴，共同推动新型城镇化迈向更高质量、更可持续的未来。

李学锋

2025 年 4 月

目　录

总报告　生态文明视角下县域新型城镇化的江西实践　// 001
　　一　中国城镇化进入新阶段　// 002
　　二　生态文明建设与新型城镇化的内涵与互动机理　// 007
　　三　江西县域新型城镇化的历史性成就　// 019
　　四　江西县域新型城镇化的模式　// 024
　　五　江西县域新型城镇化的未来展望　// 032
　　参考文献　// 037

第一章　县域新型城镇化与新型工业化　// 039
　　一　新型城镇化与新型工业化的耦合协调　// 039
　　二　特色产业培育与新型城镇化　// 051
　　三　产业园区建设与新型城镇化　// 067
　　四　数字经济培育与新型城镇化发展——以吉安县为例　// 079
　　参考文献　// 088

第二章　县域新型城镇化与乡村全面振兴　// 089
　　一　农村土地改革与新型城镇化　// 089
　　二　新型农业经营体系构建发展现状及挑战　// 106

三 现代农业集聚区/示范区建设与新型城镇化 // 126

四 新型城镇化过程中的城乡融合发展——以贵溪市医共体建设为例 // 145

五 新型城镇化过程中的城乡治理现代化 // 154

六 在新型城镇化中推进县域共同富裕 // 167

参考文献 // 187

第三章 新型城镇化与县城建设 // 191

一 农业转移人口市民化的县城实践 // 191

二 县城建设中的投融资模式和路径——来自樟树市的经验做法 // 203

三 产城融合与新型城镇化——以贵溪市为例 // 213

四 江西人才集聚与县域新型城镇化研究 // 223

参考文献 // 241

第四章 县域城镇化的绿色转型 // 242

一 产业生态化与新型城镇化 // 243

二 生态产业化与新型城镇化 // 259

三 生态修复与绿色城镇化 // 274

四 文旅产业发展与新型城镇化推进 // 291

参考文献 // 305

后 记 // 308

总报告
生态文明视角下县域新型城镇化的江西实践

在全球化与气候变化交织的背景下，中国正经历着从"规模扩张"向"质量共生"的城镇化深刻转型。党的二十大报告明确提出"推动绿色发展，促进人与自然和谐共生"，将生态文明建设提升至国家战略高度。作为国家生态文明试验区，江西省以其独特的生态禀赋与县域经济基础，积极探索生态文明与新型城镇化深度融合的创新路径，为破解"生态保护与经济发展"的二元困境提供了鲜活样本。江西省森林覆盖率长期稳居全国前列，拥有鄱阳湖湿地、井冈山生态屏障等重要生态系统，但其县域发展也面临城乡差距显著、产业结构单一、生态资源转化不足等现实挑战。

在此背景下，江西以"绿水青山就是金山银山"理念为引领，坚持"产城融合、生态筑基、民生为本"，以南昌县、奉新县、吉安县等国家级新型城镇化建设示范县为引领，通过产业集群培育提升县城吸引力，推动人口向县城集聚，同步推进基础设施补短板、公共服务均等化与绿色生态转型，走出了一条"以产促城、生态优先、文化赋能、城乡共富"的县域新型城镇化模式。本报告立足江西的实践探索，系统梳理其以生态文明重塑城镇化的逻辑，通过理论分析与实证研究，揭示县域维度下生态文明建设与新型城镇化的联动机制，旨在探索一条兼顾生态安全、经济增长与社会公平的城镇化新路径。这不仅是对"中国式现代化"内涵的生动诠释，更是对可持续发展目标的创新回应。

一 中国城镇化进入新阶段

中国的城镇化从区域空间上经历了从农村工业化起步，到沿海地区迅速城镇化，再到全面推动新型城镇化的演变。从发展特色上经历了自计划经济时期的初步尝试，至市场经济时期的迅猛发展，再到中国特色社会主义新时代的转型升级，我国城镇化走过了多个发展阶段和变革，每个阶段都着重应对各自的问题和挑战。

在不同历史时期，我国城镇化工作始终紧密结合实际情况，推进实践与改革，实现了城镇化进程的历史性突破。

（一）初步探索：新中国成立至改革开放前的中国城镇化（1949~1978年）

自新中国成立至改革开放前，中国城镇化处于计划经济体制下的关键发展阶段，其进程深受政治政策和政府引导的影响。这一时期，我国城镇化发展呈现鲜明的特点。1949年3月，毛泽东在党的七届二中全会报告中强调，只有恢复和发展城市生产，将消费型城市转变为生产型城市，人民政权才能得到巩固。自此，党的工作重心从农村转向城市，城市成为"生产建设的突破口"，为快速实现工业化，国家采取"重工业优先"的发展战略。通过"一五"计划（1953~1957年）引入苏联援建的156项重大项目，推动工业城市（如东北工业基地）的快速扩张。城镇化被视为工业化的附属产物，城市功能集中于生产性建设，而非人口聚集。在这一政策引导下，我国城镇基础设施不断完善，众多重点工业城市相继崛起，如鞍山、包头、武汉等。然而，这一时期的城镇化未能持续发展。1957年冬季，为了迅速改变国家贫穷落后的状况，党中央提出了15年赶超英国钢产量的发展目标，并于1958年正式制定社会主义建设总路线，同时发起"大跃进"和人民公社化运动。1958年1月，全国人大常委会第九十一次会议通过《中华人民共和国户口登记条例》，规定："公民由农村迁往城市，必须持有城市劳动部门的录用证明、学校的录取证明，或者城市户口登记机关的准予迁入的证明，向常住地户口登记机关申请办理迁出手续。"我国城乡分离的户籍制度由此形成并不断加强。严格的户籍管理制度限制了农村人口向城市流动，导致我国城镇化水平从那时起呈现负增长趋势。该条例确立了严格的户籍制度，将人口划分为"农业户口"与"非农业户口"，限制农村人口向城市自由流动。户籍制度与就业、住房、教育等福利挂钩，形成城乡二元社会结构，成为阻碍城镇化的制度性屏障。在这一背景下，我国城镇化进程受到极大的冲击。20世纪60年代初期，因经济困难，国家推行"上山下乡"运动，大量城市人口进入农村，城镇化率下降。1962年10月，中共中央、国务院发布《关于当前城市工作若干问题的指示》，规定调整市镇建制，缩小城市郊区，完成减少城镇人口计划。1960~1978年，城镇化率从19.7%降为17.9%，出现阶段性倒退。这一时期，我国城镇化发展虽然取得了一定的成就，但同时也暴露出诸多问题，如户籍制度、产业结构、城乡差距等。这些问题为后来的改革开放和城镇化进程提供了深刻的启示。

在城镇化发展道路的选择上，考虑到基础条件相对薄弱，我国采取了依托计划经济体制的策略。这一时期的城镇化模式是以政府为主导，以工业和农业的快速增长为基石，以重点工程建设作为突破口，迅速集中资源，激发发展活力，实现了自主发展和自力更生的城镇化，工业布局集中于东北及沿海地区，中西部城市发展缓慢。然而，过度强调重工业的发展并不契合我国的比较优势。我国拥有庞大的劳动力资源，农村劳动力过剩，城市失业问题也较为严重。优先发展重工业未能有效吸纳富余劳动力，反而提高了对劳动力素质的要求，加剧了城乡劳动力过剩的矛盾。此外，城乡二元结构固化，户籍制度与粮食统购统销政策加剧城乡分割，农村人口难以通过自然迁移融入城市，导致城镇化与工业化脱节，城镇化与工业化"低效协同"。重工业优先战略虽推动了工业增长，但资本密集型产业对就业吸纳能力有限，未能有效带动农村剩余劳动力转移。城市经济结构单一，服务业发展滞后。

（二）快速发展：改革开放及市场经济下的中国城镇化（1979～2013年）

改革开放初期，我国仍处于典型的农业社会形态，城乡二元结构矛盾突出。1978年党的十一届三中全会开启了农村体制改革新篇章，通过推行家庭联产承包责任制，实现了农村生产关系的历史性突破。1982年1月，中共中央印发《全国农村工作会议纪要》，首次以中央文件形式确认"双包"责任制的合法性，极大激发了农民生产积极性。这一制度创新使粮食产量实现跨越式增长，1978～1984年，全国粮食总产量年均增速达4.7%，农业劳动效率的提升促使农业剩余劳动力向非农领域转移，为城乡要素市场培育提供了原始动能。1984年，党的十二届三中全会通过《中共中央关于经济体制改革的决定》，标志着改革重心由农村转向城市。同年发布的《关于农民进入集镇落户问题的通知》首次赋予农民进城务工的合法性，农民工群体开始成为城镇化的重要推动力。在公有制基础上的计划商品经济框架下，沿海开放城市与经济特区的设立构建起梯度开放格局。至1992年社会主义市场经济体制改革目标确立前，城市已逐步形成以工业生产为核心、资本与技术密集度不断提升的发展模式。1994年分税制改革后，地方政府依赖土地出让收入推动城镇化，形成"土地财政"模式。20世纪90年代社会主义市场经济体制的确立引发要素配置机制的深刻变革。随着乡镇企业技术升级加速，其对农村富余劳动力的吸纳能力由1995年峰值1.28亿人逐步下降，促使劳动力跨区域流动规模突破性增长。1998年中央提出"小城镇，大战略"发展方针，通过户籍制度渐进式改革，推动城镇化率由1995年的29.0%跃升至2011年的51.3%，实现城镇人口规模的历史性超越。这种制度创新与市场驱动相结合的发展路径，不仅重构了城乡经济地理格局，更培育出规模达2.6亿的新型城镇化人口群体，为后续新型城镇化战略实施奠定了实践基础。2002年党的十六大提出"大中小城市和小城镇协调发展"，"十五"计划首次将城镇化提升为国家战略，强调发挥大城市辐射作用，推动城市群（如长三角、珠三角）发展。2000年后，户籍制度改革深化，部分城市试点取消落户限制。2012年国务院提出"居住证制度"，尝试解决未落户人口的公共服务覆盖。

1978~2013年的城镇化以"效率优先"为核心，通过市场化改革释放了巨大增长动能，但也积累了结构性矛盾（如土地财政依赖、半城镇化）。改革开放后至2013年11月新型城镇化战略提出前，中国城镇化经历了从"规模扩张"向"质量提升"转型的关键阶段。这一时期政策从"控制规模"向"协调发展"、户籍制度松绑与人口流动自由化演变。改革开放初期（1978~1990年），国家逐步放宽农民进城务工限制，允许农村剩余劳动力向非农产业转移。城市发展战略有所调整，1980年《全国城市规划工作会议纪要》提出"控制大城市、合理发展中等城市、积极发展小城市"，但实际效果有限。

这一阶段中，市场化与制度创新取得突破，城乡要素流动机制不断改革。农民工规模从1978年的2000万人增至2013年的2.7亿人，成为城市建设和产业发展的主力军，但"半城镇化"问题突出。试点集体经营性建设用地入市，探索宅基地有偿退出机制，但城乡土地二元结构仍未完全被打破。2000年后，地铁、高速公路网络加速覆盖，但公共服务（教育、医疗）仍向大城市倾斜。2013年，地级及以上城市生产总值占全国62%，但中小城市配套滞后。这时期城镇化的核心特征是效率优先与结构性矛盾，表现为"土地城镇化"快于"人的城镇化"。1996~2013年，城镇化率从30.5%升至53.7%，但户籍城镇化率仅35.7%。超大城市（如北京、上海）服务业占比达60%~80%，中小城市仍依赖传统制造业，区域差距加剧。城市群集聚效应显著，19个城市群以占全国6.57%的面积贡献88%的GDP，但中西部资源型城市面临转型压力。资本和人口向高回报区域集聚，形成"用脚投票"的空间重构，如农民工向沿海城市流动。

（三）转型升级：坚持"以人为本"的新型城镇化（2013年至今）

2013年11月，党的十八届三中全会首次提出"以人为核心的城镇化"，要求"坚持走中国特色社会主义新型城镇化道路，推进以人为核心的新型城镇化"。2014年《国家新型城镇化规划（2014-2020年）》的颁布，标志着中国城镇化战略的根本性转型。该规划首次系统提出"以人为核心"的发展理念，将政策重心从土地扩张转向质量提升，构建"五位一体"（人口、土地、资金、生态、制度）协同推进机制。2015年10月，党的十八届五中全会通过的《中共中央关于制定国民经济和社会发展第十三个五年规划的建议》完整地提出了"以人为核心的新型城镇化"。2020年《关于构建更加完善的要素市场化配置体制机制的意见》进一步强化户籍、土地等关键领域改革，推动城镇化与生态文明建设深度融合。2022年10月，党的二十大报告明确提出："推进以人为核心的新型城镇化，加快农业转移人口市民化。"这一系列改革使我国新型城镇化建设被赋予新的内涵和目标。这一阶段，我国城镇化实现了多维突破。户籍制度渐进式改革，实施差异化落户政策，全面取消城区常住人口300万以下城市落户限制，放宽特大城市积分落户标准。空间治理体系重构，构建"城市群—都市圈—中心城市"三级体系：长三角、粤港澳等19个城市群贡献全国超过80%的GDP，成渝双城经济圈通过产业链分工降低核心城市人口密度。人口城镇化深度突破，常住人口城镇化率从2014年的55.75%升至2024年的67%，户籍城镇化率差距缩小。

这一阶段城镇化充分展示了中国特色的新型城镇化范式。一是制度创新与市场驱动的动态平衡。通过土地跨省交易机制、生态补偿制度等创新工具，破解资源错配难题，实现城镇化效率与公平的再平衡。二是数字技术深度嵌入治理体系。"城市大脑"覆盖超过一半的地级及以上城市，通过大数据优化交通、环保等公共服务供给，城市治理响应速度提升。三是走生态文明导向的发展道路。将"双碳"目标纳入城镇化考核体系，建立GEP（生态系统生产总值）核算制度，"十四五"时期，将推动100个左右地级及以上城市开展"无废城市"建设，鼓励有条件的省份全域推进"无废城市"建设。四是创新"县城—特色镇—美丽乡村"三级节点发展模式，实现城乡要素双向流动。当前，以生态文明建设为导向的新型城镇化，更加强调实现福利最大化，通过新型城镇化推进人与自然的和谐共生，实现城市发展与生态环境保护的平衡，合理利用土地资源，减少对自然环境的破坏，保护生态系统的完整性和稳定性，积极走更加可持续、更加绿色的城镇化道路。

二 生态文明建设与新型城镇化的内涵与互动机理

在全球气候变化加剧与资源环境约束趋紧的背景下，生态文明建设与新型城镇化已成为中国推进高质量发展的重要战略方向。生态文明建设强调人与自然和谐共生，旨在通过绿色发展、循环经济与低碳转型重构社会生产生活方式；新型城镇化则以"以人为本、集约高效、生态宜居"为核心，致力于打破传统城镇化高耗能、高污染的路径依赖，推动城乡空间优化与可持续发展。两者在理论与实践层面存在深刻耦合：生态文明建设为新型城镇化提供价值导向与生态约束框架，而新型城镇化通过技术创新、制度设计及空间规划为生态文明落地创造载体。当前，中国正面临"双碳"目标实现、城乡融合发展等多重挑战，亟须厘清二者的互动机理，探索协同推进路径。

（一）生态文明建设与新型城镇化的内涵

1. 生态文明建设的内涵

生态文明建设是中国在新时代提出的重大发展战略，旨在通过重塑人与自然的关系，实现经济社会可持续发展与生态环境保护的有机统一。生态文明理念摒弃了"人类中心主义"，确立"人与自然生命共同体"的哲学观，倡导"绿水青山就是金山银山"的发展理念。在实践中，将生态价值纳入经济核算体系，建立 GDP（地区生产总值）与 GEP（生态系统生产总值）双考核机制，推动生态资源资本化。构建"源头严防、过程严管、后果严惩"的生态治理制度链，如《环境保护法》修订（2015 年施行）、生态环境损害赔偿制度（2018 年施行）。推行"党政同责、一岗双责"的环保责任体系，将生态指标纳入官员政绩考核（如中央环保督察制度）。发展模式从"高耗能、高排放"转向绿色低碳循环经济。空间治理强调"山水林田湖草沙"系统修复，划定生态保护红线面积占比超 25% 国土面积。

中国生态文明建设的发展经历了从引入环境保护概念到推动可持续发展，再到提出生态文明理念，并通过立法与政策推动以及实践与成果展示等阶段。进入 20 世纪 90 年代，中国开始强调可持续发展的重要性，并将其写入国家发展战略。1994 年，中国政府作出了履行《21 世纪议程》等文件的庄严承诺，提出了可持续发展的战略构想。2007 年，中国共产党第十七次全国代表大会首次提出了"建设生态文明"的目标,并将其确立为党的重要方针之一。随后,在2012年和2017年两次全国生态文明建设大会上,进一步明确了生态文明建设的重要性和目标。中国在生态文明建设方面加强了立法和政策的推动。2008年,通过了《中华人民共和国环境保护法》等一系列与环境保护相关的法律法规。同时,出台了一系列政策文件,包括《关于加快推进生态文明建设的意见》《节能减排综合性工作方案》等,推动生态文明建设的实施。中国在生态文明建设方面取得了一系列显著成果。例如,在大气污染治理方面,实施了大规模的煤改气、煤改电等措施,并取得了明显的空气质量改善效果。此外,中国还大力发展可再生能源、推广循环经济等举措,促进绿色低碳发展。这一过程体现了中国对于生态文明建设重要性认识的不断深化和实践经验的积累。

2. 新型城镇化的内涵

新型城镇化是指在城镇化进程中,以人为本、以可持续发展为导向,注重质量和效益,实现城乡一体化、人与自然和谐共生的城镇化发展模式。新型城镇化以人民福祉为核心,以改善居民生活质量、提升居住环境、保障基本公共服务为核心目标,通过提供优质的教育、医疗、社会保障等公共服务设施,满足人民对美好生活的需求。新型城镇化强调保护生态环境,推动可持续发展。通过合理规划土地利用、优化资源配置、推广节能减排等措施,实现经济增长与环境保护的协调发展。中国新型城镇化的核心在于摒弃传统以土地扩张和人口集聚为单一目标的模式,转向"以人为核心"的发展哲学,强调城镇化进程中公平性、可持续性、包容性的有机统一。其内涵体现为三重逻辑。一是价值逻辑,将"人的全面发展"作为终极目标,推动农业转移人口市民化,保障其享有均等化的公共服务。注重"社会融合",通过社区治理创新(如"15分钟生活圈"）提升居民归属感。二是生态逻辑，将生态文明嵌入城镇化全过程，推行"双碳"目标下的低碳城市模式。构建"生产—生活—生态"空间协同体系，全国划定生态保护红线，全面提高城市建成区绿化覆盖率。三是经济逻辑，以创新驱动替代要素驱动，通过"产城融合"优化资源配置。总体而言，中国新型城镇化的本质是通过制度重构和技术革命，探索超大规模人口与资源环境约束下的可持续发展道路。其内涵不仅体现为发展模式的转型，更承载着文明形态跃迁的历史使命，为全球城镇化提供兼具效率与公平的"中国方案"。

（二）生态文明建设与新型城镇化的协同关系

生态文明建设与新型城镇化的耦合协调关系，是中国在高质量发展背景下实现人与自然和谐共生的核心命题。两者既相互制约又相互促进，需通过制度创新、空间重构、产业转型等多维度协同推进。

1. 顶层设计与政策联动实现制度协同

生态文明建设与新型城镇化的制度协同与顶层设计的耦合协调关系体现在政策体系的系统性重构与跨领域联动机制上。主要包括空间规划的生态约束与顶层设计、政策工具创新与制度协同、区域协作与政策联动机制三个维度。一是空间规划的生态约束与顶层设计。基于《全国主体功能区规划》，将国土空间划分为优化开发、重点开发、限制开发和禁止开发四类区域，明确城镇化集中在生态承载力较高的区域，生态敏感区则严格限制开发。新型城镇化构建了"两横三纵"城镇化格局与生态保护红线的协同布局，既保障城市群发展，又避免生态空间被过度侵占。实现生态红线与城镇化空间的动态平衡，通过"多规合一"机制将生态保护与城镇开发边界纳入统一规划体系。例如，湖北省在新型城镇化中强化"千湖之省"的生态基底，将湖泊湿地保护与城市绿心建设结合，推动"山水城"融合。二是政策工具创新与制度协同。包括生态补偿与市场化机制、环境治理的法治化与考核问责、绿色金融与财政支持等。全国碳市场覆盖45亿吨二氧化碳排放量，通过价格信号引导企业低碳转型。推进环境治理的法治化与考核问责，修订《环境保护法》并建立生态环境损害赔偿制度，强化企业主体责任，将生态指标纳入官员政绩考核，如中央环保督察制度对地方政府形成刚性约束。持续推进绿色金融与财政支持，通过专项债、生态补偿基金等工具支持绿色基建。三是长三角、京津冀等区域建立大气、水环境等区域协作与政策联动机制。例如，长三角推进"无废城市"区域共建方案，实施固废跨界转移协同监管。长江"十年禁渔"（2020年启动）联合沿江11个省市，修复水生生态系统，江豚种群数量增加。

2. 绿色经济与循环模式实现产业协同

新型城镇化需摒弃传统高污染工业模式，转向清洁能源、智能制造业等绿色产业。生态文明建设与新型城镇化耦合协同的产业体系主要表现为绿色经济与循环模式重构，实现资源高效利用、污染减排与经济增长的动态平衡。一是构建从高碳向低碳转型的绿色产业体系。绿色工业体系方面，在工业领域推行"源头减量—过程控制—末端再生"的全链条绿色生产模式。传统产业升级方面，针对纺织、化工等高污染行业，推广循环经济模式。如广东惠阳通过"绿岛模式"集中处理工业废酸液，将每吨废水的处理成本转化为千元产值，实现"变废为宝"。绿色农业体系方面，开展生态化与集约化生产，推广节水灌溉技术和农业废弃物资源化利用。贵州茅台镇通过林下经济与酿酒产业结合，形成"种植—加工—生态旅游"的循环链条。碳汇经济探索方面，资源开发碳汇交易，将生态价值转化为经济收益，促进城乡要素流动。绿色服务业体系方面，推进数字化与低碳化融合。发展绿色物流、智慧旅游等业态，优化服务业能耗结构。二是通过资源闭环与价值链延伸创新循环经济模式。如工业循环模式、跨行业资源耦合、生产者责任延伸等。三是以优化空间资源配置促进区域协同，建立产业集群。长三角城市群通过产业链梯度转移（如上海聚焦研发、江苏承接制造），降低核心城市生态压力，成渝双城经济圈以"芯屏器核网"产业链分工，推动电子信息产业低碳化，减少重复投资与资源浪费。未来需进一步推动新型城镇化成为生态文明建设的实践载体，为全球可持续发展提供"中国方案"。

3. 城乡功能互补与生态修复实现空间协同

生态文明建设与新型城镇化的空间协同关系，本质是通过重构城乡功能分工与修复生态系统，实现"生产—生活—生态"空间的动态平衡。生态文明背景下的新型城镇化通过从割裂到协同的范式转型，实现城乡功能互补。城市的功能定位是创新与服务中枢，城市聚焦高附加值产业和公共服务供给，通过技术创新与资本集聚驱动经济增长。城市群核心城市承担辐射功能，通过产业链分工疏解非核心产业向周边中小城市转移，减少生态压力。乡村的功能定位为生态屏障与资源供给，并通过农业生态化和生态修复工程提供生态产品。城市资本、技术下乡支持乡村生态修复，乡村生态资源反哺城市可持续发展。在生态文明理念的指引下，新型城镇化积极推进"三生空间"统筹规划，通过国土空间规划划定生态保护红线、永久基本农田和城镇开发边界，确保城镇建设不越生态底线。多地构建"城市公园—郊野森林—乡村湿地"多层级生态网络，积极推动韧性城市与弹性乡村联动。城市通过地下管廊、防洪排涝系统提升抗灾能力，乡村通过生态缓冲带减轻自然灾害影响。开展城市群与生态屏障共建，以"城市群—都市圈—中心城市"三级体系优化空间布局，例如成渝双城经济圈通过产业链分工疏解核心城市压力，同时推进长江上游生态修复工程，保护生物多样性。

生态文明建设与新型城镇化的耦合协调，本质是通过制度重构、技术革新和文化重塑等方式，实现"生产—生活—生态"空间的动态平衡。两者的协同不仅是环境治理问题，更是人类文明形态从工业文明向生态文明的深刻转型。生态文明建设与新型城镇化的耦合协调发展将经济与环境从分割调整为协同，以技术革新实现绿色生产力的内生驱动，以文化重塑内化全民生态价值观，以文明形态转型展现中国方案的全球价值。生态文明建设与新型城镇化的耦合协调，是一场文明革命。中国通过重构发展逻辑，证明生态保护不是增长的代价，而是新质生产力的源泉。这种转型不仅为14亿人口探索出可持续发展道路，更为人类文明存续提供了新范式——在修复环境的同时实现普遍繁荣，这正是"中国方案"的重大贡献。

（三）生态文明建设与新型城镇化耦合协调的互动机理

1. 生态文明建设与新型城镇化的目标一致

生态文明建设与新型城镇化的核心目标均指向"人与自然和谐共生"的可持续发展愿景。二者的互动机理体现为制度、经济、技术和社会文化等维度的系统性协同，通过目标导向的互补性设计，将生态保护与城市发展的矛盾转化为协同共生的动力。生态文明建设与新型城镇化均是从矛盾到共生的范式转换。生态文明建设的核心是解决"人与自然关系失衡"问题，通过生态修复、资源节约与污染治理，实现生态系统的稳定性和可持续性；新型城镇化则以"人的全面发展"为根本，优化城乡空间布局、提升公共服务质量，推动社会公平与经济效率的平衡。两者的终极目标均指向"人与自然生命共同体"的构建，即在满足人类发展需求的同时，确保生态系统的承载能力不被突破。二者的价值导向具有协同性。生态文明通过资源循环利用提升生态效率，新型城镇化通过空间集约开发提升经济效率。

两者共同追求系统韧性,生态文明关注生态系统的抗干扰能力,城镇化强调城市应对气候风险的能力。新型城镇化建设的生态价值不断显化,碳排放权交易、生态补偿等市场化工具将环境成本内部化,引导城镇化主体主动选择低碳路径。城乡建设用地增减挂钩政策将城镇扩张与农村土地复垦绑定,推动土地资源在城乡间优化配置,同时保障耕地和生态用地规模。将生态指标(如单位 GDP 能耗、PM2.5 浓度)纳入城镇化绩效考核体系,打破传统唯 GDP 导向。生态文明建设通过环境规制提高传统生产要素的使用成本,倒逼城镇化进程中的资本、劳动力向绿色产业流动。生态文明的环境标准迫使高污染企业退出,释放的土地、资金等资源被重新配置到绿色制造业和现代服务业。城市作为技术研发与消费中心,推动乡村生态产品的市场化;乡村则通过提供生态服务反哺城市可持续发展,形成"城市需求—乡村供给"的闭环。新型城镇化的资源密集特征与生态文明的循环利用目标结合,催生多种协同发展模式。生态文明教育被纳入国民教育体系,通过课程设计和行为引导,将生态价值观内化为公众自觉。新型城镇化的社区治理机制则为环保行动提供组织载体,城镇化基础设施设计与生态文明倡导的低碳出行理念相结合,通过"选择架构"引导公众行为。生态文明建设与新型城镇化的这种耦合不仅化解了传统城镇化与生态保护的矛盾,更通过系统性的正向反馈,推动人类社会从"征服自然"向"适应自然"的文明形态转型。

2. 新型城镇化是生态文明建设的有力支撑

新型城镇化作为现代社会发展的重要战略,其核心在于通过系统性变革推动城市与自然的和谐共生,为生态文明建设提供多维度的支撑。新型城镇化通过资源集约利用,降低生态压力。新型城镇化通过优化资源配置模式,显著提升资源利用效率,减少对自然资源的过度消耗。在土地利用上，强调"精明增长"理念，通过混合用地开发、立体空间利用和存量土地再开发，遏制城市无序扩张，保护耕地和生态用地。在能源使用上，推广分布式能源系统和智能电网，结合可再生能源的应用，降低化石能源依赖，减少碳排放。水资源管理方面，实施海绵城市技术，通过雨水收集、中水回用和节水设施普及，缓解水资源短缺压力，维护水生态平衡。这种集约化模式不仅有效减轻了城镇化对自然资源的掠夺性开发，而且为生态系统的自我修复留出空间。新型城镇化以绿色技术驱动构建低碳经济体系，将绿色技术创新嵌入城市发展的全生命周期。在建筑领域，绿色建筑标准的强制执行，推动超低能耗建筑、装配式建筑和近零碳社区的建设，使建筑全生命周期碳排放降低。在交通系统中，智能交通管理结合新能源车辆普及，构建多模式绿色出行网络，显著降低交通污染。在产业层面，通过"产城融合"策略布局生态工业园区，推广清洁生产工艺和工业共生网络，实现废弃物资源化率提升。技术创新不仅降低环境负荷，更催生出碳捕集利用、生物降解材料等新兴产业链，形成经济增长与生态保护的双赢格局。新型城镇化将生态安全纳入空间规划的顶层设计，构建"蓝绿交织"的生态基础设施网络。通过划定生态保护红线，严格保护关键生态功能区，确保城镇化扩张不突破生态阈值。在城市内部，建立分级生态廊道系统——从城市级绿心、社区级绿带到口袋公园，形成连续的自然渗透网络。同时，受损生态系统的主动修复被纳入城市更新计划，重建野生动植物栖息地，维持生态系统的完整性和稳定性。新型城镇化通过制度设计将生态文明理念转化为刚性约束和长效激励机制。在立法层面，确立"生态优先"的规划审批原则，要求所有建设项目必须通过生态影响评估。在经济手段上，建立生态产品价值实现机制，包括碳交易、水权交易和生态补偿制度，使保护者获得收益。监管体系方面，构建天地空一体化的环境监测网络，运用卫星遥感、物联网传感器和AI算法实现污染源精准溯源。绩效考核改革将生态指标权重提升，倒逼地方政府统筹生态与发展的关系。新型城镇化通过空间设计与制度安排塑造绿色生活方式。在社区层面，推行"无废社区"和共享经济模式，设置垃圾分类智能回收站、旧物交换中心，引导居民形成循环消费习惯。教育系统中，将生态素养纳入课程体系，开展"校园碳账户""生态研学"等实践项目，使青少年尽早接触环保理念。公共参与机制上，建立环境决策听证会、生态监督志愿者网络，赋予市民对建设项目环评的否决权。数字技术进一步扩大参与渠道，通过"生态积分"App实现个人低碳行为的即时量化与奖励兑换，激发公众主动参与生态治理的内生动力。

资源集约化降低生态损耗为技术应用提供物理空间，绿色技术突破反过来提升资源利用效率；生态空间网络的维护依赖制度约束，而制度效能的发挥需要公众文化认同的支撑。这种多层次、多维度的互动，使新型城镇化成为生态文明建设的核心载体——既通过空间重构和技术革新直接改善生态环境，又借助制度变革和文化培育构建可持续发展的深层动力，最终实现人类活动与自然系统的动态平衡。

3. 新型城镇化是生态文明建设的空间载体和物质基础

新型城镇化与生态文明建设的深度融合，体现为前者为后者提供了物理空间框架与资源技术基础，通过系统性重构城市发展模式，实现人与自然关系的根本性优化。伴随人口城镇化速度的加快，城市规模持续扩张，城市逐渐成为居民生活与工作的核心区域。通过科学地规划与布局，可以构建生态环境优良、生活品质高的城市环境。新型城镇化不仅提供了优质的住宅、公共服务设施、交通网络等基础设施，还为居民创造了优越的生活条件。此外，新型城镇化也为生态文明建设奠定了物质基础。在推进新型城镇化的过程中，涉及土地开发、基础设施建设等任务。通过科学的规划与设计，可以实现土地资源的高效利用，并且注重自然环境的保护。同时，在基础设施建设中融入绿色低碳技术与节能减排措施，有助于降低对资源和环境的负面影响。这些措施为可持续发展的实现提供坚实的物质支撑。具体表现在，新型城镇化以"三区三线"为规划基准，将生态保护红线嵌入国土空间开发全过程。通过划定生物多样性保护区、水源涵养带等关键生态节点，构建连续完整的生态网络，确保城镇化扩张不突破自然承载力阈值。新型城镇化集约高效的空间开发模式为生态文明建设提供更广阔的空间载体。新型城镇化推行"存量更新"替代"增量扩张"，通过旧城改造、工业用地再开发等途径提升土地利用效率。垂直空间利用与混合功能布局减少土地碎片化，降低生态空间挤占压力。城市增长边界动态调整机制确保建设用地规模与生态修复进度同步，实现开发与保护动态平衡。新型城镇化重视城乡生态系统的全域统筹，构建"城市群—都市圈—县城—乡村"多层级生态协同体系：核心城市承担创新与服务功能，中小城镇承接产业转移，乡村重点实施生态保育与碳汇提升。通过流域综合治理、跨区域生态补偿机制，实现山水林田湖草沙的系统性修复，形成城乡联动的生态产品供给链。新型城镇化将生态文明理念转化为可操作的实施框架：其作为空间载体，确保生态保护与城市发展在物理层面的兼容性；作为物质基础，提供清洁能源、循环产业等实体支撑。二者的深度耦合，不仅破解了传统城镇化与生态保护的矛盾，更通过系统性的正反馈机制，推动人类聚居模式向"低冲击、高韧性"的生态文明形态跃迁。

4. 生态文明建设为破解城镇化矛盾提供新方案

生态文明建设与新型城镇化的深度融合，本质是通过对传统发展范式的根本性变革，重新定义"人与自然""城市与自然"的关系，从而系统性破解城镇化进程中资源耗竭、生态退化、社会失衡等结构性矛盾。生态文明建设解决城镇化困境是通过哲学重构—系统再造—价值整合—

机制创新的递进式变革,将城镇化从"人与自然对抗"的传统模式,升级为"人与自然共生"的文明形态。生态文明建设不仅为当前城镇化困境提供解决方案,更指向一种新的文明范式——在满足人类发展需求的同时,维系地球生命支持系统的完整性,为可持续发展做出贡献。

以生态文明建设为导向的新型城镇化是从"人类中心"到"生命共同体"的哲学重构的范式转换。传统城镇化以"人类中心主义"为哲学基底,将自然视为可无限攫取的资源库与污染排放场,导致资源透支与生态崩溃。生态文明建设提出"人与自然生命共同体"理念,承认人类是生态系统的有机组分而非主宰者,将城镇化的目标从"征服自然"转向"适应自然",从根本上消解发展逻辑与生态规律的对抗性。基于复杂系统理论,将城市视为"社会—经济—自然"复合生态系统,强调城镇化必须遵循生态阈值(如碳承载力、水安全线)的硬约束。通过系统动力学模型量化城市扩张对生态系统的扰动效应,以"动态平衡"替代"单向增长"思维,破解"先污染后治理"的路径依赖。

以生态文明建设为导向的新型城镇化是从"线性增长"到"循环共生"机制设计的系统重构。传统城镇化遵循"资源开采—生产消费—废物排放"线性模式,导致资源枯竭与污染累积。生态文明导向的城镇化通过构建"城市矿山""产业共生""生态农业"等循环链条,实现物质流从"开环"到"闭环"的重构,将资源消耗强度降低。能量流动更加低碳化,以可再生能源替代化石能源为核心,推动能源系统从"集中式—高碳"向"分布式—零碳"转型。将光伏建筑一体化、氢能储能、智能微电网等技术嵌入城市空间,使能源生产与消费在时空上精准匹配,单位 GDP 碳排放强度较传统模式下降。信息反馈智能化,依托数字孪生、物联网、区块链等技术,建立"生态体征—城市运行"实时反馈系统。通过卫星遥感监测生态空间变化、AI 预测环境风险、区块链追踪碳足迹,实现从"事后治理"到"事前防控"的治理模式升级。

以生态文明建设为导向的新型城镇化是从"经济至上"到"多元共生"目标整合的价值重塑。新型城镇化建设的生态价值显性化,通过自然资源资产核算与市场化交易,将森林、湿地等生态系统的调节服务与文化服务转化为可度量的经济价值,破解"生态保护—经济贫困"悖论。建立的"生态保护者受益"机制,通过横向财政转移支付、生态补偿基金等工具,保障生态功能区居民的发展权。农民工市民化成本分摊机制、保障性住房供给扩容等政策,消除城乡二元结构衍生的公共服务落差,推动城镇化从"半融入"向"全包容"转型。此外,文化认同更加深层化。将传统生态智慧与现代技术相结合,培育"生态公民"意识。通过社区共治、生态教育重构居民行为模式,使低碳生活从外部约束转化为内生习惯。

以生态文明建设为导向的新型城镇化实现从"单一治理"到"多元共治"机制创新的路径协同。整合国土空间规划、环境法规、产业政策,形成"生态红线—碳预算—绿色金融"政策包。倡导构建"政府—市场—社会"三元共治结构,政府通过生态立法与考核问责设定规则框架;市场通过碳价信号、绿色信贷引导要素流动;社会组织通过环境公益诉讼、公众参与监督填补治理盲区。三方协同破解"政府失灵"、"市场失灵"与"社会失语"困局。空间协同层级方面,多尺度上实现功能互补:核心城市聚焦绿色技术创新与高端服务;中小城镇承接低碳制造业;乡村重点发展生态农业与碳汇经济。通过产业链分工、生态补偿实现区域协同降碳。

三 江西县域新型城镇化的历史性成就

近年来,江西坚定贯彻落实中央推进县域新型城镇化的重大部署,以全省新型城镇化重大规划的编制和实施(如《江西省新型城镇化规划

（2014—2020年）》《江西省城镇体系规划（2015—2030年）》为重要抓手，推动县域新型城镇化取得了一系列重大成就。

（一）人口城镇化率快速提升

2014~2024年，江西省人口城镇化持续快速推进，常住人口城镇化率从50.55%提升至63.77%，年均提升1.32个百分点，比全国平均水平高约0.2个百分点。因此，江西省常住人口城镇化率与全国常住人口城镇化率差距，由5.2个百分点缩小至3.23个百分点。同时，由于江西全省全面放宽落户限制，户籍人口城镇化率以更快速度推进。全省户籍人口城镇化率从2014年的27%提升至2022年的48%，8年时间提升了21个百分点，年均提升2.6个百分点，户籍人口城镇化率与常住人口城镇化率差距持续缩小。

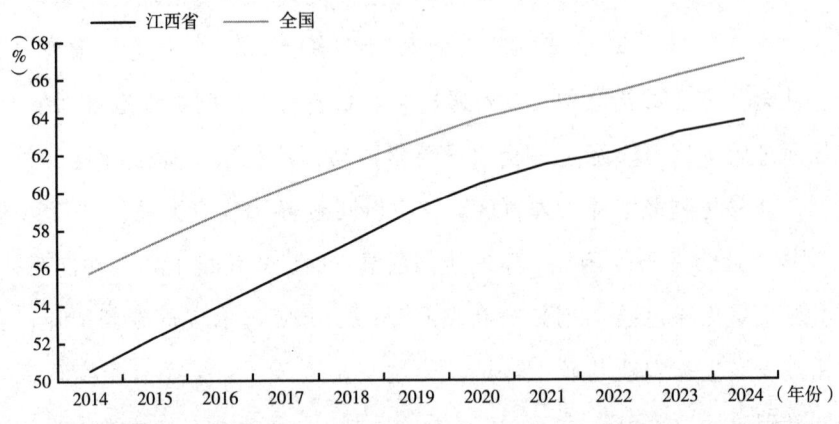

图0-1　2014~2024年江西省常住人口城镇化率与全国常住人口城镇化率

县域是江西全省城镇化的主战场，县城和小城镇是农业转移人口就近城镇化的重要载体。2014~2020年，江西全省累计实施2413个县城补短板项目，总投资2311.86亿元，覆盖交通、水电等领域。南昌县、奉新县、吉安县入选国家县城新型城镇化建设示范名单，获得中央专项补助支持。作为全省首个入选国家新型城镇化示范的县域，南昌县通过"一区一港"布局（小蓝经开区、向塘国际陆港）带动冷链物流升级，形成"市县同城"融合格局。安远县、武宁县、南昌县入选县域充换电设施补短板试点，单个试点县最高获中央财政补助4500万元。宁都县通过"县城城镇化补短板PPP项目"撬动社会资本，项目总投资达13亿元。通过"补短板、强弱项"，县城承载力有效提升，对农业转移人口的吸引力持续增强，县域人口进一步向县城集中。此外，全省确定200个重点镇和26个省级示范镇，形成"以点带面"效应。例如，南康家居小镇年产值突破2000亿元，成为全国工业旅游示范基地；余干县、弋阳县等通过生态旅游和现代农业实现经济转型。住建部肯定江西小城镇建设"为中部地区提供可复制经验"，如龙源坝镇的第三方治理机制和婺源县的文化保护模式。

（二）县域产业多元化高质量发展

江西省县域产业通过产业集群培育、传统产业升级、新兴产业培育、农业现代化及文旅融合等路径，因地制宜培育县域新质生产力，形成了县域产业多元化的高质量发展格局。

打造县域产业集群。南昌县依托新能源汽车、冷链物流等五大千亿级产业集群，2022年GDP达1280.35亿元，连续11年居全省县域经济首位，常住人口城镇化率提升至63.25%。奉新县聚焦锂电新能源和纺织服装产业，2022年GDP达241.63亿元，城镇化率61.85%，吸引26.4万人口集聚县城。

推动县域传统产业持续升级。信丰县通过承接粤港澳大湾区产业转移，打造全国知名的电子电路产业核心区。龙头企业如大族数控、景旺电子等带动上下游配套企业近20家落户，形成覆盖覆铜板、PCB、智能终端的完整产业链。玉山县依托青石板资源优势，发展台球桌板材生产及配套产业，年产值超15亿元，产品出口至欧美多国，并成为国际斯诺克赛事指定供应商。永修县星火有机硅产业园通过5G智能工厂改造，实现从传统制造向"绿色智造"升级，有机硅产业集群入选中国百强集群。宜春水江镇假发产业电商转型，产品通过跨境电商销往欧美及东南亚，带动100余家本土企业抱团发展。

积极培育新兴产业。吉安县引入世界500强企业立讯精密，打造数字能源智能制造项目，总投资超100亿元，全面达产后预计年营收超100亿元。彭泽县重点培育的江西心连心化学工业公司，2024年营收突破百亿元，成为九江市首个百亿级制造业企业，带动化工产业链延伸。南城县杰创半导体公司研发的光通信VCSEL芯片技术打破国外垄断，解决了"卡脖子"难题，成为县域战略性新兴产业标杆。

大力发展县域特色农业产业。兴国县构建"135+N"农业产业体系，以富硒芦笋、脐橙、油茶为主导，2023年，带动农户1291户，种植面积超6000亩，年订单收购金额达912万元。其芦笋基地成为江西省最大的设施种植基地及粤港澳大湾区"菜篮子"供应中心。永修县稻虾共作面积达26万亩，小龙虾全产业链规模全省第一，并建成全国首个小龙虾种苗繁育中心，年交易额突破10亿元。吉安县通过"井冈山"农产品区域公用品牌认证，授权企业33家，带动蛋肉鸡养殖4387万羽，农业综合总产值达111.42亿元。

创新推动县域农文旅融合发展。玉山县依托台球产业延伸文旅链条，打造国际台球文化产业项目，带动服务业和旅游业综合收入同比增长15%以上。永修县吴城镇以鄱阳湖候鸟资源为核心，打造"中国候鸟小镇"，年接待游客超200万人次，带动农家乐、民宿等业态收入翻倍增长，跻身全国县域旅游综合竞争力百强县。信丰县通过赣深高铁融入粤港澳大湾区1.5小时经济圈，60%的企业来自粤港澳，形成与珠三角紧密联动的供应链。玉山县举办斯诺克世界公开赛等国际赛事，吸引全球台球爱好者，推动"体育+旅游+制造"融合发展，年产值增长超20%。

（三）基础设施一体化水平大幅提升

城乡交通体系日益完善。截至2023年，江西公路通车里程达21万公里，较1949年增长43.3倍，实现"县县通高速"；高速公路里程达6742公里，形成"纵横南北、横跨东西"的交通网。铁路方面，全省铁路营运里程突破5000公里，高铁里程达2240.7公里，实现"市市通高铁"，昌赣高铁等线路串联城乡，南昌、赣州等都市圈形成"1小时通勤圈"。农村地区实现行政村"村村通"水泥路，组级道路硬化率超90%。

农田水利和能源设施提档升级。全省累计建成高标准农田2916.89万亩，占耕地面积的71.7%，超出全国平均水平近20个百分点；建成水利工程23万处，有效灌溉面积达3200万亩，占比超75%，显著提升农业抗灾能力。2021年，全省城市燃气普及率达98.8%，庐山、丰城等城市实现100%覆盖；城镇居民用电量较2012年增长298.1%，农村电网改造覆盖率超95%，城乡用电稳定性显著提升。

（四）基本公共服务均等化扎实推进

城乡教育差距显著缩小。鹰潭市余江区通过构建"城乡中小学发展共同体"，整合优质教育资源下沉农村，提升乡镇学校教学质量，实现"农村孩子在家门口上好学"。这一模式有效缓解了农村学生向城市过度集中的问题，缩小了城乡教育差距。南昌市安义县等县域通过新建校舍、增加学位（如吉安县新增2545个学位），保障农村儿童就近入学。

基层医疗卫生服务能力全面提升。截至2023年，全省村级卫生室标准化建设覆盖率达95%以上，基层医疗服务可及性显著提升。鹰潭市作为国家城乡融合试验区，实现城乡居民医保"同城同待遇"，参保率达98%。全省实施八类大病贫困家庭免费救治项目，并通过县域医共体建设推动优质医疗资源下沉。

乡村养老服务与儿童关爱服务模式积极创新。在全省范围内大力推进城乡综合服务平台建设。安义县整合闲置校舍等资源，打造22个农村"一老一小幸福院"，为4000多名老年人和1000多名留守儿童提供助餐、助医、助学等一站式服务，解决留守群体生活难题。

公共服务均等化制度保障日益完善。全省全面实施居住证制度，保障农业转移人口与户籍人口平等享有教育、医疗等公共服务。例如，南昌县通过居住证制度实现医疗、教育均等化，建成22个社区邻里中心和336个养老设施，形成"15分钟生活圈"，实现外来人口子女100%就近入学。制定涵盖教育、医疗、社保等八大领域80项服务的《江西省基本公共服务清单》，明确服务标准与责任主体，确保城乡公共服务"有据可依"。优先保障公共服务建设用地，并通过财政转移支付向欠发达地区倾斜。例如，吉安县投入1.1亿元改造养老机构，黎川县通过供水一体化工程改善农村饮水条件。

四　江西县域新型城镇化的模式

江西省以"产城人"协同为核心，探索出一条"以产促城、生态优先、文化赋能、城乡共富"的县域新型城镇化模式。

（一）以产促城

近年来，江西在推进县域新型城镇化过程中，坚持以产促城、产城融合，引导县域整合平台和要素，集中力量发展主导产业和支柱产业。

推动县域产业创新发展。江西注重加快县域创新网络建设，加强在县域布局技术创新中心、科技园区和新型研发机构，支持和引导中心城市科创成果在县（市）转化，推动县域产业创新发展。南昌县推动江铃控股等企业向新能源乘用车转型，通过焊接线机器人改造，自动化率大幅提升，并建成江西省智能产业技术创新研究院。乐安县聚焦新能源新材料产业，成立"钠离子电池研究院"，主攻提高电池能量密度，带动产业链现代化。江西东驰新能源公司依托研究院技术，实现钠离子电池规模化生产，成为省内少数具备该技术的企业。永修县打造全国有机硅产业链最完备的基地，集聚上下游企业约150家，其中国家高新技术企业58家。通过建设5G智能工厂，推动星火有机硅产业园从"传统制造"向"绿色智造"转型。上犹县溢联科技研发智能头盔，集成语音交互、碰撞报警等技术，强发科技通过校企合作降低HDPE管材成本。

强化县域产业发展平台建设。为支持县域加快工业化进程，江西省进一步理顺园区管理体制，要求"未设立工业园区平台的县（市、区）"筹建省级工业园区，每个园区突出发展支柱产业和特色产业集群，形成"一园一主导"的发展格局。修水县依托山区资源和区位优势，以差异化竞争策略建设百亿元模具数字产业园。园区聚焦机械制造（模具）产业链细分领域，服务江西有色金属及两湖、两广地区的汽车、大交通产业，通过整合鸿泰模具、豪斯特汽车零部件等龙头企业资源，形成"专精新"中小企业集群，吸引沿海产业转移，成为中部地区模具成形装备重要基地。上栗县以赣湘合作产业园为载体，重点发展食品科技产业，园区通过标准化厂房建设实现"拎包入驻"，并采用"一个项目、一名挂点领导、一个服务专班"机制，致力于打造赣湘健康食品产业集聚区。

提升县域功能品质。江西省坚持科学规划与分类推进，支持邻近大城市的县承接功能配套，基础较好的县打造市域副中心，偏远县探索组团发展。江西省提出以"城市体检评估为路径、城市更新行动为载体、功能品质提升为目标"的协同机制，通过定期评估县域短板，精准实施更新项目，推动功能优化和品质升级。江西省积极推进县域数字赋能与精细化治理，推动"智改数转网联"，建设"产业大脑"和数字化管理平台，推广低成本、高效率的数字化工具。如瑞金市解放路片区改造中应用3D扫描技术修复古建筑；共青城市通过数字化测绘、结构安全鉴定和党建引领，实现"硬件更新+治理升级"，获评省级优秀案例。此外，江西还建立城市功能与品质提升年度考核机制，对先进市县通报表扬，形成"争先进位"氛围。樟树市2022年入选"城市功能与品质提升先进县"，三年实施240个品质提升项目，带动GDP增长10%。

（二）生态优先

江西省以国家生态文明试验区为引领，在县域新型城镇化中坚持"生态优先"，通过系统治理、价值转化、制度创新和规划引领，为全国提供了"绿水青山就是金山银山"的县域实践样本。

注重规划引领。江西省县域生态建设以规划为引领，通过系统性、差异化的顶层设计推动生态治理与经济发展协同，形成了多个创新实践模式。县域通过编制专项生态规划，明确生态建设的目标与路径。宜黄县发布全省首个县级《美丽建设规划纲要（2024—2035年）》，分近期、中期、远期三阶段推进，涵盖34项指标和25项专项行动，重点解决生态保护与高质量发展的协同问题。铜鼓县制定《国家生态文明建设示范县规划》，实施污染防治、生态产业升级等"12345"工程，PM2.5浓度降至23微克/米^3，空气质量优良率连续保持100%。婺源县以"生态旅游+"为核心，调整三次产业结构（9.27∶34.42∶56.31），打造"中国最美乡村"品牌，通过旅游带动农业、工业和服务业融合发展，形成"生态旅游+体育""生态旅游+文化"等模式，年旅游综合收入达168.5亿元。

坚持系统治理。江西省以国家生态文明试验区为框架，推进全域生态修复。全省落实"山水林田湖草沙"系统治理，严守生态红线，确保"生态环境质量只能更好、不能变坏"。赣县区依托江西省水土保持科学研究院，设计多元化治理模式，崩岗治理项目通过"一路五区"布局（生态修复保护区、农事开发区等），结合水土流失治理与农业开发，修复崩岗865座，种植经果林2500亩，植被覆盖率提升至85%，水土流失量减少90%。寻乌县创新"三同治"模式，制定"地质环境治理+土地开发"综合方案，统筹修复废弃稀土矿山14平方公里。彭泽县投入1.89亿元开展矿山复绿，修复33处废弃矿山，打造湿地公园。武宁县建立"林长+公安局长+检察长+法院院长"联动机制，实现森林资源保护闭环管理，通过司法渠道消纳"乡村林碳"2260吨，筹措生态修复资金465万元，涉林案件数量同比下降30%以上。

加快生态价值转化。江西省通过制度创新、市场化运作和产业融合，将生态优势转化为经济动能，形成"资溪模式""武宁经验"等可复制案例，35项改革举措被国家推广。芦溪县通过"生态修复+种植"模式，将废弃煤矿改造为3000亩脐橙基地，农户年均增收2万元，并推动乡村旅游发展。贵溪市结合农旅融合，激活乡村经济，实现生态修复与乡村振兴双赢。永新县以"市场投入+文旅融合"修复废弃矿山，建设红色教育培训基地，带动旅游收入增长，实现"矿区变景区"的转型。资溪县引入中国科学院团队编制生态资产目录，2020年其GEP达364.92亿元，是GDP的数倍；首创森林赎买抵押贷款、林权补偿收益权质押等模式，生态贷款余额占全县贷款总额的39.5%，并通过"两山银行"整合碎片化资源，开发竹科技产业园，带动毛竹精深加工产业链形成。武宁县联合南昌大学搭建"生态+大数据"平台，实现资源价值评估与交易，村民通过山林资源抵押获得贷款发展民宿经济。万安县成立"两山"公司，完成生态资源确权54.9万宗，通过湿地"占补平衡"交易获资金911万元。大余县通过山林经营权招标流转，村集体收入从 23.6 万元增至 150 万元，村民人均分红从 100 元提升至 1000 元。

（三）文化赋能

江西省将文化赋能纳入新型城镇化战略，将文化赋能深度融入新型城镇化进程，实现了生态效益、经济效益与社会效益的协同提升。

非遗活化与传统文化保护。在推进新型城镇化过程中，江西非常重视传统文化保护传承，婺源、龙南等地的非遗品牌成为文旅名片，瑞昌剪纸、信丰瑞狮引龙等多次登上国家级展演舞台。一是通过设立非遗传承基地、扶持传统手工艺产业化，推动文化遗产融入现代生活。如，婺源县设立 53 个非遗传承基地，整合木雕、徽剧等资源，建成非遗展示馆、徽剧艺术馆等展陈体系，形成"国有+民营"展馆联动格局；龙南市创办全国首个客家非遗学院，聘请专家、传承人担任教师，每年培训1600 余人次，65% 以上传承人进入企业或机构专职从事非遗工作；信丰县将非遗融入学校教育，开展非遗文化月活动，邀请国家级传承人进校园展演，培养青少年传承群体。二是通过立法保障、资金扶持和考核机制推动非遗保护。如，永新县出台《非物质文化遗产保护传承扶持奖励办法》，打破传承人"终身制"，建立绩效考核激励机制；婺源县出台《古村落保护管理暂行办法》等文件，设立 12 个文化生态保护小区，实施"自然环境保护、徽派风格保护、保护小区建设"三大工程。三是探索非遗与旅游、乡村振兴、生产性保护有机融合，激活非遗的经济价值。如，赣州市通过"非遗+旅游""非遗+生产性保护"等模式，形成产业链条，带动就业与产业升级；金溪县修缮历史文化街区，引入蚌壳灯、手摇狮等非遗表演，通过活化古建筑打造文化展示新平台。四是运用现代科技手段展示非遗文化，如龙南市投资 1 亿元打造客家非遗展示馆，通过沉浸式体验吸引游客。

生态文化价值转化。在新型城镇化过程中，江西以"见人见物见生活"为核心，通过制度创新打通"生态—文化—经济"转化通道，以市场化机制激活资源价值，以文旅融合提升文化赋能效率，将文化传承保护与地域文化生态空间相结合，强调非遗的动态传承与现代生活融合。一是将生态保护与全域旅游、乡村振兴等规划深度融合，形成"一县一策"差异化发展格局。例如，婺源县将非遗保护纳入《徽州文化生态保护区总体规划》，将全县2967平方公里山水田园作为文化生态整体保护对象。二是以文旅为核心纽带，挖掘地方文化特色（如徽派建筑、非遗技艺），打造"生态+文化+产业"链条。如，婺源县的篁岭景区通过产权置换和统一开发，将濒危古村改造为国家4A级景区，2023年营收达4.2亿元，入选联合国"最佳旅游乡村"，带动村民返乡创业；青原区改造渼陂古村，引入光影夜游经济，推动青龙洲沙洲变身为复合型旅游目的地。

公共文化服务升级。江西省将公共文化服务升级视为城乡融合与人文品质提升的核心抓手，加强顶层设计与政策引领，通过立法保障和专项规划，明确公共文化服务在城镇化中的战略地位。

一是推动设施均等化与普惠覆盖，以"县—乡—村"三级文化设施网络为基础，推动文化资源向基层延伸，实现乡镇综合文化站、村级文化服务中心全覆盖。全省实现乡镇综合文化站、村级文化服务中心100%覆盖，备案博物馆达220家，新型公共文化空间超600个。南昌县建成22个社区邻里中心，整合居家养老、文化教育等功能，实现与主城区的"等高对接"。二是拓展新型文化空间。将阅读空间、非遗展示融入景区，在景区、乡村建设中融合阅读、展览、休闲等新型文化空间。如，遂川县将书房嵌入桃源梯田、茶香园等景区，在狗牯脑茶香园、白水仙景区打造"庐陵书房"，吸引游客转化为"书客"。三是创新文化服务机制。全面推进县级图书馆、文化馆总分馆制，实施错时开放、延时服务，并推动数字化升级，如浮梁县通过"文化云平台"实现千百年文明的云端触达。开展"百馆千万场　服务来共享"系列活动，组织文艺小分队下乡演出，如浮梁县兴田乡的乡村振兴主题演出，年均服务人次超3000万。

（四）城乡共富

江西省以"确保老区人民共享改革发展成果"为指引，制定普惠性、基础性、兜底性民生政策，推动乡村全面振兴，着力缩小城乡收入差距，加快推动城乡共同富裕进程。

加大农村产业富民支持力度。江西省目前已经形成粮食、果蔬、畜牧、水产四大千亿级产业，农业总产值增幅居全国前列，为农民增收奠定基础条件。一是通过发展特色种植业和加工业，延伸农业价值链。如，资溪县杨坊村作为"资溪面包"发源地，全村163户中涌现4个亿元户、12个千万元户、75个百万元户，形成"发源地+产业链"模式，带动区域经济发展；分宜县金鸡布村扩大黄茶种植面积至3200亩，建设茶叶加工中心并规划茶旅体验项目，村集体收入突破100万元，辐射周边村庄协同发展；井冈山神山村发展黄桃种植、民宿经济和红色旅游，实现从"脱贫村"到"幸福村"的蝶变，村民通过产业分红和就业实现增收。二是强化农业科技支撑，科技兴农迈上新台阶。如，吉水县、高安市等地推广智能化育秧工厂和无人机作业，提升农业生产效率，如高安市建成11个水稻育秧中心，年服务能力超15万亩；南昌县、吉水县等地推广大数据、物联网等技术，实现农业数字化管理，例如吉水县醪桥镇通过智能化育秧工厂提升早稻秧苗质量。

破解农村发展要素制约。江西省通过体制机制创新和政策协同，推动资源要素向农业农村集聚，通过政策引导将城市资金、技术、管理等现代要素与农村土地、生态、劳动力等传统要素深度融合，形成"以城带乡、以工促农"的协同机制，系统破解农村土地、资金、人才等要素制约，推动城乡融合发展。一是用地与金融保障。全省提出每年安排不少于5%的新增建设用地指标支持乡村产业，并同步推动土地制度改革，盘活农村闲置宅基地和集体经营性建设用地，促进土地资源市场化配置；完善农村产权交易平台，实现土地经营权、林权等要素流转，吸引社会资本参与农业产业化项目。政策和制度创新联动，推动全省土地流转率显著提升，全省农村土地经营权流转面积占比超40%；农村产权交易平台累计成交额超百亿元，社会资本下乡项目投资规模同比增长20%。资金方面，江西创新推出"黄桃贷""生态贷"等支农金融产品，如资溪县通过"两山银行"整合毛竹资源，获得专项贷款支持竹产业园建设。二是人才引育与基层服务。实施"大学生志愿服务乡村振兴计划"，引导青年参与农技指导、乡风文明建设，培育"农业助手""公益达人"等角色。如全南县通过改革吸引人才返乡，打造有机蔬菜基地和文旅项目，地区生产总值10年增长3倍。

推进农村人居环境整治。江西省通过"高位推动+分类施策""科技赋能+群众参与""生态保护+产业融合"的立体化路径，实现了农村人居环境从"脏乱差"到"清绿美"的跨越式提升。一是分类推进重点领域整治。农村厕所革命方面，推广三格式户厕和节水型水冲设施，建立"整村推进五个一"（明白卡、验收表、公示栏等）标准，完成农户改厕771万户，普及率达89.9%。垃圾与污水治理方面，完善"户分类、村收集、乡镇转运、区域处理"的垃圾收运体系，97%以上村庄生活垃圾有效处理；建成4300座农村污水处理设施，探索人工湿地等生态治理模式。村容村貌提升方面，聚焦"七整一管护"（道路、供水、厕所、照明等），累计完成13万个村组整治，创建19个美丽宜居示范县和212条示范带。余江区推行"物业进乡村"模式，建立垃圾收运、绿化管护等服务体系，池源夏家村从"脏乱差"蜕变为3A级乡村旅游点。二是创新推进乡村科技赋能与智慧管理。在全国首创"万村码上通"5G+长效管护平台，实现问题投诉、整改、监督全流程线上化，处理时效缩短至72小时内。在全省推广"积分兑换制""砂石银行"等创新模式，激发村民参与积极性。三是探索形成乡村治理长效机制。推广"第三方治理"模式，70%以上县实现城乡环卫一体化，村庄环境由"一时美"转向"持久美"。南昌县、全南县等地通过"门前三包""红黑榜"等制度，形成常态化管护机制。

着力缩小城乡收入差距。2014年，江西省城镇居民人均可支配收入为24369元，农村居民人均可支配收入为10117元，城乡收入比为2.41∶1。2024年，江西省城镇居民人均可支配收入为47514元，农村居民为22673元，城乡收入比为2.10∶1，城乡差距显著缩小。这是乡村振兴战略推进、农村产业升级和政策倾斜同频共振，推动农村收入增速持续高于城镇的必然结果。一是通过产业帮扶、就业支持（如技能培训、公益性岗位）等政策，农村居民工资性收入稳步增长。2024年，脱贫地区农村居民人均工资性收入达9173元，同比增长6.6%。二是随着农村养老金、低保标准提高，农村居民转移净收入显著增长。2024年，农村居民转移净收入同比增长7.4%，高于城镇的5.9%。三是农村教育水平提升和技能培训增加增强了农民就业竞争力。2024年，全省新增城镇就业46.5万人，农村劳动力转移就业机会增加。

五 江西县域新型城镇化的未来展望

江西县域城镇化取得历史性成就，形成了具有江西特色的县域新型城镇化模式。但是，必须清醒认识到：一是江西县域城镇化水平总体还比较低，中心城市带动力弱[①]，县级行政区划中市辖区和县级市较少[②]，人口城镇化率和城乡居民收入水平均低于全国平均水平，新型城镇化任重道远；二是城镇化迈入新阶段，全国人口流动出现新趋势，县域发展分化可能进一步加剧。新形势下，推动江西县域新型城镇化高质量发展，必须坚持特色产业驱动、绿色低碳转型、基础设施提级三轮驱动，加快区域协同与乡村全面振兴，并有序推进行政区划调整和优化。

（一）特色产业驱动：培育县域经济新增长极

推动特色产业发展，培育县域经济新增长极，是县域新型城镇化的根本动力。县域产业发展应避免同质化竞争，立足"人无我有"资源，坚持特色化发展。

充分发挥链主企业辐射带动作用。龙头企业通过技术溢出、资本集聚和品牌带动，可激活上下游配套企业协同发展。县域产业政策重点支持"链主"企业技术攻关，并引导其向高端化、智能化转型，形成"雁阵效应"。

大力推动延链、补链、强链。结合本地资源禀赋，通过技术升级和品牌建设，将资源优势转化为经济优势。通过延链、补链、强链，完善县域产业生态，推动县域在产业链、价值链中的地位跃升。

大力推动科技赋能和跨界融合，着力培育县域新质生产力。科技突破是县域产业升级的核心动力。县域应努力融入"基础研究—技术攻关—成果转化"创新链，推动跨区域产学研深度融合。推动县域融入区域产业互联网平台建设，加快"设备—工厂—产业链"全面数字化（如

[①] 全省11个地级市中，2个单区市（只有一个市辖区）、5个双区市（有两个市辖区）、3个三区市（有三个市辖区），除了省会南昌之外，其他地级市能级均较低。

[②] 全省100个县级行政区划中，市辖区27个，县级市12个，其余61个仍然为传统的建制县。

"产业大脑+未来工厂"模式)。通过"农业+文旅+康养"模式,挖掘地域文化(如非遗、历史遗迹)与生态资源(如森林、湖泊)的融合潜力,激活县域多元消费场景,构建"景区+产业+社区"共生体系。

(二)绿色低碳转型:打造生态文明试验区建设的县域样板

绿色低碳发展是新型城镇化的重要内容,也是江西建设国家生态文明试验区的必然要求。应以国家生态文明试验区建设为引领,结合县域资源禀赋和发展阶段,通过制度创新、产业升级、生态价值转化等路径推动县域绿色低碳转型,打造全国县域绿色发展的"江西样板"。

构建县域新型能源体系。重点发展风电、光伏、生物质能等可再生能源,推进县域分布式光伏和农光互补项目。如彭泽县长江岸线修复后,可探索"光伏+湿地"模式,实现生态保护与能源开发协同。推动县域煤电机组改造升级,探索氢能储能技术应用,建设智能电网和微电网系统,提升新能源消纳能力。

推动产业绿色升级。对钢铁、有色金属、建材等高耗能行业实施节能降碳改造,推广铜冶炼、稀土加工等领域的能效标杆技术,力争单位工业增加值能耗年均下降3%以上(如贵溪市铜产业可向高端线缆、电子电路延伸,减少单位产值碳排放)。培育新能源、新材料、数字经济等战略性新兴产业,持续提升战略性新兴产业占规上工业增加值比重。推广循环农业模式(如林下经济、菌稻轮作),推动文旅产业与生态保护深度融合,复制推广婺源县"油菜花经济"、资溪县"两山银行"模式,提升县域生态旅游综合效益。

推动城乡建设绿色低碳发展。推广超低能耗建筑和装配式建筑,推进农村电网改造和充电桩网络覆盖,提升农村能源电气化水平,支持分布式能源与智能微网建设。加强县域生态修复与污染治理,深化山水林田湖草沙系统治理,推进鄱阳湖总磷污染治理立法,加强重金属行业工艺升级,降低农药化肥使用强度。推广"无废城市"建设,完善城乡垃圾分类体系,持续提升垃圾资源化利用率。

创新生态价值转化机制。推广"两山银行""湿地银行"模式,完善县级生态资源收储运营平台,推动碳汇、林权等生态资产市场化交易。建设生态产品信息共享与 GEP 自动核算平台,实现县域生态资源动态监测与价值评估智能化。探索 GEP 核算与财政转移支付挂钩制度,完善流域生态补偿机制。

(三)基础设施提级:补短板与智慧化并重

推动基础设施提档升级是新型城镇化的重要任务。江西需以"补短板、强功能、重智慧、促融合"为核心,统筹县城补短板与乡村全面振兴,构建城乡一体化的现代基础设施体系。

城乡双向发力。县城重点提升综合承载力,新建或改造市政道路、地下综合管廊、防洪排涝设施,到 2030 年实现县城污水集中处理率超 95%。乡村强化基础服务覆盖,推进农村供水一体化、电网升级和宽带网络普及,确保 2035 年农村自来水普及率超 90%,5G 网络覆盖所有行政村。

重点领域加快突破。推进县域高速公路、国省道与农村公路衔接,建设"四好农村路"2.0 版。发展"交通+产业"模式,如赣州国际陆港联动县域特色产业(如南康家具、赣南脐橙),打造"公铁水空"多式联运体系。加强水利与能源安全设施建设,实施农村供水保障工程,推进城乡供水一体化,布局县域新能源设施。提升应急与防灾能力,完善防洪排涝设施,在鄱阳湖流域县建设海绵城市试点,推广雨水花园、透水铺装等技术,建立县域综合应急指挥平台,整合气象、地质、消防等数据,提升极端天气应对能力。

推动基础设施数字化转型。建设县域"城市大脑"平台，整合交通、能源、环保等数据资源，推广南昌县"15分钟生活圈"数字化平台，可推广至其他县域，实现停车、缴费、报修等"一网通办"。推广智能电表、水表等物联网终端，建立县域能源消耗动态监测系统，优化资源配置。发展"数字农田"，推广无人机植保、智能滴灌等技术，提升农业生产效率。推动冷链物流设施智慧化升级，引入区块链技术实现农产品溯源和供应链透明化管理。

（四）区域协同与乡村振兴：都市圈与城乡共生圈建设

顺应人口流动和经济社会发展新趋势，在全省范围内统筹推进县域新型城镇化和乡村全面振兴，引导县域结合自身实际探索特色化新型城镇化模式。

引导县域实施差异化发展策略。都市圈的卫星城、重要节点城市（如南昌县、丰城市、贵溪市），应着重推动产业承接与协同发展、基础设施同城和公共服务共享。生态文旅型县域（如婺源县、武宁县、全南县），应着力激活"两山"转化机制，推动全域旅游升级和生态产品价值转化。特色产业驱动型县域（如樟树市、贵溪市），应着重推动延链补链强链，培育百亿级产业集群，并推动产城融合发展。农业现代化型县域（如鄱阳县、崇仁县、铜鼓县），应着力提升农业智慧化水平，推动农产品品牌化和深加工，以及农文旅融合发展。生态屏障型县域（鄱阳湖流域县，如都昌、余干；武夷山沿线县，如铅山、广丰），应着力引导生态敏感区人口向县城集中，加快生态修复，培育绿色产业保护与发展平衡。

加快城乡共生圈建设。学习浙江"千万工程"经验，推进县域产业发展、公共服务、生态保护等"多规合一"，避免重复建设和资源浪费。将县域基础设施与国土空间规划深度融合，推动"县城—乡镇—村庄"三级设施互联互通。重点完善"城尾乡头"的县城枢纽功能,强化交通、物流等节点对乡村的辐射能力。例如,推广农村客运车辆代运邮件快件模式。

(五)行政区划调整和优化:探索新型设市模式

调整和优化行政区划,稳妥推进"撤县设市""撤县设区",是江西推进县域新型城镇化的必然要求。

做大做强核心都市圈。持续实施"强省会"战略,整合赣江新区与南昌主城区资源,推动南昌行政区划适时扩容,形成"内圈卫星城(如永修、进贤)+外圈联动城市(九江、抚州)"的都市圈结构,集中资源打造"强省会",增强对人才和产业的吸引力。

打造世界级"瓷都文旅圈"。推动鄱阳、余干、万年等县域与景德镇的一体化进程,依托千年陶瓷文化与鄱阳湖生态资源,构建"陶瓷+湿地+乡村旅游"产业链,提升景德镇作为国际文旅枢纽的竞争力。

稳妥推进"撤县设市""撤县设区""撤镇设市"。积极推进南昌、信丰等城市化水平相对较高、条件相对成熟的县域"撤县设市""撤县设区"相关工作。根据国家"严控撤县建市设区"政策,对经济基础薄弱、与主城区融合度低的县域,暂缓调整,重点提升其内生发展能力。继续推进强镇扩权,选择镇区人口超过10万、经济总量大且远离主城区的特大镇试点推进"撤镇设市"。

参考文献

张伟、侯彦杰:《共谋全球生态文明建设的生成逻辑、价值意义和实践路径》,《沈阳工程学院学报》(社会科学版)2025年第1期。

杨筱筱、孙迎光:《论中国生态文明建设人民主体的生态属性》,《哈尔滨工业大学学报》（社会科学版）2025 年第 1 期。

袁晓辉：《人类世时代的生态危机与生态文明建设探析》，《西部学刊》2024 年第 24 期。

吴燚盛：《中国生态文明建设的历史进程、基本经验与世界贡献》，《中学政治教学参考》2024 年第 47 期。

刘纯明、余慧：《新时代中国特色新型城镇化道路的三维逻辑》，《中共南昌市委党校学报》2024 年第 1 期。

谢地、张巧玲：《以人为核心的新型城镇化战略：理论基础、内涵特征及实践路径》，《经济纵横》2023 年第 11 期。

赵麓、刘衍峰：《习近平关于新型城镇化建设的重要论述研究》，《经济学家》2023 年第 8 期。

王香莲：《新型城镇化与生态文明建设协调发展的路径思考》，《当代县域经济》2023 年第 6 期。

纪明、曾曦昊：《新型城镇化与生态文明建设协调发展的时空演化预测及驱动机制研究》，《生态经济》2022 年第 9 期。

文丰安：《新型城镇化建设中的问题与实现路径》，《北京社会科学》2022 年第 6 期。

刘长庚、吴迪：《习近平关于新型城镇化重要论述的逻辑体系》，《湘潭大学学报》（哲学社会科学版）2021 年第 6 期。

卢园园：《新型城镇化研究综述》，《社会科学动态》2021 年第 6 期。

莫神星、张平：《新型城镇化绿色发展面临的几个重要问题及应对之策》，《兰州学刊》2021 年第 1 期。

何江、闫淑敏、关娇：《中国新型城镇化：十年研究全景图谱——演进脉络、热点前沿与未来趋势》，《经济地理》2020 年第 9 期。

常新锋、管鑫：《新型城镇化进程中长三角城市群生态效率的时空演变及影响因素》，《经济地理》2020 年第 3 期。

余英：《中国城镇化 70 年：进程与展望》，《徐州工程学院学报》（社会科学版）2019 年第 6 期。

第一章
县域新型城镇化与新型工业化

工业化是推进城镇化的基本动因，工业化发展促进城镇化建设。城镇化则是工业化的重要保障，城镇化建设带动工业化发展。城镇化和工业化相互促进、相互制约，必须坚持新型工业化、新型城镇化双轮驱动、协调发展，共同推进县域经济转型升级、高质量发展。

一 新型城镇化与新型工业化的耦合协调

《中华人民共和国国民经济和社会发展第十四个五年规划和2035年远景目标纲要》提出将基本实现新型工业化作为2035年基本实现社会主义现代化的一项重要目标，并提出推进新型工业化。工业化是现代化的基本前提、动力基础和核心内涵。同时，新型城镇化是现代化的基本标志和必由之路，是中国式现代化的必然选择。

新型城镇化和新型工业化是现代社会发展的重要方向，两者之间的协同发展对于实现可持续发展和提高人民生活水平至关重要。实现新型城镇化和新型工业化的协调发展对于经济增长、资源优化配置、环境保护、社会公平和人民福祉具有重要意义。只有实现双方的协调发展，才能达成可持续发展和提高人民生活水平的目标。

（一）相关研究评述

1. 新型工业化和城镇化之间关系的相关研究

国外学者关于工业化和城镇化互动关系的研究最早可以追溯到1998年，H. Chenery等通过对90个国家和地区的城镇化和工业化关系进行分析，发现工业化水平与GDP呈同步增长的趋势。Blumin S. M.认为，工业化的发展可以创造更多的经济价值，进而提升城镇化建设的水平。同时，城镇化建设又为工业化发展提供了基础条件，两者之间的互动关系是相互促进、相互依赖的。Douglas Gollin等通过大量数据研究发现：城镇化和工业化之间的关系不是简单的固定同向趋势关系，在经济发展水平方面，不同程度上存在较大的异质性，例如在生产要素比较富裕的国家出现城镇化建设与工业化发展相分离的现象。国内学者研究方面，李晓华认为，我国的城镇化与工业化呈现与国际经验相似的变动规律，城镇化随着收入水平提高会得到提升，部分地区存在工业化与城镇化不协调等现象。李苏、董国玲通过对宁夏2015~2019年数据进行实证分析发现，新型工业化和新型城镇化之间具有正向促进关系，新型城镇化建设能够有效地促进新型工业化发展，而新型工业化对新型城镇化的促进不是很强。高志刚、华淑名通过构建新型工业化和新型城镇化两大指标体系测算新疆2000~2012年综合发展水平，新疆新型城镇化发展水平始终超前于工业化且两者都不高，但基本上都呈上升趋势；新型工业化与城镇化存在长期协整关系。

2. 耦合协调模型

耦合协调度是用来衡量子系统之间协调性的一种度量。耦合度指两个或两个以上系统之间的相互作用影响，实现协调发展的动态关联关系，可以反映系统之间的相互依赖相互制约程度。协调度指耦合相互作用关系中良性耦合的程度大小，体现了协调状况好坏。有学者将耦合度值划分为四个区间：[0, 0.25)、[0.25, 0.5)、[0.5, 0.75) 和 [0.75, 1]，分别代表"极度拮抗"、"轻度拮抗"、"轻度耦合"和"极度耦合"。

本文中所构建的数字经济—城乡融合发展耦合协调度模型是两个子系统互相作用的复杂非线性关系，表示为：

$$D = \sqrt{C \times T}$$
$$C = 2 \times \sqrt{U1 \times U2/(U1+U2)^2}$$
$$T = a \times U1 + b \times U2$$

其中，D 为耦合协调度，取值 [0, 1]，D 越大说明两系统发展水平越协调，反之则说明两系统之间协同程度低；C 为耦合度，取值 [0, 1]，C 越大说明两个系统耦合状态越好，C 越小说明两个系统耦合状态越不好，将趋于无序发展；T 为两个系统的综合协调指数；$U1$、$U2$ 分别为系统 1 和系统 2 的综合指数；a、b 均为比重，一般选取 $a=b=0.5$。刘娜娜等、盛彦文等根据耦合协调得分值分成四个等级，分值在 [0, 0.3)、[0.3, 0.5)、[0.5, 0.8) 和 [0.8, 1]，对应的等级分别为低度耦合协调、中度耦合协调、高度耦合协调、极度耦合协调。

（二）全省耦合协调水平

1. 城镇化建设基本情况

党的十八大以来，江西城镇化建设坚持以习近平新时代中国特色社会主义思想为指导，全力推动深化新型城镇化和新型工业化高质量发展，为全面建成社会主义现代化江西谱写新的篇章。

2022 年，江西全省常住人口平均城镇化率为 62.07%，较 2012 年增加 14.56 个百分点，年平均增长 1.46 个百分点；低于全国平均水平

（65.22%）3.15个百分点。自党的十八大以来，江西省城镇化率和全国平均的城镇化率差距呈明显的缩小趋势，2012年江西低于全国平均水平5.59个百分点，2019年习近平总书记视察江西时，对江西提出"做示范，勇争先"的目标定位，江西的经济社会发展进入了新一轮快速追赶奋发阶段。2019年，江西与全国平均城镇化率差距缩小至3.64个百分点，2022年缩小至3.15个百分点（见图1-1）。

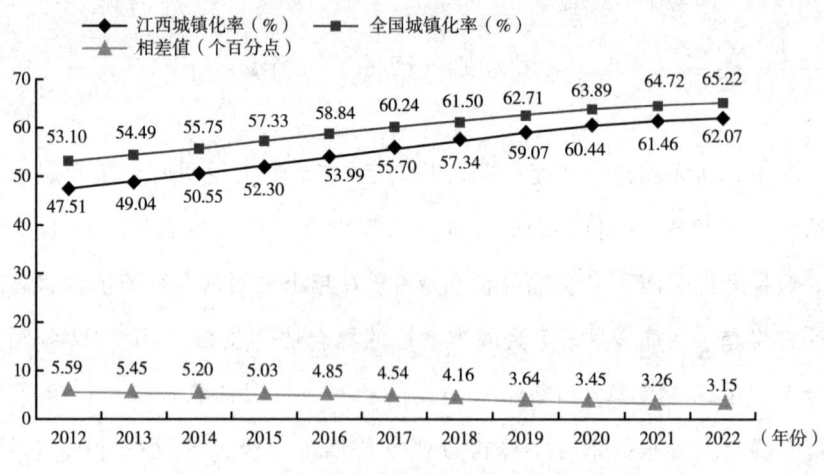

图1-1　江西省城镇化率和工业发展基本情况

资料来源：《江西统计年鉴》（2013~2022）、《中国统计年鉴》（2013~2022）、《江西统计公报2022》《2022年国民经济统计公报》。

2. 工业发展基本情况

2022年江西实现工业增加值1.18万亿元，较2012年增长103.44%，增幅高出全国平均水平（92.25%）11.19个百分点；江西工业增加值占全国工业增加值的比重为2.94%，高出江西地区生产总值占全国生产总值比重（2.65%）0.29个百分点。经济结构上，2012年江西工业增加值占GDP的比重为44.96%（全国38.88%），2022年占比下降至36.76%（全国33.19%）（见表1-1）。这表明，在产业结构上，江西与全国呈现类似的变化趋势：工业增加值占 GDP 比重逐步下降。但 2021 年以来，江西工业加快发展，有效逆转了工业增加值占 GDP 比重下降的趋势。这主要是由于江西依托邻近广东省、浙江省、福建省等东部地区的区位优势，紧抓产业转移的历史机遇，着力优化营商环境，大力推动"2+6+N"产业高质量发展行动计划，加快引进大型工业项目，持续完善产业链和产业集群。

表 1-1　2012~2022 年江西经济工业发展基本情况与全国的对比

年份	全国 GDP（万亿元）	工业增值（万亿元）	工业增加值占 GDP 的比重（%）	江西 GDP（万亿元）	工业增加值（万亿元）	GDP 占全国比重（%）	工业增加值占全国比重（%）	工业增加值占 GDP 的比重（%）
2012	53.73	20.89	38.88	1.29	0.58	2.41	2.79	44.96
2013	58.81	22.23	37.8	1.43	0.65	2.43	2.93	45.62
2014	64.44	23.32	36.19	1.57	0.69	2.43	2.97	44.24
2015	68.56	23.50	34.27	1.68	0.70	2.45	2.99	41.87
2016	74.27	24.54	33.04	1.84	0.73	2.48	2.99	39.97
2017	83.09	27.51	33.11	2.02	0.80	2.43	2.9	39.43
2018	91.52	30.11	32.9	2.27	0.83	2.48	2.74	36.38
2019	98.38	31.19	31.7	2.47	0.88	2.51	2.81	35.57
2020	100.55	31.29	31.12	2.58	0.90	2.56	2.87	34.88
2021	113.32	37.26	32.88	2.96	1.08	2.61	2.89	36.37
2022	121.02	40.16	33.19	3.21	1.18	2.65	2.94	36.76

资料来源：《江西统计年鉴》（2011~2022）、《中国统计年鉴》（2013~2022）、《江西省 2022 年国民经济和社会发展统计公报》。

3. 耦合协调状况

为有效评估江西省新型工业化和新型城镇化耦合情况，通过充分借鉴国内学者相关研究，结合省域、县域数据可获取性，构建新型城镇化和新型工业化指标体系。新型城镇化主要从经济、人口等维度去衡量；新型工业化，主要是通过工业增加值、工业企业数、工业从业人员等指标衡量，同时将环保方面的因素碳排放（负向指标）纳入（见表1-2）。

表1-2 指标体系

新型城镇化	新型工业化	新型城镇化	新型工业化
国内生产总值	工业从业人员	人口密度	碳排放强度
城镇居民可支配收入	工业企业数	城镇化率	
产业结构	工业增加值		

2021年，江西新型城镇化得分为0.986，较2012年增加0.747，增长3.13倍。新型工业化得分0.659，较2012年增加0.404，增长1.58倍。新型城镇化建设要明显领先于新型工业化建设，尤其是在2018年后，新型城镇化稳步推进，新型工业化进入2017年达到峰值，随后年份基本固定在0.6上下。通过耦合度看出，新型城镇化与新型工业化的耦合状态一直居0.97以上，在2017年达到最高值；2021年耦合协调度为0.898，高出2012年（0.497）0.401，2017年耦合协调度达到0.828，随后年份都居0.8以上（见表1-3）。

表1-3 2012~2021江西新型城镇化和新型工业化耦合情况

年份	新型城镇化得分	新型工业化得分	C耦合度	T综合协调指数	D耦合协调度
2012	0.239	0.255	0.999	0.247	0.497
2013	0.233	0.338	0.983	0.285	0.530
2014	0.315	0.462	0.982	0.388	0.617
2015	0.424	0.521	0.995	0.473	0.686
2016	0.554	0.628	0.998	0.591	0.768
2017	0.674	0.696	1.000	0.685	0.828
2018	0.798	0.593	0.989	0.695	0.829

第一章　县域新型城镇化与新型工业化

续表

年份	新型城镇化得分	新型工业化得分	C 耦合度	T 综合协调指数	D 耦合协调度
2019	0.871	0.623	0.986	0.747	0.858
2020	0.927	0.597	0.976	0.762	0.862
2021	0.986	0.659	0.980	0.823	0.898

说明：对于个别县域年份存在的缺失值，笔者采用线性插值法补充。通过熵值法计算权重。
资料来源：《江西统计年鉴》（2011～2022）、《中国县域统计年鉴》（2014～2022）。

（三）县域耦合协调状况

县城是连接城市与乡村的重要结合点，是弥合城乡差距、集聚竞争优势的关键纽带。县域经济活力的增强和发展质量的提升，能够促进大中小城市、小城镇及新型农村社区的互促共进和协调发展。

1. 新型城镇化发展情况

本文根据县域数据可获取性，对江西的 73 个县域（61 个县、12 个县级市）新型城镇化和新型工业化进行估算，时间区间为 2013～2021 年（见图 1-2）。

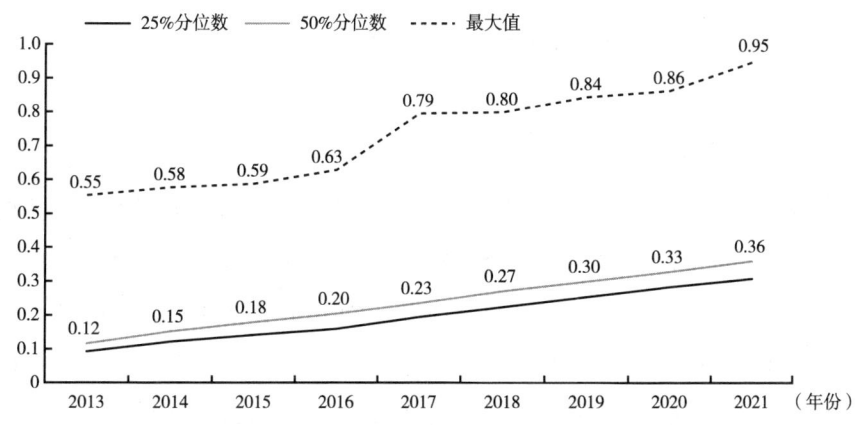

图 1-2　2013～2021 年江西县域新型城镇化综合得分情况

045

2013~2021年，通过25%分位数和50%分位数发现，新型城镇化建设整体稳步增长。另外，通过最大值及90%分位数发现，县域新型城镇化发展呈现两极分化，其中南昌县、丰城市、高安市、乐平市的新型城镇化发展远高于其他县域。

2. 新型工业化发展基本情况

2013~2021年，新型工业化建设整体趋势是稳步增长。另外，通过最大值发现，县域新型工业化发展呈现两极分化，其中南昌县、丰城市、高安市、乐平市、贵溪市的新型工业化发展远高于其他县域，基本上与新型城镇化吻合（与上段重复）（见图1-3）。

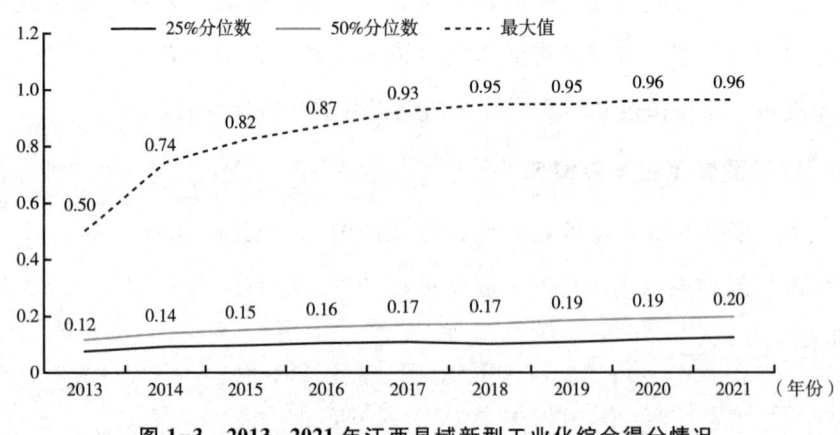

图1-3　2013~2021年江西县域新型工业化综合得分情况

3. 耦合协调状况

2021年，江西县域新型城镇化平均得分为0.412，较2013年增加0.237，增长1.35倍；新型工业化平均得分0.225，较2013年增加0.091，增长68%；新型城镇化建设要明显领先于新型工业化建设。通过耦合协调度看出，新型城镇化与新型工业化的耦合状态一直居0.95以上，整体上，从2013年至2021年县域耦合度呈缓慢微幅下降的态势。2022年，县域耦合协调度达到0.552，比2013年耦合度0.391高0.161个单位，

2013~2018年，新型城镇化和新型工业化处于中度耦合协调，2019~2021年两者之间步入高度耦合协调。同时，可以看出县域新型城镇化和新型工业化协调度的趋势是呈现稳步增长和全省有所差异（见表1-3、表1-4）。基本上可以看出，县域的新型城镇化和新型工业化耦合协调度的平均值远低于全省的平均水平，两者之间在发展过程中还存在很大的改善空间。

表1-4 2013~2021年江西县域耦合度及协调度情况

年份	新型城镇化综合指数平均值	新型工业化综合指数平均值	C耦合度	T综合协调指数	D耦合协调度
2013	0.175	0.134	0.991	0.154	0.391
2014	0.209	0.158	0.990	0.184	0.426
2015	0.232	0.169	0.988	0.201	0.445
2016	0.261	0.180	0.983	0.221	0.466
2017	0.294	0.186	0.975	0.240	0.484
2018	0.327	0.187	0.962	0.257	0.498
2019	0.369	0.198	0.953	0.284	0.520
2020	0.386	0.211	0.956	0.298	0.534
2021	0.412	0.225	0.956	0.318	0.552

（四）存在的问题和挑战

自2012年以来，江西县域经济社会综合实力全面提升，无论是在经济物质上，还是在发展内涵上都有质的飞跃。2023年是中国人民全力实现第二个百年奋斗目标的开局之年，县域新型城镇化和新型工业化发展将迎来前所未有的战略机遇。但目前而言，仍然面临一些挑战和问题。

1.部分城镇发展滞后，基础设施不全

部分县域城镇的基础设施和配套服务存在短板，例如生活垃圾分类投放精准度以及生活污水处理效能需要进一步提高。基层治理水平还有待提高，例如安全生产、物业管理和社会公共服务供应，医疗物资供应、城市管理等方面，与群众需求存在差距。在一些县域城镇中，道路交通网络不完善，交通拥堵问题严重，给居民出行带来不便，工业园区公共交通开通不足，这使得园区员工难以前往城区消费。此外，缺乏现代化的产业园区和科技创新平台，也制约了县域的工业化发展。

2. 城镇治理体系和治理能力现代化水平有待提升

治理体系不够健全科学。一些县域城镇的治理结构和机制相对简陋，需要更加科学、规范、高效的治理体系。城镇层级之间的协调合作不够紧密，导致政策和资源调配不够协调。治理能力有待提升，一些县域城镇在城市规划、土地管理、环境保护、市政设施运营等方面的能力还需进一步提高，以提升城市管理和公共服务的质量和效率。城镇政府的决策和执行能力也需要加强，一些政策的落实和执行力度尚待加大。

3. 财政紧张，收支失衡矛盾突出

相比于省级、市级政府，县域经济发展水平相对较低、税收和非税收入的增长速度有限，随着县域经济社会发展的需要，县级政府需要增加对教育、医疗、社会保障、基础设施建设等领域的财政支出。一些县域还承担着农村发展、脱贫攻坚等特殊任务，这些都增加了县域财政的支出压力。与此同时，随着房地产发展步入低迷阶段，土地财政骤降，对于过度依赖土地财政的县域政府而言，财政收支失衡愈加严重。

4. 工业产业单一、创新能力不足

江西县域工业在发展过程中面临产业结构单一的问题。目前县域工业主要集中在传统的资源型产业和制造业方面，例如煤炭、有色金属和建材等。然而，这些产业易受市场波动和政策调整的影响，同时缺乏创新能力和竞争劲头，难以为县域经济提供可持续的稳定增长动力。另一个问题是缺乏创新能力。在江西县域工业化的发展过程中，高新技术行业的支撑和培育不足，科技创新能力相对较弱。尤其是传统的劳动密集型产业只能承接沿海地区转移的项目,并且在技术研发和人才引进方面还面临很多困难。因此,需要加强对高新技术行业的发展引导,并且提升科技创新的水平,以推动产业升级和转型升级。人才流失也是影响江西县域工业化发展的重要因素。由于县域工业化水平相对较低,吸引和留住高素质人才的能力有限,人才流失现象非常普遍。这导致了人才资源的浪费和创新能力的不足,制约了县域工业化的发展。因此,需要通过提高对人才的重视,营造良好的发展环境和激励机制,吸引和留住高素质的人才,以推动县域工业化健康而可持续发展。

5.新型城镇化和新型工业化耦合协调度不高

新型城镇化和新型工业化之间的耦合协调度呈现增长的趋势,但在全省范围内,协调度低,协调性有待提高。一些县域在城镇化和工业化发展规划方面缺乏统一整体规划和协调,导致城镇化和工业化发展方向和重点不一致,相互制约。例如,一些县域在城镇化过程中过度追求城市化指标,而忽视了工业化的发展需求,导致工业发展滞后。实际发展中,县域工业化主要集中在传统的资源型产业和传统制造业之中,而城镇化进程中,需要发展现代服务业、创新产业等高附加值产业,产业结构不匹配导致了城镇化和工业化发展之间的协调度不高。新型城镇化和新型工业化需要相互促进和支撑。如果做好协调,城镇化和工业化两个进程相互促进,可以带动地方经济健康发展。为了实现协调度的提高,需要加强地方规划管理,同时还需要加强技术合作和交流,推动产业结构变革,以适应新型城镇化和新型工业化的需求。

(五)政策建议

1.统一规划,促进产业转型升级

加强县域城镇化和工业化发展的整体规划,确保城镇化和工业化发展方向和重点的一致性，避免相互制约的情况出现。推进产业转型升级，优化产业结构。加大对高新技术产业、现代服务业等新兴产业的支持力度，推动县域工业化向高附加值产业转型升级，与城镇化进程相互促进。

2. 提升治理能力，完善治理体系

加大基础设施建设投入。加大对交通、电力、水利等基础设施建设的投入，提高基础设施的质量和覆盖范围，为工业化发展提供良好的基础条件。加强城市规划和提升土地管理能力，科学规划城镇发展，合理利用土地资源。提高环境保护和市政设施运营能力，改善城市环境和提高公共服务水平。提升政府的决策能力和执行能力，确保政策的有效实施。加强城镇层级之间的协调和配合，建立健全城镇治理机制，明确各级政府的职责和权责。加强城镇居民的参与意识和能力培养，推动社区自治和居民自治的发展。

3. 加强信息化建设，加大人才培养力度

推动城镇治理的数字化、网络化、智能化发展，建立健全城镇信息化平台，提高信息的采集、共享和应用能力。利用大数据和人工智能等技术手段，提升城镇治理的效率和精准度。加大对城镇治理人才的培养力度，提高城镇治理人员的专业素质和管理能力。加强人才引进和培养。制定吸引人才的政策和措施，提供良好的创业环境和发展机会，留住和吸引高素质人才。同时，加强教育培训，提高人才的综合素质和创新能力。

4. 开源节流，提高财政收入水平

通过推动县域经济发展，培育新的经济增长点，增加税收和非税收入。同时，加强税收征管，打击税收逃漏税行为，提高财政收入的稳定性和可持续性。优化财政支出结构。在财政支出方面，县级政府需要进行合理的支出安排和优化。通过精简行政机构，减少行政开支，提高财政使用效率。同时，要加强对财政支出的监管和评估，确保财

政资金的合理使用。推动跨区域合作。县级政府可以积极参与跨区域合作，加强与周边地区的合作与交流，共同开展经济社会发展项目，减轻财政压力。同时，可以借鉴其他地区的成功经验，探索创新的财政运作模式。

5. 调整产业结构

加大对高新技术产业、现代服务业等新兴产业的支持力度，培育新的经济增长点。同时，推动传统产业的转型升级，提高其技术含量和附加值，增强竞争力。加强技术创新。加大对科技研发的投入，建设科技创新平台，吸引和培养高素质人才，提升技术创新能力。同时，加强与高校、科研院所等的合作，促进科技成果转化。

二　特色产业培育与新型城镇化

特色产业指的是立足于当地的资源而发展起来的具有一定核心竞争力的产业，并且通过科学合理地规划，结合当地优势资源，发展成具有一定规模、产业结构不断完善和提升的产业。特色即优势，要使县域经济加快发展，必须走特色发展之路。截至2022年底，江西在全省共培育发展特色产业集群100个，其中县（区、市）级75个，它们在促进县域经济发展、带动新型城镇化建设方面起到了重要作用。

江西省进贤县在培育壮大特色产业、带动新型城镇化发展方面取得了良好的成效。以进贤县特色产业培育为案例，分析、研究和借鉴其带动新型城镇化发展的经验，对于促进全省县域新型城镇化发展具有重要意义。

（一）典型案例——进贤县特色产业培育发展的现状

早在改革开放之初，进贤县就开始形成了医疗器械、毛笔制作、烟花等特色产业，但规模较小。21世纪以后，特别是党的十八大以后，进贤县不但做大做强了原有三大特色产业，还进一步发展了钢构网架、食品加工等特色产业，形成了医疗器械"一根针"、文化用品"一支笔"、高空礼弹"一盆花"、钢构网架"一张网"、食品加工"一瓶酒"等特色支柱产业，成为进贤县域经济的主要支撑点和拉动新型城镇化的有力抓手。

1. 特色产业综合实力不断增强

到2022年，全县231户规上工业企业完成工业产值463.05亿元。其中：医疗器械产业108.63亿元，占规上工业产值23.46%；钢构网架产业123.9亿元，占26.76%；文化用品产业17.86亿元，占3.86%；烟花鞭炮产业8.57亿元，占1.85%；食品加工产业111.22亿元，占24.02%。

2. 特色产业集聚度不断提高

到2022年，全县集聚医疗器械生产企业1000余家，医疗器械产业集群被认定为江西省首批20个省级工业示范产业集群之一，一次性使用输注器占全国31%的市场份额；钢构网架产业集聚大型企业95家，是全省唯一的钢结构产业基地和省重点产业集聚区；文化用品产业集群集聚制笔企业405家，毛笔作坊2200家，毛笔销售占全国75%的市场份额。

3. 产业创新能力更加突出

截至2022年，全县规模以上工业企业中制造业企业设立研发机构的比例达到20%以上，高新技术企业达83家，入库科技型中小微企业128家。首创医疗器械产业"研发孵化在上海、转化生产在进贤、销售使用在全国"的产业互动模式，构建医疗器械产业孵化—加速—产业园体系，打造科技企业发展的完整生态系统。

4. 龙头企业带动作用更加突出

医疗器械产业有20家企业跻身全国医疗器械企业百强行列，其中有

5家排名进入20强,李渡烟花集团是亚洲地区最大、科技含量最高的烟花生产企业。

5. 特色产业品牌知名度不断提高

中国医疗器械协会授予进贤县"全国医疗器械之乡"称号,"HD洪达"被评为全国驰名商标,"洪达"牌一次性无菌输注器荣获中国名牌产品称号。"洪达""益康""HY""红新""庐乐""晨康""格兰斯"等荣获江西省著名商标称号。李渡酒业、李渡高粱被评为江西省"老字号",国家地理标志保护产品,荣获"中国双料国际大金牌奖",李渡酒业荣获第四届南昌市市长质量奖和江西省井冈质量奖提名奖。"李渡牌"烟花获中国驰名商标,李渡烟花集团上榜首届省标准创新贡献奖。"文港毛笔"获批国家地理标志证明商标。

6. 特色产业服务体系逐步完善

医疗器械、钢构网架、制笔等特色产业园相继建成并投入使用。首家产业医疗器械建设的质量检测分中心等十大公共服务平台投入运营,形成功能较为完备、配套设施齐全、产业链相对完善、品牌影响力较高的国家级医疗器械科技产业园和集产学研孵于一体的重要生产基地。

(二)特色产业培育带动新型城镇化发展的成效

1. 特色产业培育推动区域经济快速发展

从2012年到2022年,全市完成GDP从233.95亿元增加到378.08亿元,增长61.61%;第二产业增加值从129.01亿元增加到182.42亿元,增长41.40%;第三产业增加值从62.57亿元增加到119.92亿元,增长91.66%;一般公共预算收入从9.49亿元增加到21.24亿元,增长123.81%;社会消费品零售总额从37.34亿元增加到145.74亿元,增长290.31%(见表1-5)。

表 1-5　2012、2022 年进贤县主要经济指标

年份	全县生产总值（亿元）	全县第一产业增加值（亿元）	全县第二产业增加值（亿元）	全县第三产业增加值（亿元）	全县一般公共预算收入（亿元）	全县社会消费品零售总额（亿元）	全县城镇居民可支配收入（元）	全县农村居民可支配收入（元）
2012	233.95	42.37	129.01	62.57	9.49	37.34	—	—
2022	378.08	75.74	182.42	119.92	21.24	145.74	45099	24858

资料来源：进贤县统计局。

改革开放以来，进贤县逐步形成了医疗器械产业、钢构网架产业、文化用品产业、烟花鞭炮产业、食品加工产业等五大特色产业带动区域经济发展的局面。特色产业在县域工业占比不断提升，到 2022 年，进贤县五大特色产业规上工业产值达到 370 亿元，占全县规上工业产值的 80%，极大地带动了进贤县经济社会发展（见表 1-6）。

表 1-6　2020~2022 年进贤县特色产业规上工业产值

单位：亿元，%

年份	医疗器械	钢构网架	文化用品	烟花鞭炮	食品加工	全县规上工业产值	五大特色产业占比
2020	88.63	66.71	10.22	19.31	74.77	376.8	68.9
2021	102.35	78.52	17.10	16.34	98.99	439.09	71.4
2022	108.63	123.90	17.86	8.57	111.22	463.05	80.0

资料来源：进贤县统计局。

2. 特色产业培育推动新型城镇化进程持续加快

进贤县以特色产业发展提升城镇承载功能，通过产业发展、基础设施建设、资金投入城市建设等推进城市空间不断扩大，促进人口不断城市集聚，常住人口城镇化率明显提高，从 2012 年的 32.70% 提高到 2022 年的 52.79%，提高了 20.09 个百分点；在全县常住人口减少 2.81 万人的

情况下，城镇常住人口从22.20万增加到34.35万，增长12.15万人，县城人口达到23.38万人，增加1.38万人；建成区面积从25平方公里增加到36平方公里，增加11平方公里（见表1-7）。

表1-7　2012、2022年进贤县新型城镇化主要指标

年份	全县常住人口（万人）	城镇常住人口（万人）	农村常住人口（万人）	户籍人口城镇化率（%）	常住人口城镇化率（%）	城区面积（平方公里）	建成区面积（平方公里）	县城人口（万人）
2012	67.88	22.20	45.68	22.1	32.70	25	18	22.00
2022	65.07	34.35	30.73	27.7	52.79	36	30	23.38

资料来源：进贤县统计局。

3.特色产业培育带动城镇服务业发展

进贤县通过发展特色产业，带动电子商务、物流产业和乡村休闲旅游发展。

一是建设了医疗器械、文化用品、特色农产品、军山湖大闸蟹四大电商基地，提升内生动力，推动品牌建设，培育出"五世同堂""维德医疗""高正""热火""军山湖""比优米"等电商品牌，形成了医疗器械、文房四宝等电商特色产业带。通过电子商务进农村示范工作的推进建设，建立电商服务站点164个，县、乡、村三级物流中心2个，农村配送线路4条，培训各类电商人员1万余名，现有网店6500余家，电商从业人员超3万人，电子商务交易额从2015年的23亿元发展到2020年的150亿元，电商经济总量初具规模。2020年，李渡大道社区入选"中国淘宝村"、李渡镇、文港镇、民和镇入选"中国淘宝镇"，数量全省第一。

二是打造互联网平台，完善物流产业链。建设了全国首创的家用医疗器械垂直平台"一起健康网"、唯一的文化用品移动互联网平台"笔淘

网"、专业单品平台"中国毛笔产业网"、医疗器械一站式采购服务平台"e链网"。积极引进了阿里巴巴、京东、拼多多、网库集团等平台，引入韵达集团，建设江西韵达电商总部基地，形成江西中部地区快递仓储转运中心。

三是推出乡村休闲旅游品牌。依托文港镇笔文化资源优势，建成了毛笔文化博物馆、钢笔文化博物馆、周虎臣历史纪念馆、印文化博物馆、中国毛笔文化第一村——周坊村等一批具有毛笔文化特色的旅游景点；依托李渡烧酒作坊遗址，打造江南特色景观旅游名镇传统酒文化展示体验旅游区；依托当地特色产业，举办军山湖生态旅游文化节、罗溪镇农耕文化节等节庆活动。

4. 特色产业培育促进城乡基础设施建设

在城镇基础设施建设投入方面，从2010年到2021年，进贤县产业平台配套、市政交通、污水处理等基础设施建设方面的投入从7157万元提高到72330万元，增长9.1倍；产业平台配套设施从67万元提高到42600万元，增长634.8倍；市政交通设施从3690万元提高到20100万元，增长4.4倍；污水处理设施从3400万元提高到9630万元，增长1.8倍（见表1-8）。

表1-8　2010~2021年进贤县基础设施建设投入

单位：万元

年份	产业平台配套设施	市政交通设施	污水处理设施	合计
2010	67	3690	3400	7157
2015	66	4200	5106	9372
2020	220	22500	4600	27320
2021	42600	20100	9630	72330

资料来源：进贤县统计局。

在城乡交通基础设施方面，截至2022年底，进贤县农村公路共2833.1公里，其中县道218.8公里，乡道439.5公里，村道2174.8公里。三级及以上县道145.3公里。全县264个建制村，已通双车道141个。公共交通方面从无到有，截至2022年底，全县共有营运出租车116辆，公交车141辆（其中新能源车36辆）。城镇公交总数71台，乡镇公交总数70台。县城公交线路10条，乡镇公交17条。公交站台150座，大大满足了全县群众出行需求。

5. 特色产业发展促进城镇公共服务设施建设

在城镇公共服务设施建设投入方面，从2010年到2022年，进贤县医疗卫生设施、文旅体育设施、老旧小区改造、棚户区改造等公共服务设施建设方面的投入从7684万元提高到53200万元，增长5.9倍；医疗卫生设施投入从6824万元提高到15900万元，增长1.3倍；文旅体育设施从2015年的3200万元提高到2022年的24300万元，增长6.6倍；老旧小区改造从2020年的280万元提高到2022年的2000万元，增长70.4倍；棚户区改造投入从860万元提高到31000万元，增长35倍（见表1-9）。

表1-9 2010~2022年进贤县公共服务设施建设投入

单位：万元

年份	医疗卫生设施	文旅体育设施	老旧小区改造	棚户区改造	合计
2010	6824	—	—	860	7684
2015	2960	3200	—	7240	13400
2020	116000	3600	280	5000	124880
2021	3506	5300	3600	24000	36406
2022	15900	24300	2000	31000	53200

资料来源：进贤县统计局。

与此同时，进贤县教育事业快速发展。2012~2022 年，县域幼儿园和小学数量增长 50%左右，初中和高中在校学生人数也呈现增长态势（见表 1-10）。

表 1-10　2012~2022 年进贤县教育主要指标

年份	县城高中（所）	县城高中学生数（人）	县城初中（所）	县城初中学生数（人）	县城小学（所）	县城小学学生数（人）	县城幼儿园（所）	县城幼儿园学生数（人）
2012	4	10403	8	16364	8	24656	79	12718
2020	4	13793	8	19283	11	31445	121	17416
2022	4	13861	8	17887	12	30037	116	14579

资料来源：进贤县统计局。

6. 特色产业发展助力农村剩余劳动力就业

进贤县特色产业带动了工业 90%以上从业人员就业。据统计，2022 年，全县医疗器械生产企业 220 家、经营企业 5079 家，从业人员约 6 万人；全县从事制笔生产企业 500 余家，毛笔作坊 2200 家，从业人员 2.2 万人。绿色建筑（钢结构）企业 118 家，从业人员 2.8 万余人；酿酒业从业人员 5000 余人，烟花鞭炮产业从业人员 2000 余人。

7. 特色产业带动特色小镇建设

一支笔撬动百亿产业，带出一个国家级特色小镇，这是进贤县文港镇的真实写照。文港镇位于进贤县西南部，全镇总面积 54.53 平方公里，总人口 5.1 万，城镇常住人口 3.9 万，是闻名遐迩的中国毛笔文化之乡。

制笔及相关文化用品产业是文港镇特色产业和主导产业。产品种类主要是制笔类，毛笔涵盖了狼毫、羊毫、兼毫各大系列、各种规格，还拓展延伸到油画笔、化妆笔、钢笔、中性笔等各种笔类。截至 2022 年底，文港镇拥有毛笔生产企业 400 余家、毛笔作坊 2200 家，现代制笔企业 105 家，从业人员 2.2 万余人。2022 年，毛笔产量 9 亿支，产值 32.5 亿元，金属笔产量 11.5 亿支，产值 51.9 亿元。制笔及相关文化用品产业实现销售收入 76.29 亿元，利税 8.58 亿元。5100 个销售窗口遍布全国，毛笔占全国 75% 的市场份额，金属笔占全国 30% 的市场份额。获得"中国制笔王"称号的企业有 5 家，有 9 个产品被评为"中国制笔行业名牌产品"，拥有 5 个"江西省著名商标"。文港已成为全国闻名的华夏笔都，2016 年入选首批中国特色小镇，2017 年入选"江西省特色小镇"，2020 年入选全国乡村特色产业十亿元乡镇。

依托文化用品产业发展壮大特色小镇，从 2012 年到 2022 年，文港镇生产总值从 5.18 亿元提高到 16.05 亿元，第二产业增加值从 4.01 亿元提高到 13.62 亿元，第三产业增加值从 0.56 亿元提高到 1.23 亿元，一般公共预算收入从 6020 亿元增长到 7201 亿元，工业总产值从 16.7 亿元增长到 56.68 亿元，城乡居民可支配收入从 12879 元增长到 32011 元（见表 1-11）。

表 1-11　2012~2022 年文港镇主要经济指标

年份	GDP（亿元）	第一产业增加值（亿元）	第二产业增加值（亿元）	第三产业增加值（亿元）	一般公共预算收入（亿元）	工业总产值（亿元）	城乡居民可支配收入（元）
2012	5.18	0.61	4.01	0.56	6020	16.7	12879
2020	14.88	1.08	12.6	1.2	9501	52.32	29106
2022	16.05	1.2	13.62	1.23	7201	56.68	32011

资料来源：进贤县统计局。

依托文化用品产业发展促进特色小镇建设，2012~2022 年，建成区面积从 6.8 平方公里增长到 7.8 平方公里，建成区常住人口从 2.80 万人增长到 3.95 万人（见表 1-12）。完善道路交通建设，到 2022 年，完成文前大道、长安路、文桂路、文沙路、虎臣路、晏殊大道 6 条主干道"白改黑"建设。建有停车位430余个，安装了58个天网探头。投资300余万元，建成笔都智慧云眼指挥中心，安装300只摄像头（枪机）、2只球机。完善基础设施建设。2022年，建有文港自来水厂、前途自来水厂，镇区给水管网实现全覆盖；建有文港镇生活污水管网配套设施建设；启动生活垃圾分类改革试点，建成垃圾房，生活垃圾处理率达100%。完善公共服务建设。加大教育基础补短板力度，完成文港中学、文港中心小学、文港幼儿园改造提升工程等项目建设。积极与知名院校合作，推动了南京大学强基计划古文字本科专业学习基地落户毛笔博物馆，与南京大学依托共建基地平台，展开学术、技术、产业、研发等领域更加深入的合作。

表 1-12　2012~2022 年文港镇基本情况

年份	行政区域面积（平方公里）	常住人口（人）	从业人员（人）	二三产业从业人员（人）	建成区面积（平方公里）	建成区常住人口（万人）
2012	54.53	51000	20000	19000	6.8	2.80
2020	54.53	51000	22000	21000	7.8	3.90
2022	54.53	51300	22000	21000	7.8	3.95

资料来源：进贤县统计局。

8. 生态环境不断改善

特色产业发展带动了工业园区生态环境的改善，以此为契机，进贤县开展打好污染防治"八大标志性战役"，使县域全年空气优良率稳定在94%以上，"四湖四港一河"等主要水环境质量总体保持稳定，县级饮用水水源地水质达标率100%，开工建设7个乡镇集镇污水处理设施，军山湖水厂一期、泉岭生活垃圾焚烧发电厂二期项目竣工投用。全县规模养殖场粪污综合利用率达97%以上，全面完成城区雨污管网清淤及管道检测。新增绿地面积1.2万平方米，跻身"江西省生态园林城市"。建设新农村点242个，创建美丽乡镇3个、美丽村庄26个、美丽庭院4397个。90个重点村整治项目基本完工，350个村庄亮灯工程全面完成，整改问题户厕2760户。下埠集赤路岗等3个村获评全省文明村镇，全县实现省级卫生乡镇全覆盖。

（三）以特色产业带动新型城镇化的经验做法

1. 坚持党建引领，为特色产业发展导航

进贤县强化党建引领，完善"两新"工委运行机制，设立进贤县中小企业服务局，负责全县中小企业、特色产业的宏观指导、综合协调和服务，树立"关键资源紧跟特色产业"的理念，突出特色产业，调优部门职责，设立进贤县医疗器械监督管理分局和进贤县医疗器械市场发展中心，促进医疗器械产业迈向千亿产业和"中国医疗器械第一县"的目标。围绕数字经济和营商环境"双一号工程"中心工作，调整相关机构和职能，组建县政务服务数据管理局。紧扣"双一号工程"部署要求，督促相关部门建立健全"一项指标、一个牵头部门"工作推进机制，避免出现权责不明、职责交叉，解决权责脱节的问题，实现审管互动、协同监管的"闭环"式快速联动。

2. 深化重点领域改革，激活特色产业发展动力

将产业结构类似、人员分散的园区整合为江西省进贤经济开发区，精干设置内设机构，剥离开发区社会管理职能，为开发区"松绑减负"。设立江西进贤医疗器械科技产业园管理委员会，助力打造医疗器械"千亿产业目标"。深化乡镇机构改革，围绕乡镇的职能定位、职能转变、县级权力下沉等，采取"2+5"的模式，重新设置乡镇的行政、事业机构，构建形成新型乡镇管理组织体系。李渡镇为千年古镇，特色

产业优势明显，但受传统管理体制的束缚，存在"小马拉大车"的管理和服务困境。2018年，在建架构、赋职权、快审批、抓治理、强保障等五个方面精准施策，激活"镇能量"。其特色产业品牌更响、规模更大、形象更优。2019~2022年，李渡镇连续四年上榜全国综合实力千强镇。

3. 注重创新发展，促进产品种类多样化

进贤县首位产业医疗器械注重创新，积极开发超声摄像、心血管介入器械、生物材料介入器械等高端医疗器械产品，打破一次性医疗器械产品技术含量低、生产工艺落后的局面。文港毛笔在继承传统工艺的基础上，根据现代文化需求，大胆进行工艺创新和质量提升，广泛吸收京笔、湖笔、徽笔等流派的工艺精华，不断进行创新，先后开发了"胎毛笔""胎笔坠"等纪念笔，衍生出"微雕毛笔""鸡矩笔""缠纸笔""钗发笔""枣芯笔"等文创产品10余个品种。主打产品毛笔制作形成了八大类上千个品种，占国内毛笔市场的70%。

在产品销售上积极运用新业态、新模式，实现销售渠道多元化。以制笔行业为例，先后建成了文港"双创"基地、文房四宝电商基地、翠宝网、笔淘网、O2O展示馆等，电商企业由2015年1000家左右发展到目前的5000余家，网上销售额达10.5亿元。近年来，先后与京东集团、中国电视台新闻客户端、中国之声等平台合作同步直播带货；联合今日头条（抖音）江西运营中心开展为期一个季度的"以笔为马、不负韶华"推广活动；成功举办赣品网上行暨首届"文笔"品牌直播节活动，直播节围绕文港文化底蕴、产业特色，借助直播平台的带货优势，通过线上和线下叠加、平台和网红联动形式，加快释放消费市场潜力，为制笔业发展蓄势赋能。

4. 培育壮大龙头企业，为县域经济提供重要支撑

龙头企业是工业高质量创新发展的重要支撑，进贤县在龙头企业

"机器换人、设备换新、产品换代"、主营业务上台阶、贡献上台阶、产业内协作配套等方面予以扶持，促进龙头企业规模化、品牌化、标准化。全面实施"五转"战略，大力推进大众创新创业，引导"个转企"，推进"小升规"，开展"规改股"，推动"股上市"，培育一批创新能力强、带动辐射作用大、具有核心竞争力的龙头型企业，形成产业集群集聚发展。推进"小升规"，让小微企业由"低小散弱"逐步向入规、入园、入标准厂房转变；开展"规改股"，支持公司资本额1000万元以上的规模以上工业企业进行股份制改造，并在规范财务、资产变更、中介服务、引进人才等各个方面给予相应支持和补贴，产业发展、技术改造、科技创新等专项资金优先安排给改制企业；推动"股上市"，加快企业在主板、中小板、创业板、新三板和区域性股权交易市场上市挂牌步伐，建立拟上市挂牌企业培育制度，关注引导拟上市企业股改，实施上市挂牌奖励制度，给予上市挂牌企业贡献补助，助推工业经济新旧动能转换，促进工业经济量、质"双升"。

5. 加快人才引进和培养，为特色产业发展提供可持续发展动力

进贤县坚持以技能人才培养支撑传统产业创新发展，围绕毛笔制作、医疗器械、绿色建筑、酿酒业等支柱产业，通过举办江西省"振兴杯"技能大赛毛笔制作竞赛预赛、全国文房四宝用品毛笔制作职业技能竞赛，以赛育匠、培养选树、大师带徒等方式，培养造就了一支适应传统产业转型升级的技能人才队伍。截至2023年6月，全县各类技能人才突破2万人。

（四）特色产业发展中存在的问题

1. 特色产业分散化，企业规模偏小

进贤县"七个一"特色产业，数量多，集中度较低，虽然医疗器械、制笔等产业在全国市场份额较大，但产业规模与其他行业比仍然偏小。

如文化用品产业，全县共有毛笔生产企业400余家、毛笔作坊2200家，现代制笔企业105家，数量不少，但规上企业只有11家，"三下企业"单位数占97%以上。全县文化产业仍以规模以下工业、限额以下贸易业、一般服务业企业等中小企业、个体户为主，普遍规模小。

2. 创新能力不足，产品科技含量低

企业创新的内在动力和能力严重不足，生产企业占90%以上，研发公司少，原创技术与原创产品较少，产品研发水平相对较低，中低端产品多，集约化程度偏低。如医疗器械企业研发经费普遍较低，生产的产品多数为低档一次性医用使用耗材，产品种类多，但低端，销售单价低、利润薄，缺乏科技含量，附加值低。

3. 龙头企业少，缺乏有影响的领军企业

进贤县医疗器械产业共有生产企业220余家，经营企业5079家，除"洪达""益康"等少数企业外，具有带动能力的龙头企业较少，钢结构产业、文化用品产业问题更加严重，企业产品的同质化严重，重销售，轻质量，疏管理，品牌意识缺乏。

4. 产业链条不完整，产品生产成本高

进贤县特色产业普遍存在上下游产业链脱节、产业链较短的问题，不少上游原材料和组件不能自给。同时，专业化分工程度不高，企业在空间上相对集中，内在关联度不高，企业之间产业协作和产业衔接不够，同类产品的市场细分特征不明显。

5. 企业融资难，发展后劲不足

进贤县特色产业中小企业占比较大，普遍存在资金不足的问题。如文化用品产业企业基于企业规模小、自身经营管理落后、财务管理不规范等原因难以达到银行授信标准，在银行信贷方面受到限制，融资渠道较窄，企业融资成本高，企业发展资金不足。

（五）进一步推进特色产业带动新型城镇化的政策建议

1. 进一步做大做强特色产业

围绕产业链精准强链补链延链，鼓励产业链垂直整合，沿链补前端、强中端、延后端、创中高端，在医疗器械、文化用品、钢架结构等特色产业领域构建完整产业链条，激发各链条活力。全力推进中国（南昌）现代医疗器械科创城建设，巩固输注类等医用耗材全国市场占有率第一地位，引导低端医用耗材向中高端医疗器械转型升级，发展高值耗材、体外诊断IVD类、医疗美容等领域产品。加快建设南昌（进贤）产业转型升级示范园，推动"深化央地合作框架协议"细化落实，大力发展桥梁钢构、高层钢构并积极向装配式建筑领域延伸。结合国家级特色小镇建设，推进文旅一体化，建成毛笔文化博物馆、钢笔文化博物馆、周虎臣历史纪念馆、文港毛笔制作工艺传承馆、文化产业特色街区、毛笔研学坊，让笔元素全面融入城镇发展。精心营造集笔协会、笔营销、笔研究、笔文化于一体的笔文化产业街区。

2. 大力培育数字经济，以数字化赋能特色产业

深入实施做优做强数字经济"一号发展工程"，抢抓与数字江西、支付宝等公司战略合作机遇，创建全省数字经济产业发展先行示范区。重点推进进贤产业大数据云计算中心、政务云平台、智慧园区管理平台，推动园区由传统管理发展模式向信息化服务及发展方向转变，催生"互联网+"新产业、新业态、新模式。聚焦数字文化、数字医疗等领域，打造一流应用场景。依托数字经济与文化产业的深度融合，开辟数字文笔新领域，建设文港数字文化产业园；支持医疗器械、绿色建筑等行业重点企业进行智能化改造。以县域特色产业为基础，发展直播电商等新业态，开工建设全国小家电供应链枢纽中心。

3. 推动产城融合发展，提升县域城镇化综合实力

按照以产兴城、以城带产和产城融合的发展路径，以医科园为项目载体，以现有医疗器械产业及公共平台为发展基础，构建以县城为中心、医科园为骨干，李渡、长山、白圩乡镇为节点的城镇体系和产业承载体系。重点推进"1950特色产业园"和"飞地园"开发建设，注重学校、医院、邻里中心和酒店等配套设施建设，实现生产与生活、教育与娱乐互联互通、相融相促。

4. 培育壮大龙头企业，激发特色产业活力

以实施营商环境"一号改革工程"为契机，配套有地方特色的支持政策，通过垂直整合、兼并重组、产权转让、合资合作、上市融资等方式，培育一批有活力、有实力、有竞争力的骨干企业，实现进贤引进百强企业集团零的突破，形成"引进一个龙头项目、带来一批配套企业、激活一个新兴产业"的效应，着力打造一批特色优势产业集群。鼓励和引导中小企业走专业化、精细化、特色化、新颖化发展之路，打造一批高成长性"瞪羚企业"、"独角兽企业"和"隐形冠军企业"，增强产业发展内生动力。

5. 注重要素供给，构建良好的产业生态

一是创新投入供给。探索运用融资租赁方式，疏通生产端、经销端和使用端之间的阻碍，实现产业链的闭环。加快产业基金的组建及引进，扩大基金的投资范围，撬动更多优质孵化项目、招商项目、并购项目落户进贤。多争取债券方式直接融资，策划包装好一批项目，缓解园区建设的资金压力。

二是完善人才供给。建立专家顾问委员会，为进贤医疗器械研发孵化、工艺改进、注册审批等提供技术支撑；创办进贤特色产业研究院，解决进贤企业研发能力不足难题；加快现代职业技术学院建设，

根据产业发展需要设置专业，培育一批技能型人才，增强产业发展后劲。

三是提升服务供给。深化"放管服"改革，全面推进"一窗进出、并联审批、马上办、限时办"等制度，继续坚持"容缺审批"的创新模式，简化、优化办理流程，创建企业服务平台，畅通政企联系渠道，高效率解决企业的堵点问题，构建产业发展良好生态。

三　产业园区建设与新型城镇化

产业园区是指由政府或企业为实现产业发展目标而创立的特殊区位环境。联合国环境规划署（UNEP）认为，产业园区是在一大片的土地上聚集若干个企业的区域。在中国，产业园区主要是指工业园区，即高新技术产业开发区和经济技术开发区。产业园区建设和发展，对于推动县域新型城镇化具有重要的作用。产业园区作为推动工业化和城镇化快速发展的重要平台，通过发挥产业集群效应和规模效应，实现了产业结构、就业结构、空间结构的转变，带动了人口集聚、产业集聚、空间集聚。

产业园区通过促进产业结构调整带动城镇化。新型城镇化是产业结构由第一产业为主逐步转变为第二、第三产业为主的过程，产业的迅速增长就是城镇化的重要推进力量，产业结构变动在城镇化进程中起到了直接推动作用，特别是第二、三产业发展与城镇化进程具有高度的相关性，第二、三产业比重越高，则城镇化程度越高。

产业园区通过转变就业结构带动城镇化。城乡一体化就业制度的实施，使得农村剩余劳动力不断地向城市流动，劳动力转移就业走上了市场化轨道，城镇就业结构明显改善，大量农民工进入产业园区就业，使园区成为农业转移人口的集聚地，促进县域人口城镇化的进程。

截至2023年6月,江西省有工业园区100个,其中县(市区)级工业园区85个,我们选择以高安工业园区为案例,分析研究高安市通过产业园区建设带动新型城镇化发展的成功道路。

(一)典型案例——高安工业园区发展的基本情况

高安工业园区始建于2001年7月,2017年7月获批更名为省级高新技术产业园,现有高新园区、建陶基地和大城·昌西文化创意产业园,总规划面积50平方公里,开发建设面积约35平方公里,引进企业380余家,截至2023年6月,有规上企业225家,从业人员5万人。公共基础设施建设累计投入20余亿元,建成总长30公里的道路、建筑面积50万平方米的标准化厂房和20万平方米的科创城创新服务中心,实现了道路、给水、排水、电力、燃气、通信、热力、土地平整"七通一平"。高新园区是省级绿色光源产业基地、国家绿色光源高新技术产业化基地、江西省60个重点工业集群之一。现有国家高新技术企业38家、省级工程技术研究中心4个、植物工厂产业技术创新战略联盟1家。建陶基地于2008年升格为中国建筑陶瓷产业基地;2014年入选全省20大示范产业集群之一,2018年被列入全省传统产业优化升级试点产业之一;是国家新型工业化产业示范基地、全国第一批增量配电业务改革试点园区、江西省先进制造业和现代服务业融合发展试点园区。2022年7月,被工信部评为2021年四星级国家新型工业化产业示范基地。2022年9月,入选2022年国家火炬特色产业基地。

近年来,园区大力推动传统产业转型升级、新兴产业快速集聚,形成了以新能源新材料、建筑陶瓷、电子信息、先进装备制造等为核心的主导产业,通瑞锂电隔膜、龙工机械、天孚科技等产业龙头企业充分发挥示范带动作用,成为产业集聚的"动力源"。科创城人才创新平台吸纳人才、创新创业的"磁场"效应日益凸显。园区产业呈现科技含量高、带动效应强、经济体量大、人才需求多等特点，园区"高""新"特征正在显现，锂电光电、高端装备制造已成为引领园区发展的主导产业，产业结构进一步优化，产业发展思路进一步明晰。主导产业的发展势头强劲，发展前景良好。

2022年，高安高新技术产业园区工业增加值完成137亿元，同比增长9.8%；营业收入571.15亿元，同比增长17.71%；利润总额45.19亿元，同比增长26.15%；规上工业企业205家，规上工业企业总产值572.89亿元。实际利用省外项目资金139.14亿元，同比增长44.64%；实际利用外资1.59亿美元，同比增长30.24%。

（二）高安市工业园区与新型城镇化联动发展成效

党的十八大以来，高安市通过推进工业园区建设，发挥集聚和扩散效应，有力推动区域经济发展，推进了新型城镇化的进程。

1.产业园区建设推动区域经济快速发展

2012~2022年，高安市工业园区工业总产值从270.72亿元增加到586.66亿元，出口额从5.66亿元增加到8.43亿元，营业收入从362.55亿元增加到584.31亿元，利润总额从19.55亿元增加到46.14亿元，极大地带动了高安市区域经济发展（见表1-13）。

表1-13 2012、2022年高安市工业园区（含一园三区）主要经济指标

年份	面积（平方公里）	工业总产值（亿元）	出口额（亿元）	营业收入（亿元）	利润总额（亿元）	从业人员（人）
2012	12	270.72	5.66	362.55	19.55	30243
2022	19.88	586.66	8.43	584.31	46.14	45564

资料来源：高安市统计局。

2012~2022年，全市完成GDP从151.24亿元增加到579.45亿元，增长2.8倍；第二产业增加值从78.56亿元增加到218.46亿元，增长1.8倍；第三产业增加值从43.93亿元增加到311.75亿元，增长6.1倍；一般公共预算收入从15.07亿元增加到34.20亿元，增长1.3倍；社会消费品零售总额从45.08亿元增加到155.61亿元，增长2.5倍（见表1-14）。

表1-14 2012、2022年高安市主要经济指标

年份	GDP（亿元）	第一产业增加值（亿元）	第二产业增加值（亿元）	第三产业增加值（亿元）	工业增加值（亿元）	一般公共预算收入（亿元）	社会消费品零售总额（亿元）	城镇居民可支配收入（元）	农村居民可支配收入（元）
2012	151.24	28.75	78.56	43.93	72.96	15.07	45.08	—	—
2022	579.45	49.24	218.46	311.75	—	34.20	155.61	42515	22612

资料来源：高安市统计局。

2.产业园区建设支撑全市工业经济发展

截至2022年，园区共有规上工业企业205家，占全市的77.9%；规上工业总产值572.89亿元，占全市的91.0%；营业收入571.15亿元，占全市的90.9%；利润总额45.19亿元，占全市的90.5%（见表1-15）。产业园区工业指标占据全市工业经济绝对主导地位，并形成了新能源新材料、建筑陶瓷、电子信息、先进装备制造等四大主导产业。

表1-15 2022年高安市工业园区（含一园三区）主要经济指标占全县工业比重

项目	规上工业企业数量（家）	规上工业总产值（亿元）	营业收入（亿元）	利润总额（亿元）	从业人员（人）
工业园区	205	572.89	571.15	45.19	45564
全市	263	629.83	628.10	49.91	48706
占比（%）	77.9	91.0	90.9	90.5	93.5

资料来源：高安市统计局。

3. 产业园区建设推动新型城镇化进程持续加快

高安市以园区发展提升城镇承载功能，通过产业发展、基础设施建设、资金投入城市建设等，推进城市空间不断扩大，促进人口不断向城市集聚，城镇化率明显提高，从 2012 年的 41.19% 提高到 2022 年的 57.11%，提高了 15.92 个百分点；在全市常住人口减少 12 万人的情况下，城镇常住人口从 21 万增加到 41.73 万，增长 1 倍，城区人口达到 21.7 万人；建成区面积从 24.23 平方公里增加到 41 平方公里，增长 0.7 倍（见表 1-16）。

表 1-16 2012、2022 年高安市新型城镇化主要指标

年份	全市常住人口（万人）	城镇常住人口（万人）	农村常住人口（万人）	户籍人口城镇化率（%）	常住人口城镇化率（%）	建成区面积（平方公里）	城区人口（万人）
2012	85.00	21.00	64.00	24.70	41.19	24.23	21.30
2022	73.07	41.73	31.34	40.36	57.11	41.00	21.70

资料来源：高安市统计局。

产业园区建设推进了新型城镇化格局初步形成。高安市通过突出发展中心城区、加快发展中心镇和一般小城镇，不断推进新区和重点镇建设，逐步形成以中心城区为内核，重点镇、小城镇协调发展的不同等级、不同功能的城镇发展格局。

4. 产业园区的建设带动县域创新能力提高

科技创新投入不断提高。作为省级创新试点，高安市规上企业 R&D 经费成为宜春首个突破 7 亿元的县（市、区），成功获批第三批省级创新型县（市、区）建设试点。全社会 R&D 经费占比 1.50%，其中规上工业企业研发费用占比 1.42%，万人发明专利拥有量为 12.13 件。拥有高新技术企业 123 个，居全省县市区第二位，万人高新技术企业数达到 1.65

个。高新技术产业园被列为江西省知识产权试点园区，获科技部认定国家绿色光源高新技术产业化基地。省级以上产业发展平台有江西省新型工业化产业基地（光电产业）、省级绿色光源高新技术产业化基地、国家绿色光源高新技术产业化基地，省级以上研发平台载体达 26 个。高新产业园区投资 8 亿多元建设"高安高新技术产业园科创城"为企业提供研发基地和创业平台。

5. 产业园区的建设促进城镇基础设施建设

一方面，高安市注重推动城镇基础设施向产业园区延伸，配套基础设施建设加快，截至 2023 年 6 月，与园区发展配套的基础设施，如路网、燃气供热管网、污水处理、环境整治、生态绿化等日趋完善。另一方面，在推进全市城镇基础设施建设方面，高安市城市近年来新建改建完工道路 14 条，道路长度总计 16 公里，包括打通八角亭南段、锦绣大道西延等多条"断头路"，完成锦绣大道西延工程、赤土板路南延、建昌大道人行道改造、G320 路域环境综合整治等项目。城市居民平均单程通勤时间为 21.1 分钟，城市高峰时间平均机动车速度为 21 公里/小时，城市交通拥堵有所缓解。达到所有工业园区都有主干网路通城区，高新技术产业园园区道路接通城区通行道路。

绿色交通方面，重点建设综合交通枢纽站，绿色交通出行分担率为 80%。城市建成区范围内有 10 条公交线路，基本涵盖了城市建成区主要客流点，新能源公交车共有 75 标台，公交智能化进一步提升，公交车站台到站语音播报系统普及，所有公交车辆均支持乘车码、学生卡、老年人公交卡等多种支付方式。公交出行比例逐年提高。

停车设施方面，停车泊位总量为 93140 个，小汽车拥有量为 111233 辆，停车泊位总量与小汽车拥有量的比值为 0.84，城市居民"停车难、停车贵"问题有所缓解。

6. 产业园区的建设促进城镇公共服务设施建设

以产业园区的建设带动城镇公共服务设施建设，2020年以来，高安市同步推开213个城市功能与品质再提升项目，建成37条城市道路、3座桥梁，完成42个老旧小区改造、36个背街小巷整治，新增5个公园绿地，获评省级生态园林城市。市民中心、CDE写字楼、市委党校等项目竣工投用，果蔬批发市场、东区农贸市场、润达商业综合体投入运营。启动15个停车场建设，可新增车位2063个，出行更加方便。完善53条道路照明，新增路灯4390盏，改造路灯650盏，城市更有亮度。新改建城市公厕42座，开工建设城南污水处理厂，新建（改造）雨污分流管道11.28公里，地下"毛细血管"更加顺畅。完成26个直饮水建设工程、40个住宅小区二次供水统收统管，群众喝水更方便、用水更安全。新添全国高质量发展百佳示范县市、全国投资环境百佳示范县市等20多项省级以上荣誉。

7. 产业园区的建设促进城镇社会事业发展

工业园区的快速发展带动了高安市城镇社会事业快速发展，2022年，城区高中达到5所，比2012年增加4所；初中12所，增加8所；小学27所，增加20所；幼儿园62所，增加9所（见表1-17）。仅2022年城市建成区就新建成九中九小、文端初级中学、第十一小学、第十二小学、十里亭幼儿园、薛家山幼儿园、锦绣幼儿园7所学校，新增学位超9000个，中学就读规模满足率为99.73%，小学就读规模满足率为112%；44所普惠性幼儿园和公办幼儿园共提供学位数12030个，普惠性幼儿园覆盖率为84.56%，达到教育部所要求的普惠性幼儿园占比80%的标准。

表 1-17   2012、2022 年高安市城区教育指标

年份	城区高中（所）	城区高中学生数（人）	城区初中（所）	城区初中学生数（人）	城区小学（所）	城区小学学生数（人）	城区幼儿园（所）	城区幼儿园学生数（人）
2012	1	—	4	—	7	—	53	9433
2022	5	15603	12	19486	27	33757	62	13238

资料来源：高安市统计局。

医疗卫生机构发展较快。截至 2022 年，高安市二级以上医院有 6 所，分别为人民医院、中医院、妇幼保健院、瑞州医院、骨伤医院、仁德医院，城市二级及以上医院 2 公里服务半径覆盖率为 60.36%；城市医疗卫生设施千人指标床位数为 12.23 床，远高于国家标准要求的每千常住人口医疗卫生机构床位数控制在 6 张。

文化设施建设不断完善。截至 2022 年，高安建有文化馆、图书馆、博物馆三馆。城市文化设施建筑面积达到 0.23 米^2/万人，满足规范 0.2~0.5 米^2/万人的要求。

8. 产业园区的建设助力农村剩余劳动力就业

高安产业园区有企业 380 余家，规上企业 225 家，吸纳从业人员 5 万人，占全市工业企业总数的 93.5%。其中高新技术产业园有 1.7 万人，建陶基地用工达 2.6 万人，昌西用工人数达 0.7 万人。园区建设发展还带动了汽车物流业、快递业、电子商务、餐饮业、饭店业等相关产业人员就业数万人。

（三）以产业园区带动新型城镇化的经验做法

1. 坚持搞建设与抓招商相结合，打造产业聚集平台

产业集聚区是项目建设聚集资本、链接产业的有效载体。为持续增强

园区项目承载能力，一方面，高安市紧紧抓住省市加大产业集聚区扶持力度的机遇，进一步加大投入，开展土地扩征工作，不断完善园区配套设施，提升集聚区项目承载能力；另一方面，完善招商引资项目优惠政策，鼓励全市工业项目向产业聚集区集中，并明确乡镇与园区的税收分成，大幅提高乡镇及园区的招商引资热情。积极开展各类招商引资活动，组建产业招商组团，掀起了招商引资热潮，利用产业招商、专业招商、以商招商、集聚区招商、商会招商等多种招商形式，先后引进了一批大项目大企业，使园区产业链条进一步完善，园区竞争力和综合效益得到提高。

2. 加强了政银企三方对接，加大金融支持园区发展的力度

鼓励银行机构主动与园区小微企业、成长型科技企业、"专精特新"中小企业等进行对接，满足融资需求。充分利用"财园信贷通""财政惠农信贷通""银税互动""银商合作"等平台，加强对各家银行上线的中小微企业信贷产品的调度和引导，切实解决企业资金需求。加大了企业上市工作培训力度，调动企业上市积极性，营造"想上市、敢上市"的良好氛围。推动符合国家产业政策、发展前景好、盈利能力强的龙头企业在主板上市，推动科技型、成长型企业在中小板、创业板、科创板上市。

3. 促进产业结构优化发展，提升园区产业竞争力

园区积极落实"产业兴市、工业强市"战略部署，围绕锂电光电新能源、高端装备制造两大主导产业，以产业链、供应链和创新链为主要内容，以龙工、通瑞、康铭盛等龙头骨干企业为核心，按照"延链、补链、强链"的原则，吸引上下游配套企业，形成完整产业链，提升高新园区产业实力。加快推进新材料高新产业园项目，着力培育锂电池产业集群，拟打造成国内具有影响力的锂电池生产基地。

4. 持续优化营商环境，提升园区综合竞争力

园区深入推进优化营商环境一号工程，聚焦企业急难愁盼问题，践行为企服务宗旨，对重点项目实行特事特办、快事快办，急事急办、优先报批的审批制度。尽心尽力为项目建设解决问题，全力支持项目建设和企业发展。及时开展惠企政策宣传，帮助企业减轻疫情时期经营压力。妥善处置企业劳资、工伤纠纷，累计处理各类信访案件468件，调解成功451件。通过就业网公众号、园区公众号、园区企业群等方式帮助企业招工，配合就业局开展大型现场招聘会，组织企业前往高校开展校园招聘等，累计招聘2451人。积极开展"财园信贷通""科贷通"等服务，2022年累计向8家企业发放贷款3000万元。足额兑现税收奖励，累计向18家企业拨付企业扶持资金或补贴2629万元。

（四）产业园区促进新型城镇化发展存在的问题

1. 产业发展对县域城镇化后续支撑能力有待进一步提高

高安工业园区首位产业被明确为新材料新能源产业，但在产业结构中建陶产业占比较大。2022年，建陶产业实现营业收入327.12亿元，占规上工业总营收的55.95%，而新材料新能源产业体量较小，实现营业收入79.24亿元，占规上工业总营收的比重仅为13.55%，首位产业对园区经济的支撑作用有限。同时，高端装备制造、电子信息等其他主导产业占比不高，园区经济对处于"两高"行业的建陶产业依赖性比较强。

2. 产城融合发展的配套体系有待进一步完善

高安市产业园包括一园三区，除高新区外，另外两个区属于生产型的专业园区，离县城距离较远，产业化与城镇化融合发展涉及的土地、资金、人才及其他公共服务等生产生活配套服务设施不够完善，制约了产城融合的发展。

3. 基础设施建设存在短板

尽管工业园区近年来持续推进道路、雨污管网等基础设施建设，取得一定的成效，但电力保障、燃气设施等方面依然存在短板，难以满足企业发展的需要。目前，园区电力设施能满足一般性工业用电的需求，而对于部分用电量大、电压要求高的重点企业用电保障不足，企业时常出现闪频断电的情况，给企业造成较大的经济损失，影响企业发展信心。高安东项目企业燃气管道尚未铺设完成，导致已落户企业用气难度增大、用气成本增加等。

4. 部分小城镇的规划建设比较滞后

截至2023年底，高安市共有19个镇、2个乡、2个街道。这些乡镇小城镇具有就近就地转移农村人口、加快新型城镇化的作用，虽然，全市大多数小城镇基础设施得到了较好的改善，但也存在部分小城镇规划布局不均衡、不合理，产业和人口集聚能力较弱，产业支撑能力不强，城镇基本功能配套建设跟不上等问题，少数村镇农贸市场、公共厕所等基础设施存在"脏、乱、差"现象，文体设施缺乏。

5. 农村人口市民化进程比较缓慢

目前高安市城乡二元的户籍制度障碍已经被打破，农村转移人口也能平等享受城镇居民在住房、子女入学、公共医疗和社会保障等方面诸多社会福利及保障。但在土地政策方面，农地两权分离的土地产权关系的不明晰和土地流转制度的不健全，使得农民转移到城市后，难以摆脱对耕地的依赖，这样，转变为新城镇市民的农民，既不能完全从农村和农业中退出，又不能完全融入城市。大量农业转移人口生活在城镇，却不愿融入城市社会，游离于城镇基本公共服务体系之外，处于"半市民化"状态，形成新的二元矛盾，阻碍新型城镇化健康发展。

（五）进一步推进产业园区带动新型城镇化的政策建议

1. 强化顶层设计，统筹园区建设与城镇化发展

坚持高起点、高水平编制园区规划，并强化执行刚性。切实推行园区规划和当地经济社会发展规划、城镇总体规划、土地利用规划、交通发展规划的相互衔接和深度融合，推动工业向园区集中、工业园区向城镇发展，最大限度地实现区域经济规模效应。加大园区控制性详细规划和基础设施专项规划编制力度，缓解园区项目用地现状与规划安排的现实矛盾。

2. 推动园区产业高质量发展，为县域新型城镇化提供有力支撑

聚焦新材料新能源、高端装备制造等新兴产业，推动产业向上下游延伸、产业关键环节突破，提高产业集聚水平，打造特色产业集群。依托高安新材料产业园，全力推进新材料新能源产业发展，力争在锂电隔膜、电池电芯制造等重点领域实现突破。坚持高端装备制造错位发展、特色发展，以加大技术创新、培育品牌企业为重点，大力推进高端装备制造与信息化融合发展，提高智能制造产业园能级，提升装备制造智能化、数字化、成套化水平。持续推进建陶产业改造升级，推动产业高端化、生产智能化、产品绿色化、工厂现代化发展，培育上下游配套、分工协作完整的建陶全产业链，打造具有竞争力的建筑陶瓷制造贸易基地。

3. 强化园区基础设施建设，促进园区产城融合发展

促进园区基础设施与城区无缝对接，加强产业园区服务配套建设。提升园区社会管理水平，推进园区社会公共服务与城区一体化发展。

4. 促进产城融合发展，提升县域新型城镇化发展水平

发达国家、地区的城镇化经验显示，城镇化进程是伴随工业化共同

发展和推进的。因此，县域新型城镇化必须重视产业支撑作用，尤其是产业园区的带动作用，理顺工业园区管理体制，着力构建大产业经济，加快产业园区转型发展，优化服务业产业布局，实现以园促城、产住一体，推进产业新城与产业园区相结合，以园区建设带动城镇化建设，以园区产业发展助推城镇化发展，实现多种渠道、多种形式的产城融合，打造新型产业和现代城镇综合一体的现代化新城。

5. 实施劳动就业和产业园区创业相结合，加快城镇新转移人口市民化

改善就业创业环境，围绕"企业入园、农民工就业、返乡创业"的思路，鼓励大众创业、万众创新，安排就业专项基金，完善就业扶持政策，促进当地就业。推进创业园标准厂房、廉租房、公租房建设，为各类创业者开展创业活动提供办公居住场所。将易地移民搬迁与产业园区发展、新型城镇化发展相结合，健全农业转移人口就业创业的职业转换机制，注重产业富民与就业培训相结合，加大新型城镇区域内公共就业实训基地建设，开展企业人才培训。建立健全园区就业服务体系，大力发展职业教育，开展订单式培训，解决农村富余劳动力就业信息闭塞、盲目流动的弊端，同时解决企业技术工人缺乏的问题，进一步加速人口集聚，助力园区发展，推进新型城镇化进程。加快征地拆迁户回建房、保障性住房建设。完善社会保险关系转移接续政策，推动养老保险和医疗保险城乡一体统筹。积极推进政府购买服务，增加就业岗位。以促进政府和社会资本合作为突破口，开展农民土地股份合作与农村扶贫融合试点，探索构建多元化投融资渠道。

四 数字经济培育与新型城镇化发展——以吉安县为例

近些年，随着科技水平的提升，数字经济得到快速发展。数字经济有着能充分挖掘产业潜力、推动传统产业改造升级，打破要素壁垒促进信息共享、产销信息透明，高效吸引更多要素向县城加速集聚、提升县城统筹治理和公共服务水平等能力，已成为县域新型城镇化建设发展的重要力量。

（一）基本情况

江西省在推动新型城镇化建设方面，以深化城乡环境综合整治、推进城市功能品质提升行动、城市更新行动等方面为抓手，取得了较好的成效。吉安县，作为江西省新型城镇化示范县和第一批"数字经济集聚区"示范点，以智能穿戴产业为核心促进数字产业发展，逐渐形成完备的智能穿戴上下游产业链，有效促进新型城镇化建设。分析吉安县成功路径，对如何实现培育数字经济带动新型城镇化、对全省乃至全国建设新型城镇化具有启示和借鉴意义。

1. 新型城镇化发展基本情况

"十四五"以来，吉安县坚持以习近平新时代中国特色社会主义思想为指导，抢抓入选国家县城新型城镇化建设示范县历史机遇，深入实施以人为核心的新型城镇化战略，新型城镇化建设成效显著。城镇化发展方面，2022年，户籍人口城镇化率为39.82%，较2012年的20.45%提高了19.37个百分点，年均提升1.94个百分点，越来越多的农村转移劳动力由"村民"转变为"市民"。绿色城市发展方面，截至2022年底，吉安县城中心城区建成区面积16.2平方公里，城市建设用地控制指标逐步下降，节能节水产品、节能环保汽车和节能省地型建筑比例大幅提升，城市生产和生活的资源循环利用更加普及，能源资源利用效率稳步提高。城镇生活品质方面，2022年，普惠性幼儿园覆盖率达到92.1%，较2020年上升4.8个百分点；养老机构护理型床位占比由2020年的20%提升到56%；2000年底前建成的城镇老旧小区完成改造比例达到61.18%，生活垃圾无害化处理率达到 100%。产城融合方面，2022 年，吉安高新区在全国高新区考核排名前进 17 位，实现营收 672 亿元、较 2020 年增长 10.3%；规上工业增加值 155.77 亿元，较 2020 年增加 30 亿元左右，增长 23.85%。

2. 数字经济产业培育基本情况

吉安县认真落实省、市相关决策部署，深入实施数字经济"一号发展工程"，着力打造全省数字经济发展新高地，取得了明显的成效。数字经济发展成绩斐然，2022 年，吉安县数字经济核心产业实现营收规模 554.03 亿元，居全省首位，产业支撑城镇发展能力明显增强。城市统筹治理和公共服务能力得到有力提升，2022 年，建成并运行数据共享交换平台，实现了与省市级交换平台互联互通，不断提升农业林业、水利等核心资源数据监控、传感设备等数据收集、整合、分析能力。就业质量不断提升，2022 年，吉安县园区 30 余家电子信息企业有员工 3.5 万余人，用人高峰期能达到 8 万余人就业。基础设施建设方面逐步完备，截至 2022 年底，累计新增建成开通 5G 基站 731 个，每万人拥有 5G 基站数 13.8 个，千兆宽带用户数累计达 39731 户，网络覆盖率达 302%，居吉安市第一。产业集群初步形成。截至 2022 年，在数字产业集聚区，数字经济核心产业企业数 33 家，产业规模集聚度达 82.5%。数字经济重点赛道电子信息首位产业被列入全省"满园扩园"重点产业集群，其中数字视听产业被纳入科技部创新型产业集群试点，2022 年占全县规上工业企业营收达 80.9%，占全市、全省比重分别为 25.2%、5.4%。数字技术场景应用走向多元。智慧物流加速推进，正在建设中的江西智吉达物流仓储项目，建成后将实现智能物流指挥、产品质量认证及追溯、智能配货调度等功能。智慧旅游初见成效，吉州窑景区、大丰田园景区等国家 4A 级旅游景区均已完成智慧景区建设。智慧农业开始起步，如现代农业示范园、圣大农业科技初步实现蔬菜温室大棚的水、肥、湿度和温度的智能化管控。

（二）经验做法

1. 提前做好规划，重落实

吉安县坚持以习近平新时代中国特色社会主义思想为指导，抢抓入选国家县城新型城镇化建设示范县历史机遇，深入实施以人为核心的新型城镇化战略，认真贯彻落实国家、省、市关于新型城镇化建设的一系列决策部署，扎实有序做好城镇化补短板强弱项工作，2020年，吉安县正式出台《吉安县新型城镇化建设示范方案》，将具体任务进行分解，精准量化设定目标和进展时间安排，确保国家县城新型城镇化建设示范县各项任务落到实处。

2. 多措并举，激发数字经济活力

一是紧盯目标任务谋篇布局，夯实数字经济发展底座。按照适度超前原则，深化城市地区网络覆盖，按需向乡镇和农村地区延伸。二是加快融合应用提档升级，促进制造业数字化转型。吉安县积极探索典型"双千兆"网络应用模式，为全县数字经济发展注入强大动力。围绕5G应用，中国联通吉安分公司携手吉安伊戈尔磁电科技有限公司建设了吉安首家5G技术应用的智能工厂，搭载有数字化、信息化制造管理系统，是行业内领先的智能化、数字化工厂。三是拓展应用场景，深化运用惠及千行百业。吉安县"双千兆"建设快速推进、深化运用，在数字治理、社会民生、智慧文旅、智慧农业等各方面各领域百花齐放。数字治理在社会民生领域、智慧农业方面的相关项目建设完成。

3. 做大做强主导产业，完善产业链

做大做强电子信息产业，紧扣电子信息首位产业不动摇，组建电子

信息产业联盟服务中心，打造了辐射全省的光电线缆检验检测中心，目前已集聚企业 158 家，年营收占吉安市比重超过 1/4。做活企业，3 个企业成功入选江西数字经济重点企业清单，被列入市级调度的 7 家数字经济重点企业三季度营收 355.3 亿元，博硕科技获批"国家企业技术中心"，立讯智造、国泰化工入选省级智能制造标杆企业。做优平台，吉安高新区智能穿戴产业获"江西省数字经济集聚区"称号，涵盖从线材、模组、电子件到扬声器、耳机、数据线、音响声学终端产品的全产业链，入驻企业 65 家，就业人数 5.2 万人，核心产业集聚度达 80.1%。吉安高新区被评为"江西省两化融合示范园区"。

（三）存在的问题

虽然吉安县新型城镇化取得了一定的成绩，但与省、市先进水平相比，特别是与其他国家县城新型城镇化建设示范县相比，吉安县新型城镇化发展和数字经济培育方面仍面临不少短板和问题。

1. 新型城镇化建设目标仍存在不小差距

一是城镇化水平低。2022 年，全县城镇化率仅为 47.74%，分别低于吉安市（54.07%）、全省（62.07%）6.33 个和 14.33 个百分点；城镇居民人均可支配收入为 41506 元，仅排在吉安市第 6 位，低于全省平均水平。二是城镇品质与美好生活的需求存在差距。高品质空间供给不足，城市功能不完善、质量不高等问题仍然存在。比如，吉安县优质医疗卫生资源相对不足，全县无一家三级医院，专科医院及"一老一小"重点人群服务能力有待加强；建设用地效率仍低于全省平均水平，低效用地亟待优化提升，土地资源供求矛盾日益突出；中心城区建设品质仍需加强，缺乏彰显庐陵文化特色的建筑和设施。三是城镇治理体系和治理能力现代化水平有待提升。一定程度上仍然存在重开发建设、轻管理服务，老城新城、地上地下等空间开发管理统筹有待进一步提升，治理智慧化、精细化水平有待提高等问题。

2. 产业承载能力不强

与制造业发展相配套的服务业相对滞后，高新区周边商业服务、餐饮住宿、娱乐休闲等生活配套发展不足，产城融合深度不够，对城市的人口增长、人才引进和就业创收形成一定制约。城镇体系不够健全，中心城镇产业发展处于起步阶段，城镇间产业联动发展较为薄弱，辐射带动作用发挥不足。城镇产业与市场衔接较弱，市场拓展、农产品深加工方面投资力度不足，城乡高效配送体系不够健全，农产品附加值未得到充分挖掘。

3. 劳动力人口外流导致用工难

吉安县，户籍人口和常住人口有近10万人的缺口，说明近10万劳动力外流到沿海城市，同时，随着人口老龄化进程加快，劳动年龄人口总量减少将导致劳动力成本上升，减弱竞争优势。吉安县劳动力需求较大，老龄化问题将加剧企业"招工难"现象。

4. 数字经济产业低端、结构不优

一是大数据、人工智能、物联网等产业尚处于起步阶段，软件和信息技术服务、互联网行业、电商主体及平台经济规模较小。二是产业结构不优。吉安县电子信息产业主要处于产业链中代工生产环节，自主品牌缺失，在产品研发、品牌打造、产品销售方面尚未构建完整布局，受外部市场影响较大。

5. 数字经济产业相关人才不足

当前企业普遍存在适用型、效益型科技人才和技术型人才紧缺的问题，且现有的管理团队知识技术水平难以适应数字经济产业发展需要。大多数中小企业数字化水平低，网络化、智能化基础薄弱，受限于企业家意识、人力、资金，企业推动数字化转型的意愿不强。

（四）政策建议

1. 壮大特色优势产业，提升人口集聚能力

一是提升工业发展能级。聚焦"1+3+N"产业高质量跨越式发展，大力实施产业链链长制升级版，着力建设新型工业强县。强化工业发展"链式"思维，推动全链条发展、全要素保障、全周期服务。推动"老树发新枝"政策，持之以恒做大做强电子信息首位产业，努力构造智能终端产品全产业链，巩固智能终端、数字视听、光电线缆等细分行业在全市的领先优势，打造"中部声谷"和"消费电子线缆之都"。大力发展装备制造产业，聚焦数控机床、印刷设备、包装机械、电路板设备等主攻方向补链、强链。配套发展稀土永磁、高分子材料等新材料产业。推动绿色食品、大健康产业融合发展，推动重点企业提质增效、提升营收。二是推动服务业提质增效。深入实施生产性服务业三年攻坚行动，补全工业设计、创新研发、科技咨询、金融服务、检验检测等服务短板。全力抓好吉州窑攻坚国家级5A景区创建，推进吉州窑遗址公园整体建设，完善县级旅游集散中心、吉州窑大师美术馆、吉安非遗展示馆等旅游节点建设，打造省级全域旅游示范区。优化乡村旅游服务体验，扩大4A、3A级乡村旅游点队伍。实施物流业高质量发展三年行动，畅通"通道+枢纽+网络"全链条物流体系，推进城乡冷链物流骨干网建设，推进物流智慧化、绿色化发展。

2. 优化城镇发展格局，提升辐射带动能力

一是构建"一主五副"城镇体系。做强做优中心城区，引导各板块错位协同发展，完善公共服务设施配置体系，全力打造宜居宜业美丽家园。强化万福镇、桐坪镇特色工业镇的比较优势，促进工业与农业互动发展，打造"农工旅"发展模式。二是优化中心城区空间结构。大力建

设城北新区,加快电子商务、现代商贸、数字科创、文体交流、教育服务、旅游集散、行政办公、品质居住、医疗康养等业态布局,加强与市辖区、井开区在空间对接、产业互动、设施共享等方面衔接,全力打造融城发展的桥头堡和城市品质塑造的引领区。优化敦厚老城用地功能和空间品质,重点推进城中村环境整治和补齐社区生活圈配套服务设施、口袋公园等短板。调整园区单一功能发展模式,推动凤凰组团向产城融合示范园区转变。积极培育吉州窑文创组团,重点发展陶瓷艺术产业,拓展休闲旅游新功能,全力打造区域文旅新IP。充分利用县城西部低丘缓坡和临近高速、铁路优势,大力推进组团快递物流、供应链物流、智慧物流、冷链物流综合发展。

3. 强化各类平台支撑,提升综合承载能力

一是全力推进高新区蝶变。深入推进吉安高新区"三年蝶变"行动,实施企业梯次培育计划,加大对园区重点电子信息企业帮扶力度。坚持招大引强与"老树发新枝"双轮驱动,加快引进一批行业龙头以及强链补链延链项目,力争引进百亿元项目1个。牢固树立"以产带城、以城促产、产城融合"理念,完善园区道路、商业住宅、教育医疗、休闲娱乐等综合配套,规划建设集总部办公、科技研发、产业孵化、商务生活配套于一体的总部经济综合体,加快打造新型产城融合示范区。二是做强科技创新平台。实施创新载体提升工程,建立健全以企业为主体的科技创新体系,提速打造光电线缆产业联盟、产业研究院、检验检测中心"三驾马车"。鼓励省级工程研究中心、创新型企业建立技术创新中心,支持鑫泰科技等企业创建省级技术创新中心、鑫泰功能创建新型研发机构。积极创建国家级科技企业孵化器,力促"科创飞地"、星空间进一步完善科技孵化功能,星空间夯实省级科技企业孵化器基础,优尔检测创建市级创新载体。三是创新城镇化发展资金保障机制。争取国家和省财政加大对吉安县新型城镇化建设的转移支付力度。积极引导社会资本参与城市开发建设运营、盘活国有存量优质资产，规范发展政府和社会资本合作（PPP）模式，探索发行基础设施领域不动产投资信托基金（REITs）。

4. 加强政策支持，补齐人才短板

加大资金投入力度发展数字经济重点领域、重大项目和应用示范。建立规范的投融资机制，鼓励和引导社会资金参与数字经济建设，逐步建立以政府投资为引导、以企业投资为主体，金融机构积极支持、各方广泛参与的数字经济建设投融资模式。落实高新技术企业、软件企业、创投企业税收优惠政策及研发费用加计扣除、股权激励、科技成果转化等各项税收优惠政策。引进高水平数字人才，深入贯彻落实"庐陵英才"计划，大力推动人才强县"二十一条"实施意见落地见效，持续推进"人才+项目"模式，着力引进和培养一批数字经济人才及团队。培育应用型数字人才，持续推进数字经济职业技能培训，推行电子培训券，开展定向培训和订单式培训。联合职业学校举办数字技能培训，引导院校与企业共建数字经济人才培育基地，培养一批本土数字经济产业人才，支持设置数字经济类学科专业。

5. 深化数实融合

加快大数据、物联网、云计算、人工智能、区块链等数字技术向传统产业渗透，推动企业"上云"向"用云"转变。支持现有乡镇小微数字产业园技术改造和提升，鼓励和引导企业加快智能制造转型。支持具有数字化转型经验的大企业建立数字化转型服务平台，带动下游中小企业协同数字化转型。大力发展信息工程服务、工业设计等基础产业，为传统产业数字化转型提供技术支撑和服务支持。

参考文献

高志刚、华淑名：《新型工业化与新型城镇化耦合协调发展的机理与测度分析：以新疆为例》，《中国科技论坛》2015年第9期。

李苏、董国玲：《新型工业化与新型城镇化发展的互动关系研究：基于宁夏2015-2019年数据分析》，《价格理论与实践》2021年第4期。

李晓华：《中国城镇化与工业化的协调关系研究：基于国际比较的视角》，《中国社会科学院研究生院学报》2015年第1期。

刘娜娜、王效俐、韩海彬：《高校科技创新与高技术产业创新耦合协调发展的时空特征及驱动机制研究》，《科学学与科学技术管理》2015年第10期。

盛彦文、马延吉：《区域产学研创新系统耦合协调度评价及影响因素》，《经济地理》2017年第11期。

孙虎、乔标：《我国新型工业化与新型城镇化互动发展研究》，《地域研究与开发》2014年第4期。

王占益：《以产业园区带动县域城镇化发展研究——以山东蓬莱为例》，《山东行政学院学报》2015年第3期。

杨学莲、陈秉谱、莫琪江：《新型城镇化对农业生态效率的影响研究——以河西走廊地区为例》，《南方农村》2023年第5期。

袁媛：《探析小城市特色产业发展研究》，《新型城镇化》2023年第5期。

Blumin S. M. "Driven to the City: Urbanization and Industrialization in the Nineteenth Century" [J]. *Oah Magazine of History*, 2006 (3).

Douglas Gollin, Remi Jedwab, Dietrich Vollrath. "Urbanization with and without Industrialization" [J]. *Journal of Economic Growth*, 2016 (1).

H. Chenery, M. Syrquin：《发展的型式1950-1970》，李新华等译，经济科学出版社，1988。

第二章
县域新型城镇化与乡村全面振兴

随着我国新型城镇化进程的深入推进，农业农村正在进行重大的历史性变革，城乡融合不断深入，新一轮土地制度改革探索，对促进我国新型城镇化发展以及社会主义现代化建设至关重要。近年来，江西新型城镇化迈进"快车道"，农村土地制度改革走在全国前列，在农村承包土地流转、集体经营性建设用地入市、农村宅基地改革等方面也进行了积极的探索总结，不少进展和经验可为我国推进新型城镇化和土地制度改革提供一定借鉴。

一 农村土地改革与新型城镇化

党的二十大报告强调，深化农村土地制度改革，赋予农民更加充分的财产权益。当前，农业农村正在发生重大的历史性变革，改革和完善农村土地制度，是时代赋予的任务。因此，把握好新时代农村土地制度改革的方向、重点任务具有重要意义。

（一）江西农村土地制度改革取得积极进展

近年来，江西深入探索农村土地制度改革，坚守土地公有制性质不改变、耕地红线不突破、农民利益不受损三条底线，结合实际情况，因地制宜，按照确权、赋能、搞活的改革思路，扩面、提速、集成的改革要求，全面发力、多点突破，积累了丰富的经验，为我国其他地区开展农村土地产权制度改革提供了镜鉴。

1. 农村宅基地制度改革试点走在全国前列

2020年，鹰潭市余江区、湖口县、永丰县、大余县等4个县（区）入选新一轮农村宅基地制度改革试点地区，江西省按照中央及农业农村部的部署要求，围绕"五探索、两完善、两健全"，周密部署，稳慎推进，宅基地制度改革试点走在全国前列，打造了"宅改样板"余江，探索总结形成了典型的宅基地改革和管理新模式，形成了"村庄整治""产业发展""合作开发""集中安置"等湖口模式；形成了"宅票置换、申请优先""统一规划、集中建设""集中整理、分块治理""审批管理、巡查监管"等永丰模式，着力为全国农村宅基地制度改革贡献"江西经验"。

2. 集体经营性建设用地入市试点有序展开

集体经营性建设用地入市是我国土地管理制度改革重大举措，实践和研究表明，推进集体经营性建设用地入市，盘活了农村闲置的集体土地，促进了产业发展和农民增收，有利于乡村振兴战略实施。全省坚持试点先行，审慎稳妥、扎实有序推进农村集体经营性建设用地入市，拓展了农村土地改革路径和方法。

鹰潭市积极推动农村集体经营性建设用地入市。一是创新入市制度。制定出台基础性制度和操作办法，打破城乡土地二元化管理机制，打通城乡土地"同等上市、同地同权"制度通道。二是创新入市管理系统。运用云计算、大数据、人工智能等新一代信息技术，搭建入市业务入市管理系统，填补了集体建设用地管理平台缺失的空白。三是创新入市产业园建设。建设了首个全部使用集体土地的入市产业园，推进入市产业园建设，促进传统优势产业提升，打造了"入市+农民持续增收综合示范点"。

余江区制定八项集体经营性建设用地入市制度，构建集体经营性建设用地入市机制。制定高效运转的入市交易规则、多方协同的服务监管办法。一是探索多元入市主体。明确入市主体，各级乡、村、村小组是入市实施主体，行使所有权，提高入市公信力。二是探索多种入市路径。符合就地入市条件的可以就地入市，零星、分散的集体经营性建设用地，符合建设用地不增加、耕地数量不减少、质量有提高条件的，在县域范围内调整到一定区域集中入市。三是建立城乡统一的建设用地市场。制定集体经营性建设用地入市流程，进入公共资源交易中心进行交易。编制集体土地基准地价，建立了集体经营性建设用地定价体系。引入第三方服务机构，培育了集体经营性建设用地测量、评估等中介机构。四是科学制定增值收益分配办法。按照比准价格法测算不同区位、不同用途土地增值收益调节金比例，考虑不同用途、不同区位政府投入的基础设施配套费用，综合确定不同区域工业用地、商服用地收取比例，以此实现不同区位、不同用途土地"入市"收益的大体平衡。五是强化集体经济组织收益分配管理。建立收益分配民主决策机制，合理制定收益分配方案，保障集体经济组织成员对收益分配、使用的知情权、参与权、监督权，形成集体经济组织收益分配、使用的长效机制。

3.土地征收制度改革试点稳步推进

余江区在区级层面形成了土地征收制度，制定土地征收目录，科学确定了征地范围。建立土地征收风险评估机制，建立健全民主协调调处机制，打通村民诉求渠道，确保矛盾纠纷及时调处化解。建立健全征地程序，开发征地管理系统，加大信息公开力度，确保征地工作公开透明。建立完善留地、创业、社保等多元保障措施，确保征地农民生活有保障。乡镇、村组层面配套形成《征地信息公开制度》《征地民主协商制度》

《征地补偿费分配办法》等制度办法,完善土地征收的村规民约,初步形成区、乡、村组土地征收制度体系。

4. 积极探索宅基地"三权分置"

余江区积极探索农村宅基地"三权分置",出台了一系列与农村宅基地"三权分置"有关的实施方案、办法,形成了一套制度体系。一是组建村民事务理事会行使宅基地所有权。组建村民事务理事会,由村民理事会来代替村集体经济组织行使宅基地所有权。二是采取多元化方式保障农户资格权。余江区对农户宅基地资格权的保障方式因"户"而异。区分农户选择进城落户、选择宅基地实物保障、传统农区村、城镇规划区几类情况区别对待,采取不同的方式予以保障。三是构建农户宅基地资格权的灭失和重获机制。构建农户宅基地自动灭失和重获机制,还积极探索农户宅基地资格权自愿灭失和重获机制,即农户自愿放弃宅基地资格权。四是适度放活宅基地使用权。将宅基地使用权流转的重点放在村集体经济组织内部,同时赋予村集体经济组织和本集体成员具有宅基地流转的优先获得权。

(二)江西农村土地制度改革典型案例分析

1. "一户一宅,村民自治"余江"宅改试点"模式

江西鹰潭市余江区是江西省三项试点工作的唯一试点地区,也是全国唯一一个全域整体推进宅基地改革的地区。自2015年3月开始,通过制度创新,成立村民事务理事会,发挥群众的主体作用,按照"一户一宅"、自愿有偿退出多占宅基地原则,开展宅基地制度改革工作。其主要做法如下。

第一,坚持"一户一宅"原则,公平公正。坚持"一户一宅、面积法定"原则。各村以统一的面积标准"一把尺子"量到底,采取有偿无偿退出、有偿使用等方法,促使村民退出超占宅基地和多宅部分;由于历史原因形成超占多占,且确实没有办法退出的,由村民事务理事会以有偿使用的办法进行收费。

第二,坚持村民自治,民事民办。坚持村民自治,"有事好商量""村里的事情村民办",充分发挥村民事务理事会及理事的主体作用,明确理事会职能定位,坚持运用"五共"原则。坚持集体讨论、集体研究、集体决策,明确要求将重要事项列入村民事务理事会、村民代表大会进行议事协商,做到"充分酝酿、反复讨论、力争全票通过",真正做到了治理有效。

第三,坚持规划先行,发挥规划引领作用。按照"多规合一"要求,突出布局合理、功能齐全、完善配套、生态优美,尊重群众意愿、编制自然村村庄规划,强化规划引领作用。

第四,坚持以"宅改"为抓手,统筹推进农村改革。合理配置资源,统筹协调发展。以宅基地制度改革为引领,推进农业发展现代化、基础设施标准化、公共服务均等化、村庄面貌靓丽化、转移人口市民化、农村治理规范化的"一改促六化"美丽乡村建设。

余江农村宅基地制度改革试点工作取得明显成效。余江试点改革前共有7.3万农户,其中"一户多宅"(见图2-1)的就有2.9万户,接近40%;农业人口30.02万人,农村建设用地面积5200公顷,农民人均建设用地面积超过170平方米;农村闲置房屋2.3万栋,危房8300栋,倒塌房屋7200栋,农房附属设施10.2万间。通过宅改,解决了全县宅基地的历史遗留问题,消灭了"空心村",盘活了集体建设用地,显化了农民宅基地财产权益,让沉睡的土地活了起来,基本结束了农村宅基地"多、大、乱、空、违、转"的局面,宅基地管理实现由乱到治,为改革完善宅基地管理制度提供了"可复制、能推广、利修法、惠群众"的实践经验,为加强宅基地管理提供了"余江样板"。

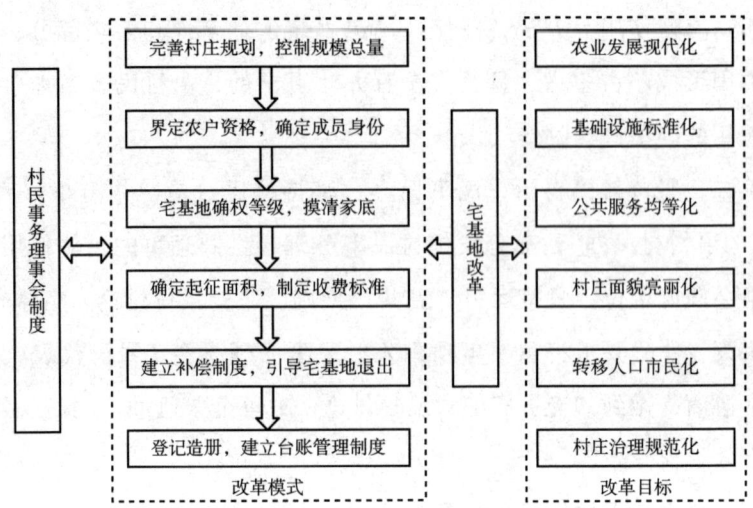

图 2-1 余江区"一户一宅,村民自治"模式运行机制

资料来源:周春芳等:《新一轮中国农村土地制度改革的模式与成效》,《湖北农业科学》2019 年第 10 期。

第一,强化了土地所有权。各级干部和广大群众人人是改革参与者,在共同亲历和感同身受中,增强了对土地管理法律法规的敬畏。

第二,规范了宅基地管理。完善了审批监管程序,杜绝了农民未批先建和违法用地现象,试点以来全县没有新出现一起建成的违章房。

第三,推动了新农村发展。彻底消除了空心村,释放了大部分村庄的农民建房用地,有力地保护了耕地资源,也为村庄建设发展腾出了空间,为"一改促六化"新农村建设奠定了坚实基础。

第四,增强了群众获得感。宅改后,村庄人居环境、卫生环境明显改善;结合集体经营性建设用地入市,发展了庭院经济、休闲农业、乡村旅游,促进了农村"一二三"产业融合发展。同时,实行了宅基地多占有偿制度,人人重回"一户一宅"的公平起点,群众深刻感受到政治上的公平,切切实实获得了更多的幸福感。

第五,释放了宅基地权能。通过开展房地一体的不动产登记,有效保障了农民合法宅基地权益。对一户多宅和超面积实行有偿使用,实现宅基地在全县范围流转、出租,开展农房抵押贷款等,增加了农民财产性收入,提升了宅基地资产价值。

第六,开创了基层治理新路子。党员干部、村民理事带头改革,坚持公平公正公开原则,让老百姓亲身感受到改革的正能量。紧紧依靠群众、发动群众,激发了群众参与热情。既有效推动了试点工作,又进一步密切了干群关系,改善了村风民风,转变了过去"干部干、群众看"的陋习,基层组织凝聚力、战斗力进一步增强,推进了村民自治,调动起群众参与发展和改革的积极性。

第七,促进了进城落户。通过建立完善农村宅基地、土地等退出流转机制,制定住房、财政、教育、医疗、创业等配套政策,引导、鼓励有条件的农村村民,自愿放弃转让宅基地使用权和建房申请,享受政府优惠政策进城落户,促进了新型城镇化发展。

2. 鹰潭市积极探索集体经营性建设用地入市

建立集体经营性建设用地入市制度是建设国家城乡融合发展试验区的重要任务。鹰潭市确定了四个创新工作思路:创新制度体系、管理系统、入市模式、收益分配办法。探索出台《鹰潭市集体经营性建设用地入市管理办法(试行)》等入市制度,入市管理系统已上线试运行;2021年全市35个乡镇入市交易实现全覆盖,入市成交41宗,面积587.8亩,成交价款6251.7万元;累计入市成交62宗,面积806.45亩,入市成交金额8285.67万元,国家发改委城乡融合发展评估组充分肯定鹰潭市入市工作成效。全市办理农房抵押146宗,土地25396.1平方米,房屋面积57666平方米,贷款金额3358.15万元;农村集体经济组织利用集体建设用地不动产抵押18宗,土地12657.98平方米,房屋面积6104.21平方米,贷款金额3081.8万元。主要做法如下。

第一，创新六项制度，实现城乡土地从二元化向一元化管理跨越。破解城乡土地二元化管理机制，建立集体土地进入市场流通管理制度。聚焦如何盘活用好分散、碎片化的存量集体建设用地，释放其资产效益，出台《鹰潭市集体经营性建设用地异地调整入市暂行办法》等制度，赋予集体土地与国有土地同样的出让、转让、抵押等权能，与国有土地同步储备、供应和监管，实行城乡土地一元化管理。

第二，自主搭建入市管理系统，实现从粗放管理向全程网管跨越。搭建不同层面的入市管理系统，分别面向决策层、审批机关和社会公众三个不同层面，集体建设用地实现全链条业务全程网办"一次不跑"，促进了"放管服"改革落地。

第三，创立一批入市园，实现从传统产业作坊向标准化厂房跨越。锦江镇规划建设第一个纯粹使用集体土地建设的"精密元件入市产业园"，园区占地面积529亩，集体经济组织通过就地入市或异地入市方式提供园内需要的全部土地，通过区工业投资集团挂牌交易获得土地，建设标准厂房和提供商业服务，加强基础设施建设，上下游中小企业可以直接进入。

第四，创新入市分配模式，实现从一次性收益向长期稳定受益跨越。出台《鹰潭市集体经营性建设用地入市收益分配暂行办法》，下调了调节金比例，其中商业用地和工业用地入市调节金分别按照成交价10%、5%收取，集体经济组织把其余部分分配给农民个人。创新设置一次性补偿和长期稳定两种模式，探索创新集体建设用地收益长期稳定渠道，即集体建设用地收益置换标准厂房租金、入股和置换发展用地自主经营，增强集体经济组织自主权。

取得了较为显著的改革成效：探索破除了农村集体土地管理体制机制、政策制度等方面存在的障碍，建立了入市管理系统，盘活了部分农村闲置分散的集体建设用地，为"全民创业，万众创新"提供了发展空间，为新产业新业态奠定了发展基础，保障了乡村产业振兴的用地需求，有效推动了城乡统筹发展。

第一，盘活了资产。有效利用了农村建设用地，农民从中获得了长远收益，把农村"不动的资产"变成了"流动的资本"，农村土地资产价值得到了释放。同时，提供了农民就近就业的方便，为广大农民尤其是贫困人员提供了增收的渠道。

第二，用活了闲地。将农村建设用地纳入入市范围，异地调整入市，规模进入建设用地市场，存量建设用地价值和利用效率得到提升，保障产业发展的用地需求，乡村产业得以做大做强。

第三，变活了路径。坚持符合规划、满足意愿、因地制宜、效益最大原则，深入分析就地入市、异地入市情况，创新多样化的入市途径和多种长期收益模式，入市主体可以合理选择。通过集体建设用地收储和异地入市，撬动了闲置资产，打造乡级集体建设用地入市产业园，实现"产业得壮大、农民得实惠、地方得发展"。建立集体建设用地股份合作社，按照"明确所有权、保留发展权、统一使用权"的原则，实行使用权共同入市、收益按份分配，促进了各集体经济组织公平受益和均衡发展。

3. 永丰"三权分置"打造农村"一间房"改革新样板

积极探索"三权分置"实现路径。根据"宅地联动、房地一体"原则，盘活农村资源要素，明确"三权"定位，促使"分置"到位，激活产权，促进要素流动，推进确权、赋权、易权改革，落实农村宅基地一户一宅要素分配，明确集体成员一身份一住房资格权益，激活闲置宅基地和闲置住宅一房一经济活力，打造了永丰农村"一间房"改革新样板，走出了一条民富村兴的新路径。主要做法如下。

第一，赋权扩能，落实"一间房"要素分配。积极摸清农村宅基地和农房宗数、面积与利用现状，建立乡、村、农户宅基地信息台账，精准掌握宅基地和农民住房全部"家当"。坚持党建引领，完善五级攻坚体系，组建村组宅基地理事会，强化宅基地使用、流转、退出、收益等制度建设，制定行使职责和工作流程，保障村民自治作用的整体发挥。坚持两个基本原则，制定三个工作步骤，探索四种处理办法，分类推进"一户多宅"清理整改工作，盘活农村存量建设用地，化解无房户、住房困难户的用地需求，公平正义化解历史遗留问题，严格落实一户只能一宅的"一间房"要素分配。

第二，确认身份，固化"一间房"资格权益。落实"三会"自治管理机制，坚持"尊重历史、兼顾现实、程序规范、群众认可"认定原则，实行宅基地重大问题理事会提议、党群民主协商、集体经济组织成员（或代表）会议决策程序，建立宅改民主议事协商机制。创新"三固化"模式，建立农村宅基地资格权认定机制。"三固化"定资格，因地制宜统筹考虑户籍关系、土地承包等因素，明确"资格权人"和"资格权户"的认定标准，"八步法"认定流程，"多举措"加强保障，保障农村宅基地资源公平合理分配。采取合作建房、置换农民公寓、提供城镇保障房或者货币补偿等多渠道保障方式，节约集约利用宅基地，探索资格权实现形式，保障一身份一居所的"一间房"资格权益。

第三，放活使用权，激活"一间房"经济活力。以宅基地"三恢复"行动为抓手，在拆除回收基础上，实现"拆、改、建"有机结合，推进"三恢复"原则，建设"四小园"工程，集中成片打造示范户、示范片、示范带、示范村，以边角之景带动村容村貌改善，做靓乡村美丽经济。"创模式"促进增收，盘活利用农村闲置宅基地和闲置住宅，多路径、多渠道引进盘活主体，探索创新流转模式，发展新型业态。"以宅抵贷"盘活资产，稳慎有序推进农民住房财产权和宅基地使用权抵押贷款，赋予农民财产权利，实现"资产"变"资金"，为农民创业融资开辟新路径，进一步激发乡村振兴新动能，激活一地一房一效益的"一间房"经济活力。

永丰按照试点先行、逐步铺开、全域实施的思路，围绕"五探索、两完善、两健全"工作任务，探索宅基地所有权、资格权、使用权"三权分置"，出台"1+N"农村宅基地管理制度体系35项，创新"151机制"、"三固化"模式、"四员"监管机制、"一间房"等，取得改革成效。

第一，解决了无地可用的问题。坚持有偿退出和无偿腾退、有偿使用并举，结合危旧房整治，锁定存量，杜绝增量，探索拆除复垦、村内转让、收回利用等方法，摸底宅基地160928宗，拆除农房5353栋55.4万平方米，腾退宅基地101.5万平方米，确权颁证90223本，收取有偿使用费180多万元。制定农村宅基地历史遗留问题处置意见，处置"一户多宅"、"超标准占用宅基地"和超大庭院等历史遗留问题3528个，一户多宅从宅改前的22%降至宅改后的9.5%；宅基地退出的建设用地，村庄强化规划，多形式统筹利用，新建村民住房用地计划指标优先安排，农民住房和公益性项目建设用地需求多元化保障，增加宅基地用地空间，解决好无地可用的问题。

第二，解决了监管缺失的问题。宅基规范管理地，落实县、乡、村、组属地管理责任，健全完善"151"工作机制，创新农户资格权"三固化"认定模式，规范农村建房审批。发挥县级指导员、乡级专管员、村级协管员、组级信息员作用，建立健全农村宅基地长效监管机制。建立宅基地基础信息"一张图"、业务管理"一条链"、监测监管"一张网"、综合利用"一中心"的宅基地管理信息系统，推动宅基地全流程数字化，线上办理宅基地审批，完成系统审批246宗，审批备案3800宗，查处违法用地36起。

第三，解决了土地闲置的问题。推进"宅改"与富民产业深度融合，出台《永丰县探索"两闲"盘活工作实施方案》,探索"宅改+"模式,积极探索总结发展模式,如集体托管、城乡融合、乡贤助力、合作社促进、入市经营,发展民宿产业、挖掘乡愁文化、服务农业经济、整治复垦利用盘活路径,积极发展乡村富民产业,盘活腾退宅基地 1742 宗 18.9 万平方米、农房 917 幢 9.8 万平方米,培育新型经营主体 30 余家,示范带动新增果业、蔬菜等种植面积 1200 余亩,盘活利用闲置农房发展乡村民宿 27 处,实现增收 1400 余万元,带动村民人均增收 2700 余元。同时,探索农民财产性收益途径,建立宅基地及农房抵押融资机制,出台宅基地使用权抵押贷款办法,简化贷款流程,优化金融服务,促进金融资源和农村土地资产有机衔接。

第四,解决了村庄风貌的问题。建立长效管理机制,制定建房风貌管控实施方案,多方面加强审批监管,推进村庄提质改造、适度集中、按图建房等,保持房屋建筑风格协调,促进生态宜居美丽乡村建设。实行一村一模式带图审批。按照边拆除、边整理、边利用原则,以治理乱搭、乱占、乱建为重点,进行村庄全面整治,盘活 21.7 万平方米闲置宅基地集中用于硬化村庄设施。以治脏、治乱为切入点,盘活 26.3 万平方米闲置宅基地栽种果蔬作物,推进复垦、复绿、复美建设,打造"四小园"工程,示范户、示范村、示范片、示范带集中成片打造,提升村容村貌,打造了 26 个宅改示范点和 326 个宅改先行村。

4. "三个融合"扎实推进"宅改试点"湖口模式

湖口"三个融合"扎实推进"宅改试点",创新探索宅改湖口特色模式,打造"融合宅改"湖口名片。主要做法如下。

第一,高位推动,促"力量融合"。成立试点工作领导小组,设立 6 个工作专班,建立县四套班子领导包乡挂村制度,派乡村振兴、宅改指导员到每个乡镇,建立"周调度、月督查、季通报、半年总结"工作机制；以多种方式开展宣传活动，做到宅改政策家喻户晓，通过"请进来学习理论、沉下去听取意见、走出去开阔眼界"，凝聚社会各界的宅改积极性；整合各类资源，宅基地试点村优先安排新农村建设、人居环境整治和高标准农田建设等项目，全方位改善村容村貌，加快乡村产业发展。

第二，加强顶层设计，促"内容融合"。结合实际打造了23个宅改样板点、55个示范点，推进了408个自然村开展试点探索；制订农村宅基地改革和规范管理制度性文件41个，覆盖了4项基础性工作和9项改革试点内容，为深入探索提供指导；因地制宜，做好"宅改+"文章，积极开展宅改+党建引领、宅改+新农村建设、宅改+产业发展、宅改+集体经济、宅改+乡村治理等多种形式的融合探索；通过试点，根据村庄资源禀赋，总结出了"村庄整治""产业发展""合作开发""集中安置"四种改革模式，为全域推进宅改提供方向和路径。

第三，技术支撑，数字赋能促"平台融合"。建立宅基地基础信息数据库和管理信息系统，开发建设农村宅基地审批和建房管理数字化信息系统，与县政务云实现互融互通，制作内容全面、实时更新、覆盖县域的农村宅基地数据库，形成现状一张图、审批一条链、监管一张网；"数字化成果"与空间规划融合，应用于村庄规划编制和历史遗留问题处置；"数字化成果"与不动产登记平台融合，应用于宅基地使用权和农房确权登记颁证。

湖口积极开展宅基地制度改革试点，坚持发挥政府主导和群众主体作用，因地制宜，大胆探索，创新探索出具有湖口特色的宅改模式，取得初步成效。截至2023年5月，启动宅改试点村321个，打造宅改样板点8个、示范点31个，推进282个点开展试点探索。通过宅改共退出农村闲置宅基地390余亩，其中通过增减挂项目盘活210亩，预留宅基地34亩，公益设施用地35亩，农业产业用地111亩。

第一，"退"出了城乡发展新空间。按照"一户一宅、面积规定"

的要求，清退多宅、清理超占，拆除闲置农房1360栋15万平方米，拆除附属房1090栋4.4万平方米，庭院5.3万平方米，共退出宅基地26.6万平方米，为乡村发展"退"出了空间。

第二，"改"出了闲置宅基地新功能。通过用活资格权、盘活使用权、激活财产权，已盘活利用农房99间、附属房48间、宅基地7.4万平方米，发展了乡村产业，增加了农民和集体收入。

第三，"整"出了秀美乡村新画卷。充分发挥宅改"关键棋"的作用，从农村环境突出问题入手，聚焦河道、道路及村庄"四旁四荒地"等重点区域，大力整治"三房"、公共空间私占乱用、农村乱搭乱建、垃圾乱堆乱放、沟渠河道污染等突出问题。

第四，"约"出了文明新风尚。健全村民事务理事会，完善村规民约，积极推行"民事村办、村事民办、遇事大家商量着办"，形成了"改革试点群众是主体、村庄建设群众齐出力"的良好氛围，推动文明新风蔚然成风。

（三）江西农村土地制度现存的主要问题

江西依托农村土地改革试点和国家新型城镇化综合试点等，在农村"三块地"改革探索中取得了许多进展，像鹰潭市余江区"宅改试点"模式更是走在全国的前列，为全国其他地区推进新型城镇化和土地改革试点提供了许多可借鉴的经验。但是，在探索过程中也面临着一些困难或问题。

1.承包地"三权分置"制度仍需完善

一方面，农村集体是农村土地所有权主体，却不是真正的土地所有权的行使主体，对农村土地进行经营或管理。另一方面，承包农户与经营主体之间存在利益冲突。承包农户享有的承包权与经营主体的土地经营权是派生关系。当权利主体之间考虑问题的角度不一致时，就会围绕土地利益分配展开博弈。此外，农村土地流转规范程度也不高。农村土地流转以农户血缘、地缘等关系为纽带，大多是口头允诺，流转关键性信息，如流转价格、期限、农业补助归哪一方等都没有明确，日后一旦发生纠纷，提供不了具体的证明材料。

2. 农村集体建设用地入市改革步伐缓慢

一方面，集体建设用地就地入市潜力有限。城镇规划区范围内的集体经营性用地，直接入市问题不大。其中，包括工业用地、房地产用地、商服用地等。但是，那些远离城镇中心、第二三产业发展落后的农村地区，其建设用地开发难度较大，价值并不突出。另一方面，入市收益分配不平衡。公共利益征地是由政府反哺集体和农民，但是集体经营性建设用地入市如何由集体和农民反馈国家，兼顾国家、集体、个人多方利益，目前缺乏这方面的制度安排。

3. 农村宅基地改革困难重重

一是农民担心土地流转时间比较长，土地承包经营权会丧失，心里不踏实，认为流转土地就会失地失业。二是外出务工经营，收入不稳定，担心失业无地而生活养老无保障。三是担心长期流转，土地性质会改变，造成土地硬化、板结，以后再次耕种需要花费高成本，且种植作物产量也没有保障。四是农户对土地有着深厚的情结，对于流转价格高低不在乎，不愿意流转土地，影响了土地规模流转的健康有序发展。

4. 增值收益分配有待完善

城乡间分配不合理，不是所有失地农民都享受到征地带来的城镇化的收益，部分农民并没有从土地所有权的变换中获得由土地产生的增值收益。受地区影响，集体土地征收包括城市郊区的土地即城乡接合部标准较高，乡镇的标准相对较低。虽然有统一的补偿标准，但在执行中会存在按片区不同上下调整补偿的情形。村民的民主自治是基层民主，是由村民选举产生的，是村民民意的表达，但是由于缺乏清晰的执行方案，操作中程序不够完善，农民与集体之间的分配存在不和谐的因素，可能发生村集体与民众争夺利益的情况。

（四）深化江西农村土地制度改革的对策建议

1. 遵从民愿，保障农民的合法权利

农村土地产权制度改革首先必须尊重农民的意愿，在制度制定和执行中农民必须充分全程参与其中，农民的权利必须得到充分的保护。如余江区成立了村民事务理事会，并赋予相应的权利，全程参与宅基地制度改革，反映农民的真实诉求。

2. 巩固完善承包地"三权分置"制度

落实农村土地集体所有权，在巩固农村土地确权登记颁证的基础上，加快推进确权登记颁证成果的应用。指导村集体经济组织严格签订和完善农村土地承包合同，督促农村集体按程序在公开市场发包集体土地。要通过建立健全农村产权流转交易市场，逐步探索建立进城落户农民相关权益退出机制，鼓励和支持进城落户农民依法自愿有偿转让相关权益。要完善农村土地经营权流转制度，积极培育和建立土地使用权流转交易市场，加快县级农村产权流转交易中心建设。要制定完善产权流转交易管理办法，加强农村产权流转交易服务和监督管理。

3. 激发农村集体建设用地入市改革的内生动力

建立入市制度和监管规则，制定出台农村集体经营性建设用地入市指导意见，把农村集体经营性建设用地入市与国有经营性建设用地交易一起纳入统一的公共交易平台，探索建立覆盖城乡的农村集体建设用地基准地价体系和农村宅基地基准地价体系，实现城乡建设用地在统一市

场上的"同地同价"。多渠道激发市场活力,在当前存量农村集体经营性建设用地入市与农村宅基地制度改革尚不能有效打通的背景下,可将存量土地与城乡建设用地增减挂钩、土地综合整治等政策组合运用,用好政策组合拳。

4. 探索农村宅基地的权益保障与资源集约有效实现的形式

建立农村闲置宅基地自愿有偿退出机制,农村集体经济组织牵头,探索创新有偿使用的实现路径。不断完善农村宅基地退出补偿机制、复垦机制,对于已经进城落户农民的宅基地,要积极探索其自愿有偿退出或转让宅基地的实现方式。对于村庄宅基地空置率较高、村庄生存条件恶劣、生态环境脆弱的,可以实行易地搬迁,拆除复垦原村址或部分宅基地。整治复垦后所产生的结余指标,根据城乡建设用地增减挂钩政策,在一定区域范围内,进行有偿转让,实现土地指标利益的最大化,激活农村资源,为加快乡村振兴和城乡融合发展提供土地要素保障。

5. 完善宅基地退出机制

一是制定合理的补偿标准。合理补偿农民自愿退出的宅基地和闲置住房,对宅基地上的其他附属设施,可以选择两种方式退出,无偿或者有偿,全面调查闲置的宅基地和一户多宅的情况,并严格依法处理违法行为,对于多占用的宅基地、一户多宅等情况是特殊原因造成的,实行有偿使用。完善农村社会保障体系,弱化宅基地保障性功能,推动闲置宅基地的回收。二是健全进城落户农民退出宅基地机制。在集体经济组织内部,允许进城落户农民自愿有偿转让宅基地,在一定条件下,探索允许进城落户农民转让宅基地给集体经济组织以外的人。

6. 因地制宜合理分配利益

全省各个区域的自然、经济、社会、文化等环境差异比较大,各不相同,农村土地产权制度改革,应因地制宜,不可以简单效仿,也不可以完全复制其他区域的改革模式。同时，在农村土地产权制度改革中要合理分配利益，合理的利益分配是农村土地产权制度改革成功的保障。

二 新型农业经营体系构建发展现状及挑战

2012年，党的十八大报告正式提出新型农业经营体系，"培育新型经营主体，发展多种形式规模经营，构建集约化、专业化、组织化、社会化相结合的新型农业经营体系"。之后，2013年党的十八届三中全会再次强调，"要加快构建新型农业经营体系，赋予农民更多财产权利，推进城乡要素平等交换和公共资源均衡配置，完善城镇化健康发展体制"。2013年中央一号文件中详细阐释了如何构建新型农业经营体系，2014年和2015年的中央一号文件中都强调了要加快构建新型农业经营体系。2016年到2017年的中央一号文件尽管没有系统提到新型农业经营体系，但强调了培育新型农业经营主体和社会化服务。2018年、2019年和2020年的中央一号文件中强调了新型农业经营主体带动小农户发展，将小农户融入农业产业链，以促进小农户和现代农业发展有机衔接。2021年的中央一号文件中将新型农业经营体系改称为现代农业经营体系。从每年中央一号文件反复强调新型农业经营体系来看，新型农业经营体系之于农业及城乡一体化发展均有十分重大的意义。

江西省位于长江中下游南岸，是一个农业农村资源十分丰富的农业省，素有"鱼米之乡"的美誉。江西省是新中国成立以来全国两个从未间断输出商品粮的省份，是东南沿海地区重要的农产品供应地。江西省作为一个农业大省，一直致力于将传统农业大省转变为现代农业强省。江西省政府紧跟国家构建新型农业经营体系的战略规划和布局，为了鼓励新型农业经营主体的发展，相继出台了一系列支持新型农业经营体系的政策。江西省的新型农业经营体系相关政策体现了江西省始终贯彻落实中央政府关于培育新型农业经营体系的政策导向,并在省级层面上将新型农业经营体系政策制定得更贴合江西省农业发展现状。近年来出台的政策鼓励和推动合作社跨区域合作和同业联合发展、新型农业经营主体与小农户建立紧密利益联系,创新建设区域性农业全产业链综合服务中心;同时也在细节中体现出了解决当下新型农业经营体系构建中存在的问题。本文重点分析江西省新型农业经营体系构建发展现状以及当前存在的挑战。

(一)新型农业经营体系的内涵及研究进展

1. 新型农业经营体系的内涵及特征

新型农业经营体系最早在国外兴起并发展,国外学者对农业经营体系进行了大量的研究,主要集中于农业经营体系定义、特征和组成。Sumner 和 MacDonald 等认为,美国新型农业经营体系由农业经营主体(家庭农场)和农业社会化服务体系(农业协会)组成,家庭农场尤其是大规模农场构成了高效产出体系。Popova 认为德国新型农业经营体系和前述的美国新型农业经营体系一样,包括以家庭农场为主的新型农业经营主体和农业社会化服务体系。Latruffe 和 Desjeux 认为法国的新型农业经营体系包括农业经营主体和农业社会化服务,但土地集中政策才是新型农业经营体系的基础。Park 则提出韩国新型农业经营主体包括家庭农场、农业企业和农业合作社,农业社会化服务工作由农协来承担,同时,农协还承担了农业发展政策的实施工作。

国内学术界关于新型农业经营体系的研究是从党的第十八次代表大会提出构建新型农业经营体系开始的。自这一概念被提出以来,国内学术界对其内涵和特征展开了讨论和研究。农业经营体系是包括粮蔬果肉蛋奶等在内整个农业经营方式的总称。邵运川和谭晓峰则认为,新型农业经营体系是对传统农业生产方式的改革，"新型"是相对于传统小规模、分散的农业经营而言的规模化农业生产经营。张鸣鸣、文华成和杨新元认为新型农业经营体系即包括新型农业经营主体、农业社会化服务体系和相应的政策制度等。王慧娟则认为新型农业经营体系是农业生产过程中，各类经营主体和服务主体相互连接形成的一种体系。

新型农业经营体系实质上是一种适应农业转型发展和现代市场竞争的农业经营体系，是一种具有多维度视角、多层次特征、多功能属性的系统集成。新型农业经营体系"新"在什么地方？新型农业经营体系的"新"主要体现在农业生产经营的各环节主体都是以市场为主导，面向市场生产、面向市场发展，实现产能和效益的提升。新型农业经营体系的发展立足在"坚持和完善农村的基本经济制度"上，新型农业经营体系更加注重社会化、组织化、集约化和专业化的建设，规模化经营体系是农业现代化的发展方向。构建新型农业经营体系的重要目的，是要实现现代农业经营主体与现代农业支撑体系的有机结合和融合发展，以促使新型农业经营主体健康成长、多元化农业服务体系尽快形成、多类型农业规模经营有效发展、多种农业经营机制与产业组织模式有机耦合、农业产业化经营水平和市场竞争力不断提升。

新型农业经营主体是新型农业经营体系的核心。新型农业经营主体是指在完善家庭联产承包责任制的基础上，有文化、懂技术、会经营的职业农民和具有大规模经营、较高集约化程度和市场竞争力的农业经营组织。新型农业经营主体集生产、加工、销售于一体，通过专业化运作来提高小农户的集约化水平，缩短农户与市场的距离，推动农业生产的组织化和社会化。新型农业经营主体相较于传统农业经营主体小农户而言，无疑大大提高了农业经营的集约化和专业化水平。当前，家庭农场、农民合作社、农业社会化服务组织等各类新型农业经营主体已逐步成为保障农民稳定增收、农产品有效供给、农业转型升级的重要力量。大力培育发展新型农业经营主体，对促进小农户和现代农业发展有机衔接、培育农业农村发展新动能、巩固拓展脱贫攻坚成果、助力乡村全面振兴和农业农村现代化具有重要作用，可推动农村一二三产业融合发展，提高农业质量效益和竞争力，为加快形成以国内大循环为主体、国内国际双循环相互促进的新发展格局提供更强有力的支撑。

构建中国新型农业经营体系，必须建立完善的新型农业社会化服务体系，加快构建公益性服务与经营性服务相结合、专项服务与综合服务相协调的新型农业社会化服务体系，以充分发挥公共服务机构作用。新型农业社会化服务体系是指以公共服务机构为依托、合作经济组织为基础、龙头企业为骨干、其他社会力量为补充，公益性服务和经营性服务相结合、专项服务和综合服务相协调的，为农业生产提供产前、产中、产后全过程综合配套服务的体系。具体包括农业技术推广体系、动植物疫病防控体系、农产品质量监管体系、农产品市场体系、农业信息收集和发布体系、农业金融和保险服务体系。

新型农业经营体系是集约化、组织化、专业化的农业经营主体与产业化、规模化、多元化的农业服务体系的互动融合和双层经营。新型农业经营主体和社会化服务体系之间是相辅相成的，新型农业经营主体是农业的规模经营。没有新型农业经营主体的规模经营，农业社会化服务体系将失去服务对象。同样地，新型农业经营社会化服务体系是体系运行的动力。没有新型农业社会化服务体系，新型农业经营主体的规模经营将失去服务支撑，两者的相互协调既是中国农业转型发展的内在要求，又是新型农业经营体系建构的重要内容。

新型农业经营体系具有四个层次的特征。一是产业体系特征，主要体现为区域化布局、集约化生产、规模化经营、组织化分工、多元化服务和市场化运营的"六位一体"的相互协同。二是组织体系特征，新型农业经营体系的组织特征是以合作组织为核心的农业产业组织体系,是农户组织、合作社组织、公司(企业)组织和行业组织的"四位一体"的有机衔接。三是制度体系特征,集中体现为家庭经营制度、合作经营制度、公司经营制度、产业化经营制度和行业协调制度的"五位一体"的优势互补。四是网络体系特征,在信息化和互联网时代,组织还是网络,网络世界正在从时空的界面对农业资源、产品、要素的流动和组合方式进行革命性的变革。作为网络的组织,新型农业经营体系中的组织就是网络结构中的桥梁、纽带和载体。由此可见,新型农业经营体系实际上是现代农业产业体系、组织(主体)体系、制度体系和网络体系的集合体。新型农业经营体系大致包括新型农业经营主体、新型农业经营社会化服务体系,以及保障经营体系顺利运行和发展的制度体系(见图2-2)。

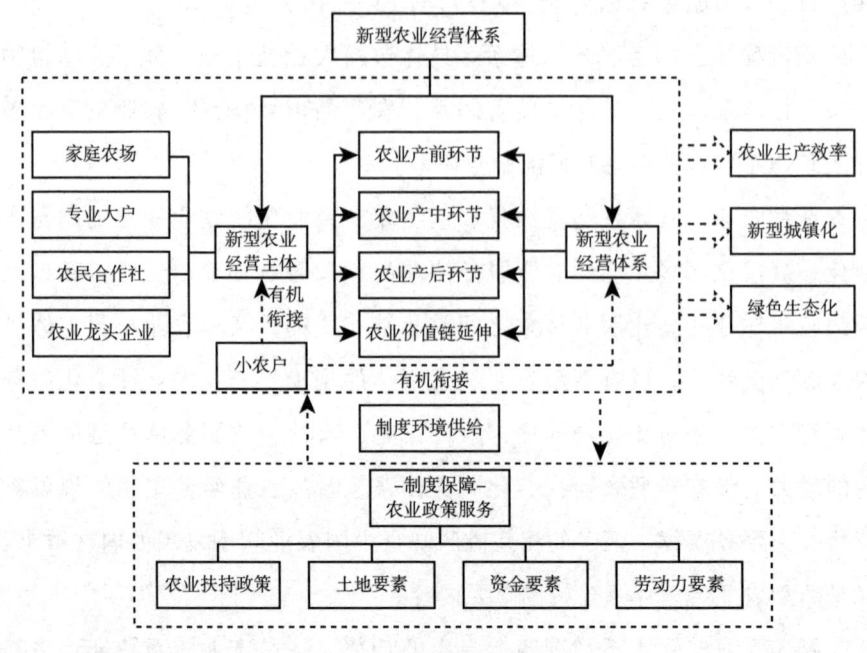

图 2-2 新型农业经营体系

资料来源:作者自绘。

2. 新型农业经营体系研究进展

国内学者对新型农业经营体系的研究主要从必要性、面临的问题及应对策略这三个方面切入。不同的学者分别从农业经营体制、传统农业经营体系迫切需要改革、保障粮食安全、劳动力素质和生产效率等不同的视角讨论农业经营体系改革和创新的必要性。如认为新型农业经营体系构建中存在经营主体不明晰、产业程度低、流通体系不健全、农业社会化服务不健全等问题。此外，新型农业经营体系的构建还存在较大的制度障碍问题，包括金融信贷支撑、土地流转制度等问题。王德福通过对各地实践的回顾和分析，指出部分地区新型农业经营体系发展速度过快、规模过大等问题突出。郭云喜通过对江西省新型农业经营主体的融资渠道、资金用途等分析发现，金融需求与供给存在的突出矛盾可能是制约新型农业经营体系构建的重要因素。基于国内对新型农业经营体系发展现状和存在的问题，不同学者或提出具有泛在性的对策建议或者针对特定地区新型农业经营体系构建提出具有针对性的建议。进一步地，学者开始试图对新型农业经营体系发展水平进行测度，杜华章和李丹对江苏省新型农业经营体系发展水平进行了测度，辛岭和高睿璞评价了我国新型农业经营体系发展水平，何劲等则测度了湖北省新型农业经营体系发展水平。鞠中芳测度了四川省新型农业经营体系的发展水平。

通过对文献的梳理可以看到，国内外学者从不同视角对农业经营体系进行了研究。相较而言，国外关于构建现代农业经营体系的研究已经比较成熟，但主要集中于对农业经营主体的研究，对于整个经营体系的系统研究是相对欠缺的。国内学者重点讨论了新型农业经营体系的内涵和特点、新型农业经营体系构建存在的问题及对策、新型农业经营体系的发展程度等，更多的是基于体系构建方面的研究。考虑到江西省农业发展实际情况，需要根据自身的特点，构建适应江西省省情的新型农业经营体系。

（二）新型农业经营体系政策发展历程

新中国的农业经营体系改革经历了70多年的发展历程，历经"农民所有，自主经营"的个体经营体制、"三级所有，队为基础"的集体经营体制、"家庭承包，统分结合"的双层经营体制三个阶段。从2012年党的十八大报告首次提出新型农业经营体系至今，体现了中央始终如一培育新型农业经营体系的发展政策导向。中央政策持续发力，新型农业经营体系发展环境不断优化，新型农业经营主体快速发展，推动形成了多种形式的规模经营。同时，国家政策也更加强调经营体系中的多要素融合，新型农业经营体系中的各要素融入现代农业体系中，实现农业一二三产业融合发展，延长农业产业链，并最终将小农户融入现代农业产业链中。

江西省位于长江中下游南岸，是一个农业农村资源十分丰富的农业省，素有"鱼米之乡"的美誉。江西省是新中国成立以来全国两个从未间断输出商品粮的省份之一，是东南沿海地区重要的农产品供应地。作为一个农业大省，江西一直致力于将传统农业大省转变为现代农业强省。江西省政府紧跟国家构建新型农业经营体系的战略规划和布局，为了鼓励新型农业经营主体的发展，相继出台了一系列支持新型农业经营体系的支持政策。2013年8月，江西省出台《关于加快构建新型农业经营体系的意见》，强调加快构建新型农业经营体系的重点任务，即着力培育新型农业经营主体、积极创新农村土地经营制度、加快建立新型农业社会化服务体系。2016年6月，出台了《关于加快构建新型农业综合服务体系的意见》，重点强调强化公益性服务基础作用、激活经营性服务内生动力、促进公益性与经营性服务深度融合、加强农业综合服务体系建设政策扶持,以加快构建新型农业社会化服务体系。2016年9月,发布了《江西现代农业强省建设规划(2015—2025年)》,具体规范了江西省农村承包土地经营权流转制度、引导和促进新型农业经营主体的规范发展,并建立健全新型农业社会化服务体系。同年12月,江西省农业厅发布了《关于加快现代农业创新驱动发展的意见》,重点强调了加强新型农业社会化服务体系队伍的建设,规范社会化服务项目政府采购、社会化组织扶持等,并推广合作式、订单式、托管式等服务模式,以加快现代农业的创新驱动发展。2017年5月,江西省政府发布了《关于深化改革创新加快现代农业发展的若干意见》,提出加快绿色生态农业的发展,同时提出培育新型农业经营主体和服务主体的具体实施工程,如培育新型职业农民、现代青年农场主、农业职业经理人等。2018年10月,江西省发布了《关于实施乡村振兴战略加快推进现代农业强省建设的意见》,通过深入推进新型农业经营体系改革来实现现代农业强省的转型,具体通过培育示范家庭农场、示范合作社、示范社会化服务组织,支持新型农业经营主体参与到农业产业升级和融合发展。同年12月出台的《江西省乡村振兴战略规划(2018—2022年)》提出"坚持家庭经营基础性地位,构建家庭经营、集体经营、合作经营、企业经营等共同发展的新型农业经营体系,发展多种形式适度规模经营,发展壮大农村集体经济,提高农业的集约化、专业化、组织化、社会化水平,有效带动小农户发展"。2019年3月发布的《关于建立健全城乡融合发展体制机制和政策体系的实施意见》从完善财政、信贷、保险、用地等政策视角出发,实现推动新型农业经营主体培育,并细化小农户与现代农业有机衔接的具体路径与方法。2020年2月发布的《关于抓好"三农"领域重点工作确保如期实现全面小康的实施意见》从人才培育角度,提出新型农业经营主体带头人轮训计划和小农户培训计划,以推动新型农业经营体系的发展,实现全面小康。2021年1月,出台了《江西省乡村振兴促进条例》,提出支持新型农业经营主体围绕优势特色产业开展适用技术研究,建设农业科技成果转化基地;培育多元农业社会化服务主体,推动公益性和经营性服务融合发展,完善新型农业专业化社会化服务体系;加强农业机械化研发、生产和应用,提升农业机械化社会化服务水平。同年3月出台了江西省委一号文件《关于全面推进乡村振兴加快农业农村现代化的实施意见》,明确了新型农业经营体系的一个融合、两个构建的发展要点。推进农村一二三产业融合发展,通过拓展农业多种功能、挖掘乡村多元价值,加快发展农产品加工、乡村休闲旅游、农村电商等产业;构建"赣鄱正品""江西山茶油""江西绿色生态"品牌体系和江西优质农产品运营体系建设;构建农产品产地仓储冷藏保鲜冷链物流设施建设,并提出建立健全现代农业经营体系,推动农民合作社发展质量提升,解决"空壳社"清理问题,加强龙头企业、合作社、家庭农场与小农户建立紧密利益联系。2022年3月,江西省出台的《关于推进农业农村高质量发展奋力打造新时代乡村振兴样板之地的意见》提出"开展新型农业经营主体提升、辅导服务体系建设、深化社企对接三大行动,推广托管经营、代耕代收、统防统治等'一站式'农业生产服务,支持家庭农场、农民合作社发展粮食适度规模经营"。同年11月,江西省又出台了《关于开展新型农业经营主体提升行动的通知》,从产业链延长、产业创新、人才培训和社会化服务体系等角度提升新型农业经营主体的行动方案。

  江西省的新型农业经营体系相关政策体现了江西省始终贯彻落实中央政府关于培育新型农业经营体系的发展政策导向,并在省级层面上将新型农业经营体系政策制定得更贴合江西省农业发展现状。近年来出台的政策鼓励和推动合作社跨区域合作与同业联合发展、新型农业经营主体与小农户建立紧密利益联系,创新建设区域性农业全产业链综合服务中心。

（三）新型农业经营体系发展成效

现代农业经营体系在不断丰富主体、服务体系的内涵，多主体间的利益联结机制不断完善，一二三产业融合渐成趋势、产业链不断拓展，农民就业收入不断增加。

1. 农业经营主体不断壮大，效率不断提升

农业经营主体规模不断壮大，已经形成龙头企业引领、多主体发力、农户广泛参与的格局。江西是农业大省，也是中国重要的农产品生产基地和供应基地。近年来，江西围绕制约农业农村发展的重点领域和关键环节，纵深推进农业农村改革。江西省聚焦农业经营体系抓改革，实施了家庭农场培育计划、农民合作社规范提升行动，推进了农业水价综合改革、集体林权制度改革和供销合作社综合改革。到2021年，江西省全省累计培育农民合作社7.43万家、家庭农场9.2万家。到2025年末，力争全省农民合作社和家庭农场数量分别达到9万家和14万家左右，县级及以上示范社、示范家庭农场均达到7000家左右。

专业大户规模快速增长。农业专业大户[①]是规模化经营的农业经营主体，专业大户拥有种养技术且经营规模化，能够提高劳动生产率，提高农业资源的利用率和投入产出比。当前江西省的农业经营主体正在逐步走向规模化、集约化和专业化，由图2-3可知，2015~2020年，江西省专业大户数量从2015年的21.9万户，增加到2020年的28.6万户，年均增长率为5.5%，数量显著增加。从专业大户占比来看，2015~2020年，江西省专业大户占农户总数的比例由2.48%上升到3.19%，尽管2019年略有下降，但整体呈上升趋势。由此可见江西省专业大户规模快速增长。

---

① 注：专业大户定义为经营耕地30亩以上的农户。

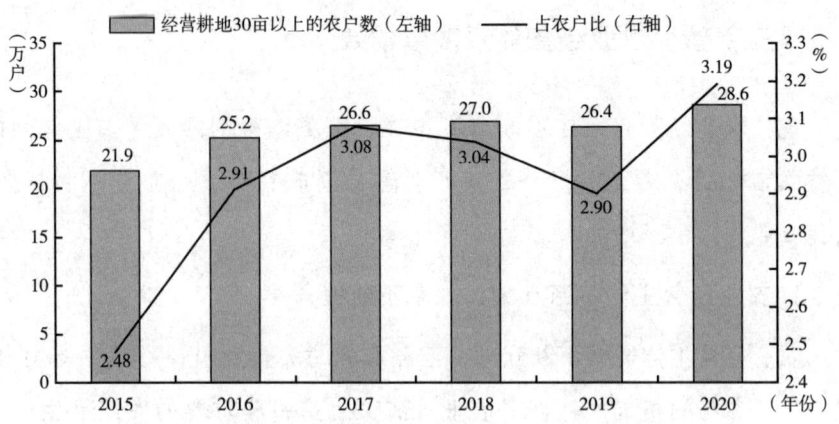

图 2-3 2015~2020 年江西省专业大户数量和占比情况

资料来源：2015~2018 年《中国农村经营管理统计年报》，2019~2020 年《中国农村政策与改革统计年报》。

家庭农场数量显著增加。家庭农场是以家庭成员为劳动力，从事具有一定规模的农业活动经营组织。家庭农场能够有效提高农村农业生产活力。当前江西省家庭农场的数量有效增长，发展质量很大提升。从数量上看，江西省家庭农场的数量有较大增幅，家庭农场数量从 2015 年的 28229 个增加到了 2020 年的 92423 个，增长超 2 倍，年均增长率达 26.8%；被县级及以上农业部门认定为示范性家庭农场的数量从 2015 年的 3267 个增加到了 2020 年的 3455 个，涌现出大批优秀的家庭农场，推动了江西省农业现代化发展（见图 2-4）。

农民专业合作社带动作用提升。农民专业合作社是农业领域的重要组织形式，具有联合生产的组织功能。农民专业合作社的规模经营可以提高规模经济效益。同时，农民专业合作社可以带动农户联合生产，为促进农民增收、加快农业农村优先发展提供了重要路径，有效推动了乡村振兴。从图 2-5 可知，从数量上看，农民专业合作社数量从 2015 年的 40957 个增长到 2018 年的 66776 个，年均增长超过 8000 个，年均增长率超过 17.70%。

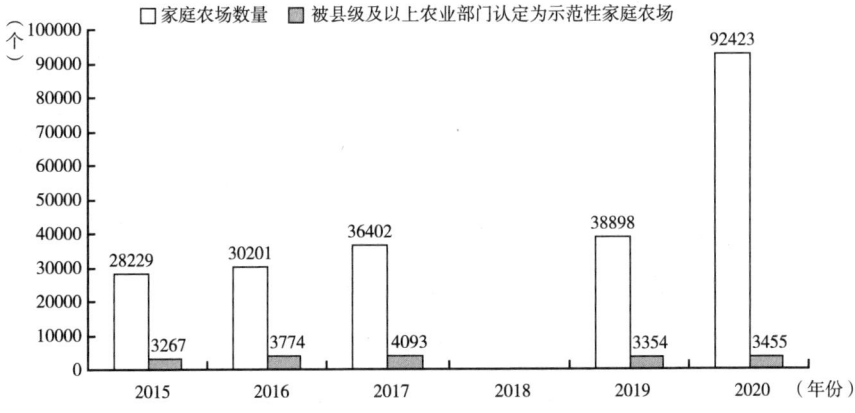

图 2-4 2015~2020 年江西省家庭农场数量

资料来源：2015~2018 年《中国农村经营管理统计年报》，2019~2020 年《中国农村政策与改革统计年报》。

带动非农成员农户数从 2015 年的 228.86 万户增至 2018 年的 294.54 万户，可以看出，农民专业合作社起到了很好的对农户的带动作用。

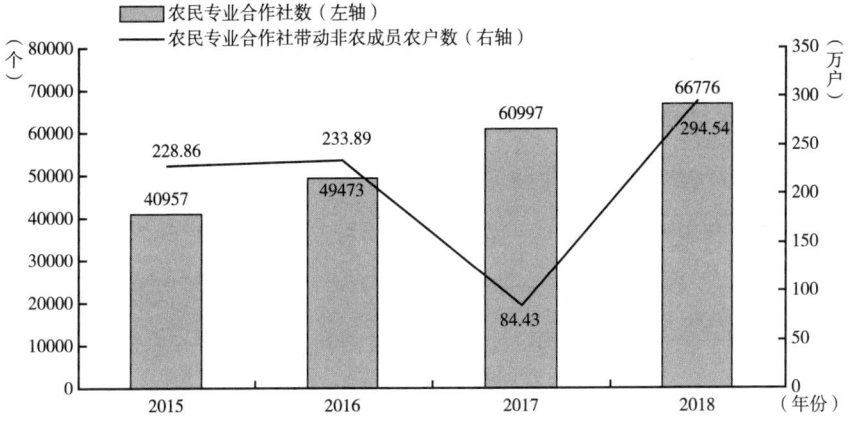

图 2-5 2015~2018 年江西省农民专业合作社情况

资料来源：2015~2018 年《中国农村经营管理统计年报》。

2. 农业社会化服务体系成效显著

发展农业社会化服务是实现小农户和现代农业发展有机衔接的基本途径和主要机制，因此，各地区、各部门坚持按照市场化、专业化、社会化方向，积极培育适应小农户需求的农业社会化服务多元主体。江西省从2013年被列为试点省份以来，农业生产全程社会化服务试点工作扎实推进，取得了积极成效。推动了经营主体发展，试点推动了为农服务的经营主体特别是农业社会化组织得到较快发展，大多数农业社会化服务组织实现了向大规模建制服务转变，实现了农业降本增收增效，同时保护了生态环境。

在公益性服务方面：江西省在全国首创"综合建站"模式，基层农技体系建设得到加强，农技服务网络基本形成，农技服务人员基本到位，服务经费基本得到保障。一是推广网络基本健全。通过改革，县级机构更加健全，乡级机构日臻完善，村级站点初步建立，农业科技示范户遍布村组，逐步形成了县、乡、村、户四级农技推广网络。二是队伍素质逐步提高。实施高素质农民培育计划，"十三五"期间累计培育高素质农民500万人。实施返乡入乡创业带头人培养计划，推介农村创新创业典型县300个、建立返乡创业园3400余家，全国乡镇（街道）创新创业孵化实训基地覆盖率达到29%。发挥以工代赈功能，2021年下达中央资金70.7亿元，带动超过35万滞留农村劳动力务工就业。三是推广方式不断创新。利用手机等移动终端，采取"互联网+农技推广"的模式，构建农技推广服务平台，有效破解农技推广"最后一公里"问题。

在经营性服务方面：江西省农业社会化组织一是初具规模，通过试点，各地农业经营性社会化服务组织蓬勃发展。二是服务内容不断丰富。经营性服务组织在基层农技推广机构的技术支持下，不断拓展服务内容，积极为龙头企业、种植大户以及分散农户提供产前、产中、产后配套服务。三是服务机制不断创新。农业龙头企业、农民合作社等经营性服务组织结合当地实际，根据农民需要，不断探索创新服务机制，采取"企业+基地+农户""企业+合作社+农户""合作社+基地+农户"等利益联结机制，为农户提供生产、信息、技术及农产品销售等服务，推广新技术、新品种，带动了农业增效、农民增收。四是服务效果不断提高。通过开展农业社会化服务，统一采购各类物资和提供技术服务，减少了农民生产成本，减少了农药的施用，减少了环境污染，提高了农业机械化程度，提高了农产品质量安全水平和市场竞争力。为享受农机补贴的联合收割轮式拖拉机、履带式拖拉机等大中型农机具配备卫星定位装置，农机化主管部门、农机生产企业、购机者可登录平台管理机具、查看作业情况。目前，江西省共有8000余台农业机具接入平台，为推动农机社会化服务、农机补贴等工作网络化迈出了重要一步，为农机大数据运用奠定了坚实的基础。

截至2020年，江西省农业基本公共服务实现全覆盖，主要农作物良种实现全覆盖，大田粮食作物社会化服务面积占50%以上，畜禽疫病防治社会化服务面达50%以上，主要农作物耕种收综合机械化水平达到70%以上，其中水稻耕种收综合机械化水平达到80%以上，农业科技贡献率达60%以上，农业信息化覆盖率达95%以上，覆盖全程、综合配套、便捷高效的立体式复合型综合服务体系基本形成。

3. 新型农业经营体系助力农民收入就业增加

全国农村居民人均可支配收入增长率持续高于全国居民人均可支配收入，乡村产业发展促进农民增收。2018~2021年，全国农村居民人均可支配收入增长率持续超过全国居民人均可支配收入。2021年农村居民人均可支配收入18931元，实际增长9.7%，高于全国居民收入增速1.6个百分点，高于城镇居民收入增速2.6个百分点（见图2-6、图2-7）。

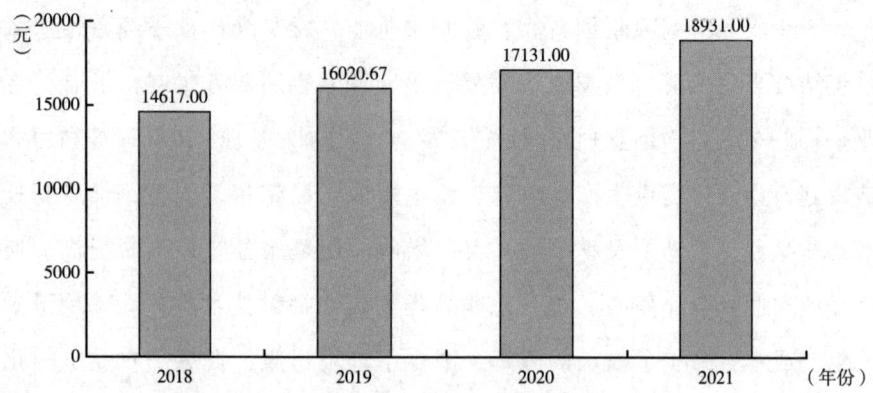

图 2-6　2018~2021 年全国农村居民人均可支配收入

资料来源：根据农业农村部官网信息整理。

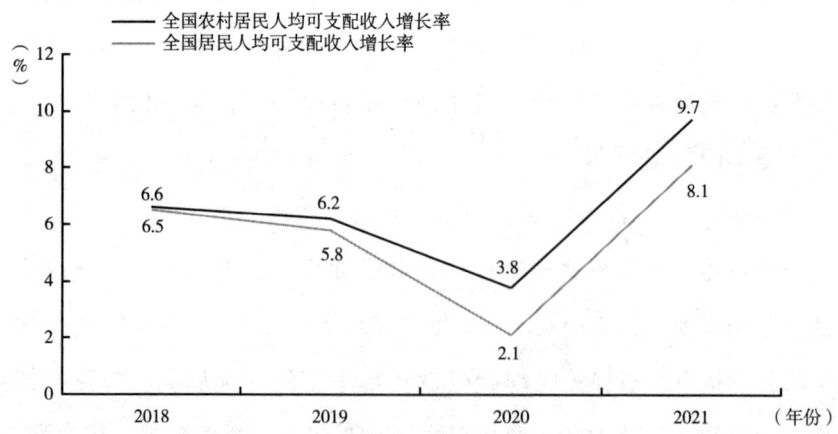

图 2-7　2018~2021 年全国农村居民及居民人均可支配收入增长率

资料来源：根据国家统计局、农业农村部官方公布数据整理。

产业融合催生新产业新业态新模式，拓宽农民就业增收渠道，有力带动农民就近就地就业。农业产业融合项目实施，新增就业岗位 3000 余万个；农业全产业链条内农民人均可支配收入比其他农民一般高 30% 以上；乡村产业高质量发展，农民的经营净收入占农民收入的 1/3 左右；促进农民就业岗位工资性收入占农民收入的四成以上。农民就地就近就业人数大幅增加。截至2022年3月底,农村返乡留乡农民工超过八成实现了就近就业,县域内吸纳农村劳动力转移就业人数增加1100多万人,同比增长9%。返乡入乡人才总量创新高,逐渐成为乡村产业融合发展的带头人。2020年返乡入乡人才首次超过1000万人,疫情影响下仍有1000万返乡留乡人员实现就地就近就业。2021年返乡入乡人才总量比2016年翻了近一番(见图2-8)。

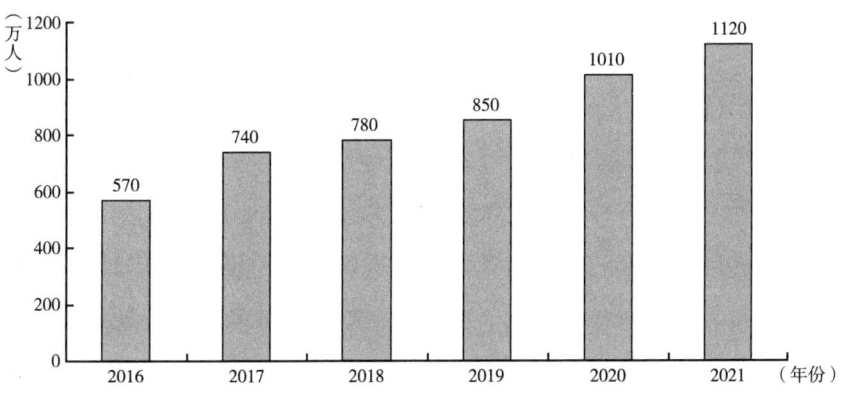

图2-8 2016~2021年返乡入乡人才数量

资料来源:根据农业农村部官网信息整理。

案例 企业与当地农户形成利益共同体带动农民共同致富

江西金庐陵有机白茶开发有限公司成立于2007年7月,注册资本5000万元,是一家集白茶种植、加工、销售于一体的现代化省级龙头企业。目前,该企业通过土地流转,建成生态有机白茶生产基地3500余亩。其主要做法是:与当地农户形成利益共同体,带动农民共同致富。公司与茶农历时数年共同创业,形成利益共图、财富共享的可持续发展模式。以"公司+农户"的合作方式与茶农签订长期种植、养护、采摘合同,在自身发展的同时切实保障茶农的相关利益,

> 使企业和茶农真正走上共同富裕之路，带动了永丰县下岗职工、七都乡农民特别是农村妇女一起致富。给农民工和下岗职工提供 3 万人次以上的就业机会，帮助农民工和下岗职工直接增收 500 余万元。公司与当地农户形成利益共同体，带动农民共同致富，计划两年内扩张茶园基地达到 1 万亩，带动更多的农民致富。

（四）新型农业经营体系构建的挑战与展望

1. 发展机遇

政策接续为新型农业经营体系发展提供了有力保障。从 2015 年国务院办公厅发布《关于推进农村一二三产业融合发展的指导意见》，到 2021 年发布的中央一号文件《中共中央 国务院关于全面推进乡村振兴加快农业农村现代化的意见》，再到 2021 年国务院印发《"十四五"推进农业农村现代化规划》，都强调要提升农村产业融合发展水平，更多资源要素向乡村集聚，将为推进乡村产业融合发展提供有力保障。

先进技术为新型农业经营体系发展提供了动力支撑。近些年，科技发展迅速，为农村产业融合发展提供了重要的技术支持。移动互联网、大数据、云计算和物联网等新一代信息技术与农业的跨界融合，以及基于互联网平台的现代农业新产品、新模式与新业态的"互联网+农业"模式，为农村产业融合提供了广阔发展空间。

消费需求升级为新型农业经营体系发展提供了广阔市场。国内市场优势不断显现，市场消费潜力不断激发，农业多种功能、乡村多元价值开发带动新消费需求，将为推进乡村产业融合拓展广阔空间。消费者对于生态、安全、健康、有机农产品的消费需求不断上涨，农业观光、乡村休闲旅游、健康养生消费渐成趋势，城乡居民的消费需求呈现个性化、多样化、高品质化特点。

2. 挑战

GDP 对乡村产业融合发展的拉动作用减弱。现今我国经济增长正在迈向新常态，经济增速由原来的"高速"转向现在的"中高速"。且近几年受到新冠疫情的影响，经济总体发展速度放缓，城镇化进程减弱、农民收入受限、财政收入增长缓慢，未来国家对农村农业融合发展提供大量财政支持资金的难度加大。

新冠疫情给农村经济发展造成巨大影响。一方面，疫情使得部分地区农产品交易中断、销售受阻，大量农畜产品、果蔬产品不能及时出售，严重积压，增加了储藏成本，降低了产品的新鲜度和价值，造成了巨大的经济损失。另一方面，疫情使得大量中小企业破产，不少农民短期无法实现跨区域外出务工，大量的农民工存在失业风险。此外，疫情对休闲农业、乡村旅游、乡村新型服务业等第三产业影响较大。促进农民持续增收面临较大压力，巩固拓展脱贫攻坚成果任务比较艰巨。

农业基础薄弱，发展方式较为粗放。农业基础薄弱，抵御自然灾害能力和市场风险能力较差，防汛抗旱等防灾减灾体系还不完善，乡村网络、通信、物流等基础设施薄弱。农业综合生产能力不强，尤其是脱贫地区农业产业发展基础仍然不强，内生动力和自我发展能力亟待提升。转变农业发展方式任务繁重，农村一二三产业融合发展水平不高，农业质量效益和竞争力不强。产业链条延伸不充分。第一产业向后端延伸不够，第二产业向两端拓展不足，第三产业向高端开发滞后，利益联结机制不健全，小而散、小而低、小而弱问题突出，乡村产业转型升级任务艰巨。

资源要素瓶颈依然突出。农村产业融合发展需要土地、资金、人才、技术等要素支撑,这些要素缺乏或不足,制约着农村产业融合发展进程。第一,土地使用的约束。产业融合所带来的产业集聚、园区扩大、农业功能增加等,都会需要更多永久用地,而农户承包导致土地经营权的分散,以及建设用地政策的限制,使土地使用起来困难,项目拓展缓慢,制约着产业融合的规模和效益。第二,融资困难。虽然政府有专项资金扶持,但农村产业融合投资周期长且收效慢,需要持续的资金投入,融合项目多是农民自发项目,风险大、缺乏可抵押物,通过金融机构贷款难度较大,其他融资渠道成本高,使用率低。第三,人才、技术缺乏。人力资源在农业优化升级过程中起到核心作用。一方面,农业生产、经营相关专业人才在就业选择上更倾向于经济发达的地区,偏远农村地区人才引进机制不健全,技术、管理领域的专精人才较为稀缺,先进生产理念与技术的普及率不高,另一方面,大量的农村人口进城务工,农村地区"空心化"问题严重,并且留在乡村生活的多是老人和儿童,无法成为农业优化升级的主要推动力。与此同时,农村群体受教育程度参差不齐,对于农业信息化体系的建设意识薄弱,不能全面认识到先进设备操作、生产技术应用的积极作用,限制了农业产业的转型发展。支撑农村产业融合的经济、科技人才极其缺乏,致使农村产业融合层次低,可持续发展动力不足。

3. 未来展望

"十五五"时期,江西将以习近平新时代中国特色社会主义思想为指导,按照"作示范、勇争先"的目标定位,树立新发展理念,构建新发展格局,以市场需求为导向,以完善利益联结机制为核心,紧盯农村产业融合发展薄弱环节,促进全环节升级、全链条升值,积极培育乡村产业发展新动能,拓展农民增收空间,打造全国农村产业融合发展"江西样板"。

一是突出抓好家庭农场和农民合作社,培育多元主体。着重围绕规范发展和质量提升,增强新型农业经营主体联农带农能力。实施新型农业经营主体提升行动,支持有条件的小农户成长为家庭农场,引导以家庭农场为主要成员组建农民合作社,深化示范创建,持续开展农民合作社质量提升整县推进,健全社企对接服务机制。鼓励龙头企业做大做强,更好发挥示范引领作用,发展农业产业化联合体,鼓励龙头企业、合作社、家庭农场与小农户建立紧密利益联系,带动乡村产业融合发展。鼓励和支持高校毕业生、务工经商返乡人员及新型职业农民投身农村创业,领办农民合作社、兴办家庭农场、开展乡村旅游等经营活动。

二是创新健全农业社会化服务体系。引导鼓励大型龙头企业、工商资本、社会组织进入农业社会化服务体系,发挥农技推广、智慧农业、职业农民教育培训等领域服务组织的作用。打造全程全域覆盖的社会化服务网络,为农业生产者提供产前、产中、产后全过程综合配套服务。创新全产业链技术供给方式,支持各类市场主体建设区域性农业全产业链综合服务中心。整合智慧农业、农村组织建设、社会管理、民生保障、基础资源等数据平台,构建省、市、县三级数字乡村综合平台,实现平台的互联互通。完善乡村基础数据标准,以村为基本单元,建立农业农村相关基础情况数据库,实现乡村基础数据基本覆盖。实施"互联网+"农产品出村进城工程,促进农产品网络营销,推动冷链物流建设,畅通农产品流通渠道。建设省级农产品质量安全追溯平台,加快生产基地数字化改造,推进追溯业务"指尖办",农产品质量安全"一网追溯"。

增强新型农业经营主体金融承载力。健全适合新型农业经营主体发展的金融服务组织体系,推动发展新型农业经营主体信用贷款,拓宽新型农业经营主体抵押质押物范围,创新新型农业经营主体专属金融产品和服务,完善信贷风险监测、分担和补偿机制,拓宽新型农业经营主体多元化融资渠道,提升农业保险服务能力,强化金融支持新型农业经营主体的政策激励。

三是强化农村产业示范园辐射带动效应,拓展农业多种功能。引进、培育农业产业龙头企业,明确主导产业,突出特色产业,发展壮大产业集群,提高生产、加工、流通各环节标准化管理水平,着力突出示范园区"示范、带动、引领"作用。在"种养加""贸工农""产加销"一体化基础上,大力推进中国美丽休闲乡村、全国乡村旅游重点村、休闲农业园区、现代农业产业园、优势特色产业集群、农业产业融合发展示范园、产业强镇等产业融合载体建设。依托这些载体,融合新技术、匹配市场新需求,持续拓展农业生态涵养、休闲体验和文化传承等功能,发展生态观光、文化创意、农事体验、户外拓展、自驾露营、研学基地、健康养老等业态。乡村产业跨界融合将成为常态,"农科文商旅体"一体化趋势也将更加明显,利益链接更加紧密。稳步推进农村承包地"三权分置",引导土地经营权规范有序流转,发展多种形式适度规模经营。土地集中流转,产业集中运营,乡村产业融合与新型城镇化联动发展更加紧密,农村二三产业将向县城、重点乡镇及产业园区集聚发展。

四是推进产城融合发展。将农村产业融合发展与新型城镇化建设有机结合,加快推进乡村建设行动,把以农业农村资源为依托的二三产业尽量留在农村,不断强化以工补农、以城带乡,推动形成工农互促、城乡互补、协调发展、共同繁荣的新型工农城乡关系。

三 现代农业集聚区/示范区建设与新型城镇化

2009年以来,我国逐步开展国家现代农业示范区的建设。2009年11月,农业部正式颁布《关于创建国家现代农业示范区的意见》,2010年中央一号文件中提出创建国家现代农业示范区，经过十余年的建设，农业农村部在全国认定了283个国家现代农业示范区，一半以上的示范区基本实现了农业现代化，打造了一批类型丰富、路径明确、带动效果突出的农业现代化先行示范样板。2021年中央一号文件中提出"把农业现代化示范区作为推进农业现代化的重要抓手，到2025年创建500个左右示范区，形成梯次推进农业现代化的格局"，开启了新一轮农业现代化进程探索和实践。

现代农业示范区、农业现代化示范区的建设，加快了农业生产方式、经营模式和管理体制等方面的转型，促进了农业技术开发与推广应用的资源整合，对农业经济可持续发展以及建设社会主义新农村意义重大，是现代农业发展进程中的一次重大进步。

（一）建设现状

江西省作为我国农业大省之一，在实现农业现代化的进程中承担着重要责任和任务，近些年，江西省现代农业示范区、农业现代化示范区建设成效显著，现代农业产业园建设管理、考核评价体系日臻完善，在产业融合、农户带动、技术集成、就业增收等方面起了带动作用。截至2022年12月，江西省已经成功申报并建设了吉安县等11个国家级现代农业示范区和于都县等7个国家级农业现代化示范区，同时认定了铜鼓县等68个县（市、区）为省级现代农业示范区，现代农业示范区的建设已具有一定规模，农业现代化水平在稳步提升，有效引领了全省农业现代化的发展。

1. 政策保障

为支持现代农业示范区、农业现代化示范区建设，国务院、农业部、江西省委省政府、江西省各地方政府自2009年以来，先后出台了系列政策,支持现代农业示范区、农业现代化示范区发展,江西省努力通过农业示范区建设来促进乡村振兴工作不断向前推进,从而进一步实现本省农民增收、农业增效。

(1) 国务院、国家相关部委出台的相关支持政策

自 2009 年 11 月农业部发布《关于创建国家现代农业示范区的意见》(农计发〔2009〕33 号)以来,我国陆续发布了《中共中央 国务院关于加大统筹城乡发展力度进一步夯实农业农村发展基础的若干意见》(中发〔2010〕1 号)、《全国现代农业发展规划(2011—2015 年)》(国发〔2012〕4 号)、《中共中央 国务院关于加快推进农业科技创新持续增强农产品供给保障能力的若干意见》(中发〔2012〕1 号)、《中共中央 国务院关于加快发展现代农业进一步增强农村发展活力的若干意见》(中发〔2013〕1 号)、《2016 年国家现代农业示范区建设与管理工作要点》、《关于制定国民经济和社会发展第十四个五年规划和二〇三五年远景目标的建议》、《中共中央 国务院关于全面推进乡村振兴加快农业农村现代化的意见》(中发〔2021〕1 号)、《2021 年农业农村重点工作部署的实施意见》、《中共中央 国务院关于做好 2022 年全面推进乡村振兴重点工作的意见》(中发〔2022〕1 号)、《关于开展 2022 年农业现代化示范区创建工作的通知》等多份文件,其中包含了系列支持现代农业示范区、农业现代化示范区发展的政策及规划,现将相关政策及规划梳理如表 2-1 所示。

表 2-1 国务院、国家相关部委出台的相关支持政策

文件	主要相关内容
《关于创建国家现代农业示范区的意见》(农计发〔2009〕33 号)	围绕发展高产、优质、高效、生态、安全农业的总体要求,在现有农业生产示范区(园、片、场)的基础上,高起点、高标准和高水平地创建一批国家现代农业示范区,进一步转变发展理念,强化物质装备,提升科技水平,完善产业体系,创新经营方式,培养新型农民,建设现代农业发展的先行区,充分发挥典型示范和辐射带动作用,引领传统农业产业改造升级,培育壮大新兴农业产业,加速推进中国特色农业现代化建设

续表

文件	主要相关内容
《中共中央 国务院关于加大统筹城乡发展力度进一步夯实农业农村发展基础的若干意见》（中发〔2010〕1号）	把发展现代农业作为转变经济发展方式的重大任务,把建设社会主义新农村和推进城镇化作为保持经济平稳较快发展的持久动力。加快发展农业机械化,大力推广机械深松整地,支持秸秆还田、水稻育插秧等农机作业。创建国家现代农业示范区
《全国现代农业发展规划（2011—2015年）》（国发〔2012〕4号）	加大示范区建设力度。高标准、高起点、高水平创建300个左右国家现代农业示范区。以粮棉油糖、畜禽、水产、蔬菜等大宗农产品及部分地区特色农产品生产为重点,加大示范项目建设投入力度,着力培育主导产业,创新经营体制机制,强化物质装备,培养新型农民,推广良种良法,加快农机农艺融合,大力推进农业生产经营专业化、标准化、规模化和集约化,努力打造现代农业发展的典型和样板。 发挥示范区引领作用。积极探索具有区域特色、顺应现代农业发展规律的建设模式。通过产业拉动、技术辐射和人员培训等,带动周边地区现代农业加快发展。引导各地借鉴示范区发展现代农业的好做法和好经验,推动创建不同层次、特色鲜明的现代农业示范区,扩大示范带动范围,形成各级各类示范区互为借鉴、互相补充、竞相发展的良好格局
《中共中央 国务院关于加快推进农业科技创新持续增强农产品供给保障能力的若干意见》（中发〔2012〕1号）	加快永久基本农田划定工作,启动耕地保护补偿试点。制定全国高标准农田建设总体规划和相关专项规划,多渠道筹集资金,增加农业综合开发投入,开展农村土地整治重大工程和示范建设,集中力量加快推进旱涝保收高产稳产农田建设,实施东北四省区高效节水农业灌溉工程,全面提升耕地持续增产能力。加强设施农业装备与技术示范基地建设。加快推进现代农业示范区建设,支持垦区率先发展现代农业
《中共中央 国务院关于加快发展现代农业进一步增强农村发展活力的若干意见》（中发〔2013〕1号）	稳定发展农业生产。粮食生产要坚持稳定面积、优化结构、主攻单产的总要求,确保丰产丰收。以奖代补支持现代农业示范区建设试点。推进种养业良种工程,加快农作物制种基地和新品种引进示范场建设。加强渔船升级改造、渔政执法船艇建造和避风港建设,支持发展远洋渔业
《2016年国家现代农业示范区建设与管理工作要点》	围绕加快推进农业供给侧结构性改革,以创新、协调、绿色、开放、共享的新发展理念为引领,以"稳粮增收转方式、提质增效可持续"为主线,以构建农业产业、生产、经营三大体系为重点,着力搭平台、聚合力、强创新、树典型,重管理、促提升,加快示范区建设步伐,推动更多的示范区率先进入基本实现农业现代化阶段,示范引领中国特色农业现代化建设

续表

文件	主要相关内容
《关于制定国民经济和社会发展第十四个五年规划和二〇三五年远景目标的建议》	强化绿色导向、标准引领和质量安全监管,建设农业现代化示范区。推动农业供给侧结构性改革,优化农业生产结构和区域布局,加强粮食生产功能区、重要农产品生产保护区和特色农产品优势区建设,推进优质粮食工程
《中共中央 国务院关于全面推进乡村振兴加快农业农村现代化的意见》(中发〔2021〕1号)	把农业现代化示范区作为推进农业现代化的重要抓手,围绕提高农业产业体系、生产体系、经营体系现代化水平,建立指标体系,加强资源整合、政策集成,以县(市、区)为单位开展创建,到2025年创建500个左右示范区,形成梯次推进农业现代化的格局
《2021年农业农村重点工作部署的实施意见》	把农业现代化示范区作为推进农业现代化的重要抓手,围绕提高农业产业体系、生产体系和经营体系现代化水平,制定评价指标体系,由各省份对涉农县逐县开展评估,确定基本实现农业现代化的时间表,补短板、强弱项,梯次推进。加强资源整合、政策集成,以县为单位创建农业现代化示范区,首批创建100个左右
《中共中央 国务院关于做好2022年全面推进乡村振兴重点工作的意见》(中发〔2022〕1号)	抓点带面推进乡村振兴全面展开。开展"百县千乡万村"乡村振兴示范创建,采取先创建后认定方式,分级创建一批乡村振兴示范县、示范乡镇、示范村。推进农业现代化示范区创建。广泛动员社会力量参与乡村振兴,深入推进"万企兴万村"行动。按规定建立乡村振兴表彰激励制度
《关于开展2022年农业现代化示范区创建工作的通知》	围绕粮食产业、优势特色产业、都市农业、智慧农业、高效旱作农业和脱贫地区"小而精"特色产业等发展分区分类创建100个左右农业现代化示范区

(2) 江西省出台的相关支持政策

为认真贯彻落实国家关于现代农业示范园区、农业现代化示范区的相关文件精神,紧紧抓住重大发展机遇,加快推进江西农业强省建设,中共江西省委、江西省人民政府以及各地方政府相继出台了支持政策,主要有《关于推进现代农业示范园区建设的意见》(赣府发〔2013〕31号)、《江西省"十三五"农业现代化规划》(赣府发〔2016〕51号)、

《江西省人民政府关于深化改革创新加快现代农业发展的若干意见》(赣府发〔2017〕6号)、《江西省人民政府办公厅关于进一步加快现代农业示范园区建设的意见》(赣府厅发〔2017〕14号)、《江西省吉安县国家现代农业示范区建设规划》、《江西省南昌县国家现代农业示范区规划》、《江西省"十四五"农业农村现代化规划》、《中共江西省委 江西省人民政府关于全面推进乡村振兴加快农业农村现代化的实施意见》、《支持赣州革命老区高质量发展示范区建设的若干政策措施》、《修水县建设"五园绿色"国家农业现代化示范区实施方案》、《吉水县现代农业产业高质量发展三年行动方案(2023—2025年)》(吉水县府办字〔2023〕22号),相关政策如表2-2所示。

表2-2 江西省出台的相关支持政策

文件	主要相关内容
《关于推进现代农业示范区建设的意见》(赣府发〔2013〕31号)	力争用3~5年时间,在全省建成100个左右覆盖不同产业类型、不同地域特色、不同发展层次的现代农业示范园区,形成以国家现代农业示范区为引领、省级园区为支撑、市县园区为依托的全省现代农业发展格局
《江西省"十三五"农业现代化规划》(赣府发〔2016〕51号)	推进国家现代农业示范区建设。到2020年,江西省国家现代农业示范区基本实现农业现代化,率先实现基础设备完备化、技术应用集成化、生产经营集约化、生产方式绿色化、支持保护系统化
《江西省人民政府关于深化改革创新加快现代农业发展的若干意见》(赣府发〔2017〕6号)	加快建设国家现代农业示范区、粮食生产功能区、重要农产品生产保护区、特色农产品优势区、农业可持续发展实验区。按照"扩大体量、提升档次、特色鲜明、示范带动"的要求,大力实施"百县百园"工程,打造一批国家级、省级现代农业示范园区,创建一批现代农业产业园
《江西省人民政府办公厅关于进一步加快现代农业示范园区建设的意见》(赣府厅发〔2017〕14号)	力争到2020年,全省创建200~300个现代农业示范园,国家现代农业示范区基本实现农业现代化,园区成为农业装备与技术应用的先行区、产业融合与绿色发展的引领区、经营主体与产业培育的样板区

续表

文件	主要相关内容
《江西省吉安县国家现代农业示范区建设规划》	遵循现代农业发展的规律,结合当地实际,从强化科技、完善设施、优化结构、转变方式、提高产能等方面入手,着力发展现代农业,建设国家现代农业示范区,提高物质技术装备水平和劳动生产率、土地产出率和资源利用率,促进粮食生产稳定发展和农民持续增收,切实保护和改善生态环境,率先在全国探索现代农业发展道路与模式,有利于发挥典型示范和辐射带动作用,改造升级传统农业,引领区域现代农业发展
《江西省南昌县国家现代农业示范区规划》	以加快转变农业发展方式、提升农业现代化水平为主线,以保障主要农产品有效供给和农民收入持续快速增长为目标,做大做强粮食、蔬菜、生猪和水产四大产业,提高农业综合生产能力;完善蒋巷、黄马两个园区,打造现代农业发展亮点;实施基础保障、科技支撑、龙头牵引、持续发展四大战略,强化科技、质量、人才、信息四大支撑条件建设,创新经营管理机制,将南昌县国家现代农业示范区建设成为江西省现代农业展示窗口,国家农业现代化率先实现区
《江西省"十四五"农业农村现代化规划》	把农业现代化示范区作为推进农业现代化的重要抓手,以县为单位开展创建,示范引领农业设施化、园区化、融合化、绿色化、数字化发展,形成梯次推进农业现代化的格局。到2025年,建成10个左右农业现代化示范区,培育壮大10个左右优势特色农业产业集群
《中共江西省委 江西省人民政府关于全面推进乡村振兴加快农业农村现代化的实施意见》	聚焦绿色食品产业链短板弱项,引进一批优质企业。以县(市、区)为单位推进农业现代化示范区建设。开展"千企兴千村"行动。深化垦区集团化农场企业化改革,促进垦区产业融合发展
《支持赣州革命老区高质量发展示范区建设的若干政策措施》	支持符合条件的县(市、区)创建国家级及省级农业现代化示范区、现代农业产业园
《修水县建设"五园绿色"国家农业现代化示范区实施方案》	因地制宜建设生态茶园、高效桑园、健康油园、放心菜园、精品果园"五园绿色"国家农业现代化示范区,有序推进示范"农业设施化提升、农业园区化聚集、促进产业融合化、农业绿色化发展,农业数字化示范、农业科技化支撑"六大工程36类项目建设,严格执行相关项目施工路线图、计划表,全力打造乡村振兴"江西样板"
《吉水县现代农业产业高质量发展三年行动方案(2023—2025年)》(吉水县府办字〔2023〕22号)	加强园区建设,加快国家级农业现代化示范区建设步伐,支持黄牛洞柚稻产业园、同江万亩稻渔产业园、蘑桥都陂现代农业示范园争创国家级现代农业产业园。 到2025年,创建全国农业现代化示范区顺利通过国家验收,力争创建1个国家级现代农业产业园、1个省级现代农业产业园

2. 江西省现代农业示范区、农业现代化示范区布局情况

江西省地处中国东南偏中部长江中下游南岸,东邻浙江、福建,南连广东,西靠湖南,北毗湖北、安徽,是全国唯一同时毗邻长三角、珠三角和海西经济区的省份,全省土地总面积为16.69万平方公里,地形地貌大致为六山一水二分田,一分道路和庄园。江西省农业农村资源十分丰富,是新中国成立以来全国两个从未间断输出商品粮的省份之一,是东南沿海地区重要的农产品供应地。"长江经济带""一带一路"倡议等国家规划在江西叠加,江西省的区位条件、自然资源禀赋和政策红利具有优势,具备了发展现代农业所需要的一系列条件。

(1) 国家级现代农业示范区、农业现代化示范区

截至2022年,农业农村部按照《关于创建国家现代农业示范区的意见》及《国家现代农业示范区认定管理办法》要求,分三批发布认定了283个国家现代农业示范区,其中江西省有11个国家级现代农业示范区,分别是第一批录入的江西省南昌县国家现代农业示范区和江西省吉安县国家现代农业示范区,第二批录入的江西省万载县国家现代农业示范区、江西省赣县国家现代农业示范区、江西省分宜县国家现代农业示范区、江西省抚州市临川区国家现代农业示范区,第三批录入的江西省贵溪市国家现代农业示范区、江西省万年县国家现代农业示范区、江西省信丰县国家现代农业示范区、江西省芦溪县国家现代农业示范区、江西省乐平市国家现代农业示范区(见表2-3)。在国家级现代农业示范区建设阶段性工作完成后,为贯彻落实党的十九届五中全会精神和2021年中央一号文件部署,自2021年11月至今,农业农村部、财政部、国家发展改革委联合发布了两批共200个国家级农业现代化示范区名单,其中江西省有7个国家级农业现代化示范区,分别是第一批录入的江西省修水县、丰城市、吉水县,第二批录入的江西省于都县、泰和县、鄱阳县、浮梁

县（见表 2-4）。

目前，江西全省 18 个国家级农业示范区重点发展粮食、畜禽、蔬菜、茶叶、渔业、果业、油料、棉花等优势主导产业。蔬菜产业的发展主要以绿色、无公害为特点，满足居民对食品健康与安全的要求。畜牧业通过发展标准化规模养殖、优化畜牧业结构、增强综合生产能力的方式，提高效益水平，推动江西现代畜牧业的发展。除此之外，充分发挥自然生态环境的优势，通过科学规划并合理开发，集示范、推广、观光、旅游、科普教育于一体，拓展休闲旅游产业，将农业与旅游业有效结合，利用旅游业带动现代农业经济发展，实现了较好的经济效益。各地区的现代农业示范区结合农产品区域布局和产业发展实际，科学规划园区功能，优化产业结构，打造了一批特色鲜明、效益突出的现代农业发展样板。例如泰和县乌鸡产业初步形成了规模化养殖、加工集群化、科技集成化、营销品牌化的全产业链开发格局，2022 年家禽出栏 1610.58 万羽，乌鸡全产业链产值达 73.82 亿元，在全国乌鸡市场占比超过 1/3；浮梁县持续做优"浮梁茶"品牌，2022 年实现茶产业一产产值突破 10 亿元、综合产值突破 22 亿元，开展"浮梁大米"区域公共品牌评选认定工作，提升产品附加值。各示范区具体分布情况及主导产业情况如表 2-3、表 2-4 所示。

表 2-3　江西省国家级现代农业示范区布局情况

国家级现代农业示范区（县、市、区）	所属行政区	主导产业
南昌县	南昌	水稻、蔬菜、水产、生猪、水禽
吉安县	吉安	葡萄、火龙果、百香果、井冈蜜柚（蜜橘）、黑木耳、粉芋、油茶、茶叶、绿色蔬菜
万载县	宜春	"硒+N"产业、黑兔、黑山羊、黑番鸭、康乐黄鸡、龙牙百合、毛竹

续表

国家级现代农业示范区（县、市、区）	所属行政区	主导产业
赣县	赣州	脐橙、油茶、蔬菜、甜叶菊、蜜蜂、湖羊
分宜县	新余	黄茶、柑橘、油茶
抚州市临川区	抚州	中药材、蜜橘、蔬菜、花卉苗木、油茶
贵溪市	鹰潭	优质稻米、蔬菜、生猪、油茶
万年县	上饶	贡米、生猪、珍珠、茶油、马家柚、虾蟹
信丰县	赣州	脐橙、蔬菜、萝卜、生猪
芦溪县	萍乡	花卉苗木、油茶、中药材
乐平市	景德镇	特色畜牧业、特色水产、特色果业

表 2-4　江西省国家级农业现代化示范区布局情况

国家级农业现代化示范区（县、市、区）	所属行政区	主导产业
修水县	九江	茶叶、蚕桑、茶油、蔬菜、水果、畜牧
丰城市	宜春	富硒产业、粮油、花卉苗木、油茶、肉牛、中药材、水禽
吉水县	吉安	粮油、井冈蜜柚、"吉禽三宝"、小龙虾
于都县	赣州	蔬菜、脐橙、油茶、畜禽养殖、花卉
泰和县	吉安	乌鸡、肉牛、湖羊、井冈蜜柚、优质稻、水产品
鄱阳县	上饶	大米、蔬菜、渔业、中药材、茶叶、油茶
浮梁县	景德镇	茶产业、大米、林业

（2）省级现代农业示范区、农业现代化示范区

江西省在2010年成功申报第一批国家现代农业示范区后，也开始了省级现代农业示范区的建设工作，截至2022年，江西省共认定68个省级现代农业示范区，具体分布情况见表2-5。现代农业示范区主要分布于全省的11个设区市，其中，南昌3个，九江9个，上饶7个，抚州7个，宜春9个，吉安10个，赣州12个，景德镇2个，萍乡4个，

新余3个，鹰潭2个。相比萍乡、鹰潭等5个地区，上饶、九江、抚州、宜春、吉安、赣州等6个地区拥有较丰富的自然资源，较优越的生态环境，示范区的创建与发展有利条件更充足，所以这些地区的示范区会相对较多。

表2-5 江西省省级现代农业示范区布局情况

省级现代农业示范区（县、市、区）	所属行政区
进贤县、安义县、新建区	南昌
共青城市、永修县、都昌县、修水县、柴桑区、瑞昌市、武宁县、德安县、湖口县	九江
鄱阳县、玉山县、铅山县、广信区、广丰区、余干县、德兴市	上饶
南丰县、广昌县、崇仁县、南城县、黎川县、东乡区、金溪县	抚州
丰城市、袁州区、高安市、奉新市、樟树市、上高县、靖安县、宜丰县、铜鼓县	宜春
新干县、泰和县、吉水县、峡江县、井冈山市、万安县、青原区、吉州区、永新县、永丰县	吉安
南康区、宁都县、上犹县、安远县、兴国县、瑞金市、定南县、寻乌县、于都县、全南县、龙南市、崇义县	赣州
浮梁县、昌江区	景德镇
安源区、莲花县、上栗县、湘东区	萍乡
孔目江区、高新区、渝水区	新余
余江区、龙虎山风景名胜区	鹰潭

（二）主要做法及成效

江西省以农业现代化示范区创建为契机，聚焦"作示范、勇争先"目标，把农业现代化和农村现代化一体设计、一体谋划，紧紧围绕"设施化、园区化、融合化、绿色化和数字化"，着力推进稳粮固农、科技强农、产业富农、绿色兴农、乡村助农、数字赋农，整体推进一二三产融合。2022年，江西省农业现代化示范区农林牧渔业总产值达到430.73亿元，同比增长12.6%，示范区农民人均可支配收入达到18684元，同比增长11.1%，农业现代化示范区创建取得显著成效。

1. 农业产量不断提升

2022年，示范区粮食播种面积稳定在1021.69万亩以上，粮食单产达到456.7公斤/亩，粮食总产量达111.51亿斤。一是粮食生产持续增收。深入实施"藏粮于地、藏粮于技"战略，建成水稻育秧中心46个、全程机械化综合农事服务中心96个，全省示范区水稻耕种收综合机械化率达82%，农业科技进步贡献率达96%。二是蔬菜产业蓬勃发展。抓好蔬菜供应、产销和市场监测等工作，因地制宜、因苗施策，蔬菜产业保持了持续高位增长。全省农业现代化示范区蔬菜种植面积148.64万亩，产量达1269.7万吨，同比增长5.1%。三是油料作物稳中有增。2022年，全省示范区油料作物播种面积144.9万亩，产量达28.8万吨。四是特色水果扩面增产。充分挖掘利用丘陵、荒山荒坡等土地资源和低效果园改造，通过品种培优、品质提升和品牌创建，以及生态建园、标准生产、土壤改良、绿色防控、设施配套完善、延链融合和经营销售模式创新等，大力发展蜜柚、柑、橘、橙等特色水果作物，有效拓展了农民增收渠道，壮大了乡村特色产业。

2. 现代农业设施稳步推进

各示范区深入实施科技兴农战略，提升技术装备水平，使科技装备成为农业现代化示范区农业农村经济增长重要驱动力。一是推进高标准农田建设。率先在全国从省级层面统筹整合财政资金、发行高标准农田建设专项债券，按亩均3000元建设标准，大力支持高标准农田建设。截至2022年，示范区新建高标准农田超56万亩，累计建成高标准农田200万亩。二是提升农业综合机械化水平。在中央财政农机购置补贴的基础上，按中央财政补贴额的30%给予省级累加补贴；2022年，全省示范区农作物耕种收综合机械化率达84.73%，水稻机耕率为97.9%、机插率达56.1%、机收率为95.8%，推动了农业生产的规模化、集约化、标准化。三是完善农产品冷链物流设施。用好中央和省级2.54亿元冷链项目资金，重点围绕蔬菜、水果等鲜活农产品，合理集中建设农产品产地冷藏保鲜设施，加快构建连接生产、加工、流通等环节的仓储保鲜冷链物流网络，畅通鲜活农产品末端冷链微循环，打通农产品出村进城"最初一公里"。

3.一二三产业融合发展

一是培育壮大第一产业。打造了小龙虾、富硒蔬菜、鄱阳湖稻米、赣中南肉牛等四大国家级产业集群。鄱阳县农业现代化示范区按照"南菜北药中茶果"布局，建成一批优势特色产业集群。丰城市农业现代化示范区依托"丰城富硒大米""天玉食用油""子龙冻米糖"等品牌优势，推动初级加工向精深加工转变，全面提升稻米、油茶、畜禽、水产、果蔬等产品精深加工水平。二是扶优扶强第二产业。深入实施龙头企业"强链争先"行动，2022年，培育国家重点龙头企业26家，农产品加工总产值达735亿元，农产品加工转化率达70.6%。吉水农业现代化示范区围绕井冈蜜柚、绿色水稻等特色产业，引进了39家精深加工龙头企业，形成了以井冈山粮油集团、金田麦等150家企业为龙头的稻柚精深加工集群，年加工值超16亿元。修水县农业现代化示范区引进宁红集团、盐津铺子、英才食品、神茶集团等加工龙头企业，年加工产值35亿元。三是调活第三产业。聚焦农业农村产业融合新方式，不断培育发展新产业新业态，促进"农业+旅游""农业+康养""农业+文创"等产业深度融合。2022年，示范区旅游接待总人数226.12万人次，总收入315.6亿元，接待游客和旅游收入分别增长33.45%和32.84%。鄱阳县农业现代示范区探索"文化+农业+旅游"等发展模式，打造省级休闲农业示范点23家，3A级及以上乡村旅游点32家。

4. 现代农业绿色发展成效显著

一是建好绿色基地。江西省研究出台"绿色食品产业链发展13条"，深化农业面源污染防治，巩固禁捕退捕成果，持续推进"三品一标"建设，持续开展化肥减施增效、农药化肥替代计划、废弃物资源化利用、绿色有机生产基地认证、农产品质量安全追溯体系提升等行动，实现农业清洁化生产，推动农业绿色发展。二是推广绿色技术。在各示范区积极推行种养结合、绿色循环发展模式，推进粪污综合利用，大型规模养殖场全部配套粪污处理设施装备，畜禽粪污综合利用率达76%。统筹推进山水林田湖草沙系统治理，增强农业生态系统循环能力，长江十年禁渔成效初显、水生生物多样性逐步恢复。三是唱响绿色品牌。江西省以部省共建绿色有机农产品基地试点省为契机，全力打响"生态鄱阳湖、绿色农产品"品牌，加快认证了一批绿色、有机、地理标志农产品，持续发布"二十大区域公用品牌""企业产品品牌百强榜"。例如鄱阳农业现代示范区"鄱阳湖大米"和"元宝山果茶油"被评为"赣鄱正品"品牌，"鄱阳湖大米"荣获中国粮油食品影响力品牌。

5. 美丽乡村建设迈上新台阶

一是加大治理力度。压紧压实了示范区责任，建立了调度制、通报制、暗访制、约谈制等系列推进机制，出台了乡村建设行动推进方案，启动新一轮乡村建设。持续开展农村人居环境整治提升五年行动，稳步推进农村厕所革命，2022年，江西省农村卫生厕所普及率达到83.26%，让村民望得见山、看得见水、记得住乡愁。二是提高了建设精度。深入实施新农村建设"五大专项"提升行动，开展美丽宜居示范创建活动，打造美丽宜居示范带，创建全国休闲农业重点县2个、美丽休闲乡村53个。大力实施农村电网巩固提升工程，农村电网供电可靠率达99.88%。

三是加强管理强度。建立了"五定包干"村庄环境常态化长效管护机制，"五定包干"村庄环境长效管护做法被中宣部和国家发改委列入《国家省厅文明试验区改革举措和经验做法推广清单》，创新搭建了"万村码上通"5G+长效管护平台，有效畅通了群众参与管护监督渠道，实现了村庄由"一时美"向"持久美"的转变。

6. "智慧农业"水平不断提升

一是加强信息设施建设。大力推进数字乡村建设，以数字技术与农业农村经济深度融合为主攻方向，通过稳步推进农业物联网、北斗智能终端、大数据平台等现代信息技术为农业生产赋能，信息进村入户工程整区推进。二是创新应用数字化技术。建设农业大数据中心、设施园艺数字农业试点等项目，推进农业生产、加工、运输、仓储、交易等全产业链数字化建设，智慧农业建设政府和社会资本合作（PPP）项目落地实施，智慧农业"123+N"平台平稳运行，数字农业服务能力不断增强。三是搭建数字化应用场景。加快物联网、大数据、云计算等技术在种植、畜牧、渔业、农机、农产品质量安全等各领域的运用，探索建设了一批数字田园、智慧农牧场等现代农业生态。截至2022年，江西省农业现代化示范区建成了智慧农业基地28个，省级物联网应用示范基地16个。

（三）存在的问题和不足

1. 产业层次还不够高

示范区内的农产品精深加工明显不足，很多农产品仅仅是初级加工，有的甚至未经过加工直接进入市场，农产品档次和附加值有待提升，各种衍生产品还不够丰富，影响了综合效益以及农户的种植动力，进而导致农业增长方式转变缓慢。

2. 特色品牌还不够响

发展农业品牌是农业现代化示范区工作的重中之重，目前，江西省"绿色有机农产品基地试点省"这块金字招牌在全国的影响力还不够强，各示范区虽然都有着自身的主导产业和发展特色，但农产品生产的产业规模、加工能力、产品档次都有待提升，品牌"散、小、弱"现象突出，具有较强带动力的龙头企业数量偏少，通过新闻媒介宣传和推广的有机产品仍然不足，导致知名品牌知名度还不够响亮。

3. 科技支撑能力不足

目前各示范区农业科技进步贡献率、水稻机械化种植率、设施种植机械化水平有待提高，在农业生物技术、信息技术等领域还有较大差距。农业专业人才仍然缺乏，为农民开展的农业技术培训和农业信息科普工作有待加强，农民的科技素质不高和人才缺失阻碍了农产品的质量提升与品牌建设。

（四）典型案例——修水县国家农业现代化示范区

江西省修水县作为全国首批入选的国家农业现代化示范区，依托县域各地产业发展基础和优势，推进"一乡一园"建设，创建生态茶园、高效桑园、健康油园、放心菜园、精品果园"五园绿色"国家农业现代化示范区，不断增强修水现代化农业产业发展"续航力"，赋能乡村振兴。

1. 产业融合助力示范区发展

修水县坚持以一二三产融合发展为路径，紧紧围绕调优产业结构、做强园区支撑，制定了《修水县建设"五园绿色"国家农业现代化示范区实施方案》，研究相关项目施工路线图、计划表。按照"五园绿色"产业发展布局，强化基础布局，因地制宜建设生态茶园、高效桑园、健康油园、放心菜园、精品果园，围绕六大工程36类项目建设，累计投资14.2亿元，推进现代农业设施化、园区化、融合化、绿色化、数字化"五化"建设。截至2022年，全县共有桑园面积9.3万亩、茶叶21.5万亩、油茶20万亩、林果6万亩、设施蔬菜5000亩，稳定粮食播种面积70.86万亩，完成高标准农田建设4.6万亩，2022年新增省市级示范合作社28家、市级示范家庭农场11家；新增"三品一标"产品13个。

2. 精准发力推动园区建设

围绕现代农业"五化"要求和"五园绿色"的产业发展布局，把国家农业现代化示范区创建作为全县现代农业发展的重要抓手，以提升"一乡一园"建设为平台，推进产业向园区聚焦、加工向园区集中、旅游向园区拓展，对9个"一乡一园"综合体进行提升打造，截至2022年，修水县成功创建国家农业科技示范园1个，国家农业现代化示范区1个、省级农业示范园3个、市级"一乡一园"35个。依托农业龙头企业带动，各类经营主体参与，突出产业化、生态化、环保化、景观化、智能化，集中力量建设一批特色鲜明、亮点突出的现代农业产业园，做强做优"一乡一园"核心区，提升扩大辐射区，进一步巩固脱贫攻坚成效，丰富全域旅游要素，助力乡村振兴。

3. 精心打造优质农业产品

坚持绿色发展理念，推行绿色化、集约化生产模式，大力发展无公害、绿色和有机农产品，推动现代农业提质增效。采用农产品展示展销、广告宣传、设立专卖店等方式，扩大修水茶叶、茧丝绸制品、山茶油、富硒大米等特色产品市场覆盖面，破解农产品"卖难"问题。截至2022年，修水县已投入财政资金1500万元，撬动国家补贴和社会资金等8500万元，建设集"农资、育秧工厂、翻耕、飞防、烘干"全链条的农业社会化服务组织11个，全县农业社会化服务组织，可服务小农户21000余户、机耕面积 25 万亩、机收面积 30 万亩,建设了 22 个工厂化育秧点,育秧大棚面积 7 万平方米,全县水稻耕种收综合机械化率达 78%。

(五)未来发展方向

1. 重视农业基础设施建设,强化农业科技支撑

一是强化农业科技"硬支撑"。聚焦示范区农业主导产业和重点领域,积极对接国家重大农业科技项目,组织高校、科研院所、龙头企业等开展优势特色农业关键核心技术联合攻关,形成一批具有重大应用价值和自主知识产权的科技成果。大力推进智慧农场、智慧渔场等创建,打造一批数字农业示范应用标杆。二是聚焦农机装备"补短板"。大力实施农机装备振兴行动,加快丘陵山区急需机具、智能农机装备等研发和推广应用,推进高效植保、产地烘干、秸秆处理等环节与耕种收环节机械化集成配套,推进粮食生产全过程机械化。三是强化农业科技人才支撑。充分发挥高校和科研院所作用,建立科研院校与示范区协作机制,建立领导干部和科研专家联系农业重点产业、重点区域、重点企业人才制度。加大育才引才力度,壮大乡村企业家队伍和科技人才队伍。大力实施高素质农民培育计划,加快造就一支有文化、懂技术、善经营、会管理的高素质农民队伍。

2. 强化产业集聚,推动产业竞争力

一是大力拓展延伸产业链。深入实施农产品加工业提升行动,统筹发展农产品初加工、精深加工和综合利用加工,推进农产品多元化开发、多层次利用、多环节增值。通过"外引内培、引育结合"等方式,集中资源和力量培育一批农业产业化"头部"企业、"链主"企业,形成一批农业产业化联合体。不断拓展农业多种功能,深入挖掘乡村多元价值,实施休闲农业与乡村旅游提升计划,推动农业产业提档升级。二是以品

牌质量赋能提升价值链。大力实施"生态鄱阳湖·绿色农产品"品牌战略，加快完善"赣鄱正品"品牌体系和江西优质农产品运营体系，扩大江西特色优质农产品的影响力、美誉度和知名度。深入实施绿色生态农业提升工程，创建一批标准化集成示范基地，打造更多绿色、安全、优质的农副产品。三是建立平台网络支撑贯通供应链。大力发展数字农业，充分发挥新型流通业态和"互联网+"优势，加快构建农产品现代市场流通体系，促进农产品出村进城，实现优质农产品产得好、销得出、卖好价。

3. 创新体制机制，完善经营服务机制

一是深化农村土地制度改革。巩固和完善农村基本经营制度，稳定农村土地承包关系，有序推进农村承包地"三权分置"，稳定"承包权"，打消农户流转土地的后顾之忧，放活"经营权"，促进承包地经营权规范流转。二是发展农业适度规模经营。积极探索"土地入股""中介服务""大户承包"等多种流转模式，促进农村土地适度规模经营。完善利益联结模式，支持农业龙头企业通过订单收购、保底分红、二次返利、股份合作、吸纳就业、村企对接等多种形式，带动小农户共同发展。三是在示范区加快发展农业社会化服务。立足提供农业产前产中产后全过程一条龙服务，鼓励和支持专业服务商和服务型农民合作社专业化、规模化发展，加快培育社会化农业综合服务组织，将小农户引入现代农业发展轨道。

4. 加大政策支持，强化协同保障

一是强化政策保障。统筹整合现代农业产业园、优势特色产业集群、农业产业强镇项目资金，支持示范区建设。引导金融机构支持，积极协调政策性银行、保险公司等各类金融机构，推动信贷资金、特色农产品保险向示范区倾斜。鼓励社会资本投入，吸引社会资本参与建设仓储冷链物流、高标准农田、数字农业等基础设施建设。二是强化责任监督落实。统筹抓好规划部署、推进落实、成效验收等各环节工作，聚焦重点，聚合力量，加大指导服务力度，建立跟踪指导、政策支持、监测评估等机制，落实好资金、项目、用地等各类要素保障。

四 新型城镇化过程中的城乡融合发展——以贵溪市医共体建设为例

城乡融合和城乡一体化是经济社会发展达到一定阶段的产物，也是国家和区域现代化的重要标志。建立健全城乡融合发展体制机制和政策体系，是党的十九大作出的重大决策部署。改革开放以来，中国在统筹城乡发展、推进新型城镇化方面取得了显著进展，但城乡要素流动不顺畅、公共资源配置不合理等问题依然突出，特别是城乡间的医疗服务体系。贵溪市作为全国第一批紧密型医共体建设及江西省县域综合医改试点县，同时又承载着全国城乡融合发展试验区先行先试工作任务，以整合优质资源、创新体制机制、深度多方融合为突破口，建立"责任清单化、服务整体化、管理融合化、医疗同质化"的县乡村一体化服务模式，形成县域一盘棋、管理一本账、服务一家人的"改革经验"，为江西省城乡公共服务融合发展提供经验借鉴。

（一）基本概况

贵溪市是江西省鹰潭市代管县级市，位于江西省东北部，东与弋阳县、铅山县相连，东南与福建省光泽县交界，南与资溪县相邻，西与鹰潭市月湖区、余江区和金溪县接壤，北与万年县毗邻。贵溪市面积2480平方公里，辖18个乡（镇）、4个街道、7个林（垦殖、园艺）场。2022

年末，贵溪市共有各级各类医疗卫生机构638家，其中：市级公立医院共5家，包括市人民医院、市中医院、市妇幼保健院、市传染病医院和皮肤病医院；基层医疗机构共21家，包括3家社区卫生服务中心、18家乡镇卫生院；拥有公有产权的村级卫生室共有171家。市人民医院、市中医院、市妇幼保健院为二级甲等医院，塘湾等3家卫生院被国家卫健委评为"群众满意乡镇卫生院"。

2009年，贵溪市在江西省率先实行药物（除中药）"零差价"销售，开启了江西省基层医疗机构运行新机制改革；2010年，江西省医改工作现场交流会在贵溪市召开；2013年，贵溪市被列为全国、江西省第一批县级公立医院综合改革县（市）；2019年，贵溪市被列为全国紧密型医共体试点和江西省县域综合医改试点；2021年8月、10月，贵溪市分别在江西省、全国综合医改工作和紧密型医共体建设会上被评为优秀试点地区。

（二）取得成效

一是县域医疗服务能力得到提升。实施医共体建设以来，基层医疗卫生机构的业务能力得到提升，县级医院的优质资源得到有效利用。自医共体影像、心电中心运行以来，累计完成基层上传影像业务近4000例，"基层检查、县级诊断"促进了基层医疗服务能力提升。

二是分级诊疗就医格局初步形成。截至2022年11月底，全市县域就诊率为86.49%，较上年同期增长了2.37%；全市基层医疗机构门（急）诊人次为40万，较上年同期增长22%，逐步形成"小病不出乡镇"的分级诊疗格局。

三是群众就医获得感不断增强。通过远程医疗、专家下沉和特色科室的创建，一些新项目、新技术在基层医疗机构得到推广使用，原来的患者跑变为现在的信息跑、医生跑，实现群众看病就医少跑路、跑短路、不跑路，大大减少了就医费用和就诊时间。如：市人民医院医共体总院塘湾分院陆续开展剖宫产、阑尾炎、腹股沟疝气等外科手术，实现外科手术零的突破；市中医院医共体总院罗河分院加强中医专科建设，康复科病床由原来的8张增加到18张，开展无痛筋针疗法、热敏灸、渗透灸等经典中医疗法，中医康复服务人次同比增长100%以上。

四是医共体一体化管理架构逐步形成。目前贵溪市在县乡、乡村医疗机构分别建立起"县管乡用""乡聘村用"的一体化管理新体制。同时，通过智慧医疗信息化建设，在医共体内实现了县、乡、村各级医疗机构医疗服务、基本公共卫生服务、家庭医生签约服务互联互通的一体化、标准化和同质化管理新方式。

五是医共体试点的"贵溪经验"逐步推开。《江西改革动态》2020年第16期刊发《贵溪市扎实推进县域综合医改成效明显》信息，介绍贵溪市在推进县域综合医改、医共体试点工作中的经验做法；2022年新华社刊发了《贵溪市小病不出乡，康复回基层》，阅读量高达80余万次。

（三）主要做法

1. 高位保障，夯实责任清单化

贵溪市委市政府把医共体建设列为重点民生工程，作为推动医改纵深发展的"一把手工程"抓好抓实。成立由市委书记牵头、相关市领导、部门主要领导参与的市医共体领导小组和由市长任组长、分管卫健工作的市领导为副组长、相关部门主要领导为成员的市医共体管理委员会，研究制定了市医管委、卫健委、医共体总院及成员单位责权清单，完善了医共体管理委员会工作机制及运行规则；加大财政对改革的投入力度，对基层医疗卫生机构按照公益一类给予财政保障，对公立医院财政补偿做到"只增不减",按实际开放床位数定岗,以岗定员,对在岗人员不论编内编外统一实行"60%的差额补偿"政策;加强医共体项目工程建设,成立市医共体建设项目指挥部,争取5亿多元的专项债及中央预算内资金,启动了市妇幼保健院(含市疾控中心、市120指挥中心)整体搬迁建设项目,对市人民医院传染病病区和发热门诊大楼进行了扩建,新建了市中医院规范化发热门诊大楼,对乡镇卫生院和171家产权公有村卫生室进行装修改造以及添置急需配备的医疗设备。

2. 整体部署,落实服务整体化

贵溪市委市政府研究出台了《贵溪市开展县域综合医改试点工作实施方案》的纲领性文件,同时制定了包含医共体组建、财政补偿、薪酬制度改革、绩效改革、人财物统一管理、医保支付、"双下沉、双提升"工作等50余个相关配套的制度建设,有效保障紧密型医共体建设试点工作稳步推进;成立了以市人民医院为龙头、14家医疗单位组成的市人民医院医共体和以市中医院为龙头、9家医疗单位组成的市中医院医共体,医共体实行理事会治理机制和党委领导下的院长负责制,通过成员单位集体讨论,建立医共体章程及相关制度;在保证所属医疗机构法人资格、单位性质、人事编制、政府投入、职责任务、优惠政策、原有名称等"七不变"的基础上,统一医共体法人资格;在医共体总院组建医共体党政办公室等十大中心,对医共体成员单位实行了党政、人员、资金、业务、绩效、药械等"六统一"管理;医共体总院有人事管理、内部机构设置、收入分配、运营管理等自主权;在江西省率先建立行政财务、业务开展、药品耗材、服务收费、岗位用人、绩效考核"六统一"的乡村医生"乡聘村用"新体制,实行乡村一体化管理,通过加强财政保障、规范管理、转变村医身份、落实保障待遇等措施,有效稳定了乡村医生队伍;医保资金实行"总额预算、结余留用",市医保局与医共体总院建立协商机制，明确预算总额，由医共体总院通过加强管理和考核，对分院医保资金进行了统一管理。

3. 县管乡用，强化管理融合化

按照"两个允许"[①]的要求，允许医共体总院、所属医疗机构绩效工资总量（含绩效工资增量）调控线控制在全额拨款事业单位绩效工资总量的3倍以内；对医共体领导干部的薪酬制度进行改革，医共体总院党委书记、院长及分院负责人实行年薪制管理，所有年薪由市财政给予足额保障，主要领导的年薪以及其他干部职工的薪酬待遇，与年终绩效考核评价结果实行挂钩；落实医共体内干部职工奖励绩效工资与医疗服务性收入"挂钩"政策，激励医护人员重技术、提能力、强服务的工作积极性；不断推进公立医院编制备案制管理，实行医院正式编制职工与备案制职工同岗同酬；积极探索建立编制周转池制度，医共体内实行"编制统一管理、人才统一招聘、人员统一调配"的"县管乡用"政策；制定出县域医共体绩效考核评价细则实施办法，从医改政策执行等多方面对医共体进行考核，考核结果与医共体绩效工资总量、负责人的聘任、财政补助和医保支付等挂钩，实现行政化过程管控向机制化考核监督转变。

4. 上联下沉，实现医疗同质化

贵溪市人民医院与南昌大学一附院组建医联体，通过对口支援帮扶、专家定期坐诊、成立专家工作站、远程会诊等，快速提升贵溪市人民医院服务能力；医共体总院把强化基层医疗卫生服务作为分内事，主动推动优质医疗资源、优秀人才等实实在在向基层下沉。通过专家定期

---

① 允许医疗卫生机构突破现行事业单位工资调控水平，允许医疗服务收入扣除成本，并按规定提取各项基金后，主要用于人员奖励，同时实现同岗同酬同待遇，激发广大医务人员活力。

坐诊、在分院开展特色科室建设、适宜技术推广和下派医疗技术骨干到分院担任业务副院长等，提升基层医疗卫生机构服务能力和服务效率，实现"乡级活"的目标；全市投入1500余万元，新建全市智慧医疗信息化网络，通过搭建医共体平台、构造县乡村三级卫生健康专网和实施医共体总院医学影像、远程会诊等应用，实现"乡检查、县诊断"的区域结果互认，让农村居民在乡镇卫生院就可以享受到二级医院"同质化"服务。

（四）存在的问题

1. 医改体制改革还不够完善

贵溪市医疗体制改革虽然克服了一些突破性的障碍，取得了许多的成效，但在医疗改革中还存在一些难啃的硬骨头，这是后期医疗改革的重点。比如，由于贵溪市医保是由鹰潭市医保局实行统收统支管理，医保对各医疗机构实行"总额预付"政策，在居民缴纳医疗保险费用逐年增多的情况下，总额预算基数较其上年度都是不增反减，这些政策相对限制贵溪市就诊率的提高，制约了贵溪市医共体试点建设。

2. 信息化建设滞后

当前贵溪市医疗卫生信息化建设滞后，尚未形成以医共体牵头医院为枢纽，辐射乡镇卫生院、村卫生室的基层远程医疗服务格局。当前门诊统筹采用医保结算系统，基本医疗和基本公共卫生采用鹰潭市HIS系统，两系统之间数据无法实现互联互通，导致村医日常工作期间需要手工转换网线，使得乡村医生开展工作程序更烦琐，增加了工作难度，也加重了办公设施设备的损耗。

3. 村卫生室基础薄弱

贵溪市136所村卫生室被纳入"乡聘村用"管理，但只有110所是政府举办的公有产权村卫生室，其他26所为乡村医生自建房和租用民房。非公有产权卫生室房屋破旧、设施简陋，无法达到业务用房的标准，医疗器械破损得不到补充和改善，民众难以达到日常医疗保健的目标。

（五）相关的政策建议

1. 理顺综合医改管理体制

全面履行政府办医责任。统一领导和组织全市综合医改试点工作，及时研究解决改革中遇到的重大问题。建立由市长牵头，相关副市长及卫生健康委、市委编办、发展改革委、财政局、人力资源和社会保障局、医疗保障局等部门和牵头医院、基层医疗卫生机构等利益相关方代表参与的"公立医院管理委员会暨医共体管理委员会"，统筹医共体的规划建设、投入保障、人事安排和考核监管等重大事项。管理委员会的日常工作机构设在市卫生健康委。医共体总院领导班子成员按照干部管理权限管理，实行任期目标责任制，医共体所属的医疗机构负责人可以通过内部推选、外部选派、竞争（聘）上岗、公开选拔（聘）等多种方式产生。

组建独立法人的市（县）域医共体。在遵循政府引导、单位自愿、双方协商、先行先试、逐步推开的原则前提下，根据地理位置、服务人口、现有的医疗机构能力建设情况，在本市范围内，组建以贵溪市人民医院和贵溪市中医院为牵头医院，其他公立医院、乡镇卫生院、社区卫生服务机构为成员单位的紧密型医共体。医共体实行理事会治理机制和党委（党总支）领导下的院长负责制，理事会由总院党委（党总支）书记担任理事长、其他成员由总院院长、相关副院长以及基层医疗机构等利益相关方的代表组成。医共体将"党政、人员、资金、业务、绩效、药械"实行"六统一"管理，所属医疗机构法人资格、单位性质、人事编制、政府投入、职责任务、优惠政策、原有名称等保持不变。将产权公有的村卫生室纳入属地医共体管理，对其他村卫生室，按照自愿、分步实施的原则，可纳入医共体管理。

落实医共体经营管理自主权。医共体总院有人事管理、内部机构设置、收入分配、运营管理等自主权。医共体总院组建医共体党政办公室、人力资源、财务、医保、医务、护理、信息、药械、公共卫生等管理科室和检验（病理）、影像、心电、消毒供应等中心，对所属医共体成员单位实行统一管理。为了减少重复建设，集合全市医技资源，提高全市医疗技术质量水平，鼓励引进社会资本，积极参与整合贵溪市两个医共体所有相关的医疗资源，建立全市的检验（病理）、影像、心电、消毒供应等中心，实行区域资源共享，医技水平"同质化"服务，从而让居民在一级医院就医可以享受到二级医院的诊疗技术。

2. 加强人才培养改革

深化编制人事制度改革。不断推进公立医院编制备案制管理，实行医院正式编制职工与备案制职工同岗同酬。积极探索建立编制周转池制度，实行动态调整、周转使用的事业编制统筹调剂机制和人员总量管理方式。各医共体内部的编制实行统筹使用机制，医共体内人员流动不受编制性限制，由医共体统一管理、统一使用、统一调配一类和二类事业编制。确保乡镇卫生院现有编制总量保持不变，其中医疗卫生专业技术人员保持在85%以上。医共体对所需适宜人才进行公开招聘，按程序核准备案。

医共体对备案制的医护人员拥有自主招聘权。医共体人员实行全员岗位管理，按照按需设岗、按岗聘用、竞聘上岗、人岗相适的原则，打破单位、科室、身份限制，实现合理轮岗、有序流动、统筹使用。完善岗位聘任制度，医共体卫生技术人员岗位职务在岗位设置范围内由其自主聘任,在医共体内执业,医务人员不需办理执业地点变更和执业机构备案手续。优先保障基层用人需要,在薪酬、职称评聘和职业发展等方面,优先向基层倾斜。

强化医务人员医德医风教育。针对目前医务人员存在工作质量、服务态度、工作效能、行业作风等问题,进一步树立忠于职守、爱岗敬业、乐于奉献、文明行医的行业新形象。不断建立卫健系统医德医风工作新机制,建立医德医风负面清单制,加强行业管理和社会力量督查等手段,重塑医务人员"白衣天使"的新风气。

3. 加强信息化建设

建设全民健康信息平台。按照国家和江西省全民健康信息标准规范,市财政将安排资金,用于全市智慧医疗(一期)信息化建设,从而实现医共体医疗共享应用和打造智慧健康贵溪的建设目标,以后根据发展需要再逐步增加投入。同时,加强以电子病历为核心的业务应用,实现医共体内医院信息系统(HIS)、医院检验系统(LIS)、医学影像信息系统(PACS)等各项子系统互联互通,业务流程高效统一、上下贯通、有序运行。

实施智慧医疗。根据打造智慧新城的工作部署以及智慧医疗(一期)建设目标,为全市居民提供健康咨询、预约诊疗、诊间结算、移动支付和检查检验结果查询、随访跟踪等服务,优化医疗服务流程。运用大数据等技术优化医院管理流程,提升医院管理水平。发展覆盖全生命周期的健康医疗信息服务,建立开放式健康医疗大数据平台,发展远程医疗服务。

4. 加大经费投入

巩固完善公立医院的财政投入。在确保本级政府对贵溪市公立医院在财政补偿政策方面做到只增不减的情况下,进一步完善对其他人员补偿方法：由原来的定额补助转变为按绩效考核结果进行补助，确保医改重点任务、优质医疗资源和优秀医护人才"双下沉"、基层服务能力和服务效率"双提升"服务落实到位。

落实对基层医疗机构多渠道补偿机制。贵溪市基层医疗机构在编且在岗人员和离退休人员的工资、社会保障经费和住房公积金单位应缴部分由市财政据实核拨，予以全额保障。公有产权的村级卫生室每年1万元的运行费用由财政予以保障；由市财政和医共体共同筹资，进一步解决贵溪市公有产权卫生室在岗乡村医生的养老保险、医疗责任险保障问题，从而巩固和提高村级卫生室服务建设能力。

建立卫生健康事业发展专项资金。在市财政局社保账户名下设立卫生健康事业发展专项资金。市财政每年投入不低于1000万元，同时对全市所有医共体机构使用量大的药品采用带量采购"差价款"等方式筹集资金。卫生健康事业发展专项资金将全部用于医共体基础设施建设、医疗服务能力的提升（重点学科发展、人才培养、医疗设备的投入）、信息化建设、公共卫生等，专项资金的使用由医管委统筹协调，通过以奖代补的形式对医共体进行专项补助，以此促进医共体的改革积极性和创造性，从而达到医改目标的要求。

五　新型城镇化过程中的城乡治理现代化

党的二十大报告指出："全面建设社会主义现代化国家，最艰巨最繁重的任务仍在农村。"农业农村现代化是中国式现代化的重点内容和重大任务，在中国式现代化进程中推进乡村治理无疑任重道远，加快推进乡村治理现代化是实现乡村振兴的必由之路，应加快乡村由传统管理型向现代治理型转变，为乡村振兴和国家现代化建设提供基础保障。

（一）江西乡村治理推进情况

江西制定出台了《关于加强和改进乡村治理的实施意见》，从强化村党组织、健全村民自治机制、深化平安乡村建设、加强农村思想道德建设等方面提出了具体举措，基本形成现代乡村治理制度框架和政策体系。在日新月异的发展变迁中，乡村治理面临各种各样的新挑战，也随之形成了很多行之有效的新机制。发展的脚步从未停歇，如何进一步强化党建引领、完善乡村治理，不断满足人民群众对美好生活的需要？近年来，江西各地在创新乡村治理体系，走乡村善治之路方面不断探索出新做法、新经验。

1. 形成一批可全面推广的经验模式

江西各地坚持实事求是、制度创新驱动，因地制宜总结探索乡村治理实现形式。积分制、清单制、数字化等乡村治理方式，让江西省乡村善治水平显著提升。截至 2023 年 6 月底，江西省创建全国乡村治理示范乡镇 6 个、示范村 57 个。一是党建引领：治理力量"统起来"。标准化规范化信息化建设农村基层党组织，加强村党组织领导，在乡村治理中党员起带头示范作用，带动群众全面参与。如大余县以村党支部引领为重要抓手，构建"党组织+自治+法治+德治"乡村治理体系；井冈山市立足红色资源优势，推进"党建+红色治理"项目建设，在乡村党群服务中心的基础上打造"红色讲习所"、实施"红色工匠"工程，实现党组织一呼百应，群众有求必应。全省各地因地制宜、精准施策，夯实乡村治理根基。二是三治融合：治理体系"融起来"。用"自治"激发活力。如新余市渝水区建立"阳光村务小微权力清单、便民服务'渝快办'清单、美好家园共同缔造清单"三张清单，厘清基层组织权责边界，提升基层服务水平，提高治理效能。用"法治"增强定力。如南昌县培养农村"法律明白人",行政村(社区)配备法律顾问,律师定期走访;开辟妇女、老年人、残疾人等特殊群体法律援助绿色通道;成立行业性调解委员会14个,组建县、乡、村三级人民助调团;成立章荣调解室、幽兰乡贤调解团等民间调解队伍,打通公共法律服务"最后一公里"。用"德治"促乡风文明。如樟树市永泰镇车埠村开展家风家训创建活动,全村共梳理出家训648条,将家训在村内公示并张贴在各家门口,该村2022年被评为"全国民主法治示范村";赣州石城县制定《移风易俗倡议书》,将其纳入村规民约,村民签订移风易俗承诺书,全县155个村民理事会发挥监督作用,并组建移风易俗类志愿服务队283支,设立移风易俗宣讲项目,打造了"请客不收礼""节俭办宴席"等乡风文明品牌。三是数字支撑:治理效能"提起来"。江西聚焦数字化转型,着力构建农业农村综合信息服务智能化体系,运用大数据提升治理现代化水平,全力推进"5G+长效"管护平台建设。如上饶市玉山县通过"玉农优品"平台,开拓合作社区网点,配送体系覆盖全部乡镇和95%行政村;新余市各县(区)成立农村产权交易中心,借助数字化平台,涉村资产资源实行"线上"进场交易,有效实现了农村集体资产的保值增值,防止农村集体资产流失。

2. 乡村治理全国试点单位工作有序展开

鹰潭市余江区和南昌县,新余市渝水区、铅山县、大余县等地入选全国乡村治理体系建设首批试点单位,试点单位工作有序展开,试点单位全部制定和修订村规民约,因地制宜制定了村庄长效管护管理、畜禽圈养管理、物业进乡村等管理办法,试点单位打造成可全面推广的乡村治理经验模式。

3. 部署重点任务推进法治乡村建设

"联村共治、法润乡风"的"寻乌经验",创新基层社会治理的生动实践：一是法治力量沉下去。建立帮扶联系机制，组建"123"法律服务团队，采取"定期+预约"方式，进行法治宣传，提供法律服务，协助化解矛盾。二是客家矛盾客家调。把客家祠堂打造成基层善治阵地，"小阵地"发挥"大作用"。三是多元化解促和谐。设立"访调诉"一站式服务中心，采取"重点部门常驻、一般部门轮驻、涉事部门随驻"方式，实现矛盾纠纷化解"只进一扇门、最多跑一地"，打造县内矛盾纠纷的"终结地"。四是红色治理聚合力。弘扬"寻乌调查"唯实求真精神，用好调查研究"传家宝"，破解问题短板。"寻乌经验"是江西乡村治理的创新探索，《关于加强和改进乡村治理的实施意见》结合江西乡村治理实际与基层治理要求，提出了13项重点任务，推进法治乡村建设。

4.推广发挥示范典型引领作用

以乡村经济发展为支撑，以基层组织为引领，以创新完善治理体系为目标，推进乡村治理向纵深发展。各设区市都制定了具体办法措施，将乡村治理工作纳入经济社会发展总体规划和乡村振兴战略规划中，作为每年市、县、乡党委书记抓基层党建述职评议考核的重要内容。抓好试点示范，边试点、边总结、边推广，努力打造乡村治理典型案例，充分发挥典型示范引领作用。

（二）江西乡村治理典型案例

1.南昌市南昌县：推进"四民"融合促进治理有效

南昌县乡村治理以"三化三联"聚民心，保民安、促民生、淳民风，促进乡村治理不断提升，探索具有南昌县特色乡村治理新途径。

第一，"三化三联"聚民心，提升乡村治理战斗力。一是以"三化"促建设，巩固组织凝聚力。首先，以"三化"促进制度建设，提升战斗力，制定出台《南昌县村（社区）党组织书记县委组织部备案管理实施办法（试行）》。其次，以"三化"促进支部建设，提升组织力。实施基层党组织创建七大专项行动，建成了一批多功能活动场所。最后，以"三化"促进队伍建设，提升凝聚力。推动村干部队伍结构更优、素质更高、活力更强。二是以"三联"促进服务，增强干群沟通力。首先，党员联系群众。健全党员干部联系服务群众机制，深入开展"服务代办"活动，以党群服务中心为载体，搭建"党员志愿服务"队伍，基本实现农民办事不出村。其次，人大代表联系选民。人大代表下沉到村，定期召开选民座谈会，收集群众意见，增强政府公信力。最后，网格监督员联系村民。设置网格监督员，密切联系村民，了解民情民意。

第二，多措并举保民安，增强乡村治理保障力。一是成立县级综合治理"实战"中心。成立县级社会治理事务中心（综治中心），将8个机构整合成立1个中心，发现问题环节与解决问题环节互通，对民安类诉求县城全域范围实行统一分流交办、闭环管理、考核评价。二是建立覆盖全域网格管理体系。建立专职网格监督员队伍，县、乡、村三级干部下沉到网格，把职能部门作为报到单位，实行专人包干负责制，实现了问题收集、部门办理、群众参与的良性循环。三是创新矛盾纠纷调处机制。从不同维度有序衔接人民调解、行政调解、司法调解、诉讼服务，矛盾纠纷处理实现了"一个门进出、一揽子调处、一站式服务"。

第三，真抓实干促民生，稳定乡村治理原动力。一是推进产权制度改革，提升农民归属感。积极深入推进农村集体产权制度改革，摸清村级集体家底，确认集体经济组织成员身份，落实集体成员赋权。二是发展壮大集体经济，提升农民获得感。规范管理"三资"，发展农村集体经济，聚"六力"促"六变"，"空壳村"实现全面"脱壳"，坚持因地制宜，因村施策，打好"组合拳"，驱动村集体经济"脱壳""蝶变"。三是推进乡村建设行动，提升农民幸福感。村庄规划集中推进。村"三拆三清"村庄整治行动集中开展，实现统一规划、风格和谐、功能宜居的新村貌；全力推进人居环境整治，精心打造美丽乡村建设。

第四，守正出新淳民风，彰显乡村治理引领力。一是"一约四会"易风俗，引领乡风文明风尚。推行"一约四会"管理机制，实现群众"自我管理、自我服务、自我教育、自我监督"，促进乡风文明。村规民约强规矩。全县范围内行政村均建立健全了村规民约；"四会"组织育新风，"四会"结合各村形成了管理依村规、办事找"四会"的新风尚。二是树道德榜样人物，引领乡风崇德向善。挖掘先进典型，评选"昌南好人""昌南新乡贤"；发挥榜样引领作用；营造崇德向善氛围，在"文明南昌县"微信公众号设置"昌南正能量"等专栏，集中宣传典型人物先进事迹。三是运用红黑榜积分，引领乡村善智达情。乡村"大问题"采用积分与红黑榜相结合的形式解决，定期公布"红黑榜"，黑榜人实行动态管理；积分兑奖励，按每次红榜名单人员积 1 分，全年每分可以领取 10 元等额礼品，推动解决乡村"大问题"。

2. 新余市渝水区：推进农村集体产权数字化管理，夯实乡村治理基础

渝水区全面清理农村集体资产资源，建立以区农村产权交易中心为龙头的城乡统一的农村集体资产资源交易市场体系，积极推进管理数字化，解决乡村治理中的难点、焦点和堵点问题，保障了村民、村集体和承包方利益，提升了经济效益和社会效益。

第一，架构组织体系，打造产权交易市场"三级体系"联动机制（见图 2-9）。渝水区农村集体产权交易体系不断完善，区、乡、村三级全程联动。一是区级设立综合平台。依托新余市振兴农村产权运营管理有限公司成立区农村产权交易中心，专班组团，单独办公，独立核算；中心提供各类农村产权流转交易服务，负责交易规则制定、交易申请受理、交易信息发布等工作。二是乡镇设立服务窗口。全区 17 个乡（镇、街道）依托农经站设立专门的农村集体产权交易服务窗口，负责前期工作,例如信息传送、业务培训、交易申请、资料初审等。三是村级设立信息服务室。全区182个行政村设立信息服务室,配有信息管理员,建立村级平台,负责产权流转信息收集、统计上报以及产权标的现场勘测等工作。四是建立微信公众号。发布政策,解决疑难困惑。

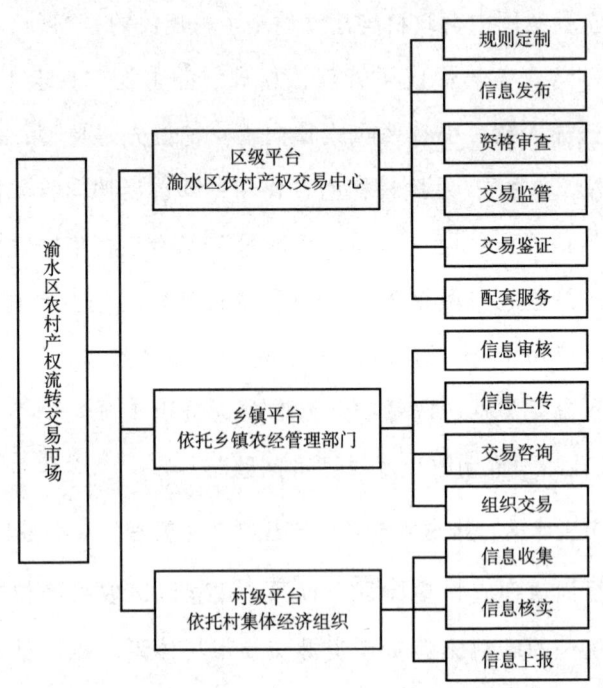

图2-9 渝水区农村产权流转交易市场"三级体系"市场架构示意

资料来源:国家乡村振兴局:《江西省新余市渝水区:推进农村集体产权数字化管理 夯实乡村治理基础》。

第二,清理"两资"底细,建立村集体产权"数字化"永久档案。全面清理集体资产资源权属,造册登记集体资产资源,建立健全电子信息档案,每宗集体资产资源的"身份"清晰明确,登记载明产权所有归属、坐落具体位置、规格大小、性质结构、资金投入、取得期限及使用特征等基本情况,建立数据信息库,实现了"数字化"信息监测管理和信息共享,建立了农村产权交易预警机制,有效防止了农村集体资产资源流失。

第三，应用互联数字，推行村集体资产资源"网上竞拍"交易。利用农村产权交易中心整合大数据的优势，依照《渝水区农村产权交易市场管理办法（试行）》等文件规定，农村集体资产资源交易信息在网上进行集中展示，依托平台"统一访问、分类汇总、对口上报"程序，按照统一格式和编制要求组织上传，形成标准一致、信息互通、流程管理对接的农村产权交易合作网络，推行大数据全覆盖，让信息"飞起来"，让资产资源更有价值。

3. 赣州市大余县："时间银行"助推乡村善治

近年来，大余积极创新探索基层治理方式，首创"时间银行"积分制新模式，以"时间币"为桥梁，连接积分与时间，通存通兑互换服务时间与志愿服务，"时间换积分，积分换服务"，厚植善治土壤，着力构建乡村善治新格局。

第一，激发活力，"时间银行"压茬推进。一是注重党委领导。坚持各级党委全面领导"时间银行"推进工作，党员干部带头参与"时间银行"工作，发挥党员干部的先锋模范作用，强化了基层党组织在乡村治理中的领导地位。二是注重广泛宣传。利用多种形式宣讲"时间银行"运行模式，打消群众思想和行动上的疑虑。三是注重村民自治。让农民群众参与"时间银行"各环节的商定，广泛征求听取群众的意见与建议，强化村民主人翁意识，提高村民自我管理、自我教育、自我约束的能力，实现精神文明水平提升。

第二，定性定量，"时间银行"明德育人。一是制定细则。完善积分细则，从"积美、积孝、积善、积信、积勤、积俭、积学"7个方面进行量化，提高细则的可操作性。以村民服务需求为导向，制定服务选项；根据实际服务时长，设定时间与服务的兑换标准，通过服务时间与服务的互换，将公德行为内化为习惯。二是实现积分和时间的互通互换。再到"时间银行"办理"储蓄存折"，积分可定期到"积分超市"兑换物资；农户或志愿者提供服务获取时间，存入"时间银行"，存入的时间可用于兑换志愿服务或捐赠给需要帮助的储户。

第三，打破局限，"时间银行"开拓创新。一是全县推行，打破地域局限。在村"时间银行"试点建设完成的基础上，向11个乡镇全面推行"时间银行"建设，全县统一品牌，村以支行形式运行，实现了跨区域办理、就近能办的目标。二是政策反哺，打破激励局限。打破物质激励和精神激励的局限，开展一年一度储户"评优评星"活动，实施"三奖"政策反哺，树立"好人好报、德行天下"的价值导向。三是智能助力，打破线下局限。建立"时间银行"数字平台，建立县、镇、村三级管理账号，"积分储蓄存折"转换成电子存折，积分兑换、积分登记、积分统计、积分归档在平台进行，积分情况实现全村皆知，构建广覆盖、快响应、速登记的管理体系。四是工作结合，打破常规局限。坚持"时间银行"与重点工作结合，联通多个领域，实现多领域各项工作互进互促。

第四，规范护航，"时间银行"行稳致远。一是成立"一组一会一场所"。成立镇级"时间银行"积分制工作领导小组，负责推进建设村级"时间银行"，成立村级积分评议委员会，评议审核"七积"积分和志愿服务时间，负责季度"优秀家庭"和年度"星级家庭"推举，成立积分超市，统一标识、标牌，落实线下兑换网点，确保"时间银行"正常运行。二是建立完善"1+2+3"制度。建立健全人员管理制度，明确积分超市职责分工，建立专业志愿服务人才库，保障"时间银行"人才需求；健全积分超市物资接收、积分超市物资兑换两项制度，确保"积分超市"物资丰富，进出平衡；制定积分使用管理办法、积分兑换办法、积分奖励办法3项办法，确保物资兑换和时间兑换公平、公正、公开。三是推行"3榜积分"。依据月积分排名红榜公示积分排名前列家庭，黑榜曝光积分排名靠后家庭，并确定专人进行重点对接帮扶；依据年度积分，对各村年度积分榜总积分、总服务时间排名前三的家庭进行奖励。

4.上饶市铅山县：激活村民小组打通"神经末梢"

铅山县以村民小组（自然村）为重心开展"微治理"，打通治理"神经末梢"，解决乡村治理中的重点、难点、盲点，实现乡村治理与乡村振兴协调推进。

第一，打通治理末梢，实现从"一处美"到"处处美"。铅山县以村民小组（自然村）为主体，以"微单元"治理建设为主，建立村组议事会，组织架构全面覆盖，治理的实效性得到提升。一是积极引才，把议事会建起来。议事会设成员采取上级推荐和民主推荐相结合的方式产生。议事会会长可由"两委"干部或村民小组长担任，也可由议事会成员选举产生。二是制规立约，把议事会用起来。建立《议事会章程》，规范管理制度。三是强化引领，把议事会管起来。坚持农村基层党组织的领导地位，强化政治引领功能，选优配强村"两委"班子，加强村党组织对村民小组全部工作的领导，建立党小组或党支部、建立联合党小组或党支部。

第二，培育文明乡风，实现从"外在美"到"内在美"。一是常态化弘扬家规家训。弘扬和传承优秀家规家训家风，挖掘传统文化历史资源，发挥其教育功能。二是制度化推进移风易俗。整治农村不良习俗，制定可操作性强的规章制度。三是组织化推广志愿服务。以村组议事会为主导，引导有条件的地方组建志愿服务队。

第三，建立长效机制，实现从"当前美"到"长远美"。一是建立长效管护机制。发挥群众主体作用，全面落实村庄长效管护"五定包干"的要求。二是建立长效保障机制。按照县级主导、乡镇配套、村级自筹、社会捐助相结合的原则，多方筹集资金，整治村庄环境。三是建立长效激励机制。组织群众代表每年对议事会成员表现进行评议，表彰优秀议事会成员，并将其列为村"两委"后备干部人选。

（三）江西乡村治理存在的问题

1. 乡村治理主体多元化格局尚未完善

整体来看，江西乡村主体多元化格局并没有形成。一方面，现有的乡村治理主体之间内部结构不协调。随着乡村治理现代化的快速发展，乡村治理主体多元化，乡村治理主体也发生了变化，社会组织、个体经营者等群体日益发展，各主体之间需求不一致，活动方式也各有不同。如何协调处理各主体之间的矛盾，形成协调统一多元化格局，是目前乡村治理面临的最大难题。另一方面，乡村组织职能转变不够深入。此前，上级政府与基层乡村组织的关系是管理与被管理的关系，上级机关传达，乡村执行，是简单的单向互动。农民群众主体发挥不充分，村民参与乡村治理积极性不高，村民参与乡村治理的质量和水平都没有达到预期。

2. 农村人才队伍不健全

一是农村缺乏专业人才，不利于乡村治理。当前，江西农村缺乏专业化人才，懂政策、法律、管理、宣传的专业化人才尤为缺乏，乡村治理开展困难重重。农村既吸引不了专业人才到农村发展，又没有足够的条件留住专业人才，也无法有效阻止专业人才流失。二是农村人才结构不均衡，严重阻碍了乡村治理向纵深开展。目前，江西农村青年人才较少，城乡差异导致农村青年人才流失严重，城乡社会服务和保障体系差异比较大，城市高水平、高质量的教育、医疗、养老条件等吸引农村青年人才向城市发展，大量人才流向城市，造成农村人才短缺。同时，农村青壮年劳动人口和精英人士大量向城市转移，农村人口流入和流出之间比例不平衡，造成农村人才结构不均衡，难以适应现代化发展需求。

3. 自治、法治、德治能力有待提高

一是自治进展较为缓慢。目前，江西多数乡村自治执行不到位，村民对于个人权利缺乏使用，如对于知情权、表达权、监督权等，对于自己在乡村治理中的主体地位村民也缺乏认知，没有有效进行自主管理。二是法治机制运转不足。乡村矛盾纠纷大多是依靠亲缘关系或者地缘关系处理解决的，并没从根本上解决矛盾，导致矛盾越积越深，进一步恶化。同时，法治宣传形式过于单一，宣传程度也不够深入，没有充分考虑对象的差异性，为乡村提供法治服务的组织不足，良好的乡村法治环境没有形成。三是德治教化水平比较低。随着社会开放发展，多元文化冲击了传统的乡村道德伦理秩序，传统德治教化功能弱化了，而新的乡村道德规范并没有形成，使乡村德治约束力差，在乡村社会中威望不断降低。

4. 数字化乡村不成熟

农村数字化规划不全面，一些公共服务部门服务器经常会出现一些问题，大大降低了服务效率，农村数字化治理人才资源缺乏，人才队伍的实践经验也有限。数字化乡村治理的人才大多来自外部，政策执行也是参照数字化政策，没有突出乡村自身的特色，数字化与乡村治理很难深度融合。数字化推广与应用受阻。不成熟的数字化技术阻碍了数字乡村的建设，新的技术手段并没有让乡村方便起来。乡村居民的文化素养普遍不高，尤其是在老龄化加剧的状况下，数字化很难在乡村成功实践。

（四）推进江西乡村治理的对策建议

1. 构建多元化治理格局

构建多元化治理格局，必须厘清乡村治理各主体之间的关系，从而

激发各主体之间的积极性,提高乡村治理能力。一方面,发挥各主体的优势,激发各主体之间的创造性。基层党组织解决好党组织面临的各项问题,丰富基层党组织工作理论体系,把握乡村治理多元化格局的大方向。村民是乡村治理重要部分,要激发村民参与乡村治理的意识。另一方面,乡村治理主体之间的协同合作能力要不断提升,各主体之间要加强沟通,形成良性循环,共同推进乡村治理多元化格局的形成。

2. 加强乡村治理人才队伍建设

一是培养专业人才。制定专业人才培养规划,制定出台专业人才培养相关政策,制定培养专业人才计划,提高现有人才综合素质和专业化水平。出台相关政策吸引人才、留住人才,吸引更多专业人才到农村来,增强专业人才的稳定性。二是优化农村人才结构,搭建人才梯队,确保年龄结构、性别结构等科学合理。三是培养普通群众,重视从群众中发掘人才、用好人才,才能使乡村治理拥有源源不断的人才支持。

3. 提升自治、德治、法治的治理能力

一是增强乡村村民治理活力。构建村民自治、监督评价体系,建立健全科学有效的群众参与治理体系,乡村自治的基础,培育乡村治理主体执行能力,提高村民参与乡村治理的积极性。二是依法治理。开展法治宣传活动,利用现代化技术方式,创新法律服务模式,提高村民法治意识,为乡村治理筑牢法治保障基础。三是重塑乡村道德新秩序。充分了解各乡村传统习俗文化,取其精华与现代化建设相结合。激活乡村传统文化,重视德治作用,加强宣传社会主义核心价值观,学习宣传优秀传统文化,并结合新时代新要求,建立健全新的乡村伦理道德。

4. 加大数字化乡村覆盖面

实现乡村治理现代化转型,要树立数据思维理念,提升乡村治理创新能力。推进数字化改革,率先形成与数字变革时代相适应的生产方式、生活方式、治理方式，更好地推动高质量发展、高水平均衡、高效能治理、高品质生活。并且采用多个试点实施，吸取实践的经验，带动乡村治理方式根本性转变；不断进行数字化科技创新，与地方乡村的农业农村特色相结合，实现数字化完全嵌入乡村治理。

六　在新型城镇化中推进县域共同富裕

新型城镇化是我国现代化建设的重要内容，也是促进县域共同富裕的有效途径。县域是城乡融合发展的重要空间载体，是实现乡村振兴和城市高质量发展的重要纽带。在新型城镇化中推进县域共同富裕，要充分坚持以人民为中心的发展思想，充分尊重和保障城乡居民的合法权益，也要坚持产业发展、人才支持、社会保障、生态环境等方面的耦合推进。

（一）新型城镇化与共同富裕的耦合机制

新型城镇化是以人为核心、以提高城镇化质量为目标、以推进城乡一体化为重点、以促进经济社会协调发展为根本、以保障和改善民生为基础、以生态文明建设为导向的城镇化模式。新型城镇化是实现共同富裕的重要途径，也是共同富裕的重要内容。新型城镇化与共同富裕之间存在密切的耦合机制，主要表现在以下四个方面。

1. 产业结构优化升级，提供物质基础

新型城镇化可以通过扩大市场需求、促进技术创新、提高劳动生产率、增强区域协调发展等途径，推动产业结构由低端向高端、由粗放向集约、由单一向多元转变，形成以高技术产业、现代服务业和战略性新兴产业为主导的产业体系，提升经济发展的质量和效益，增加社会财富的总量和人均水平。这样可以为共同富裕提供充足的物质基础和物质条

件，使人民群众享受到更多的经济成果和发展红利。

（1）扩大市场需求，促进产业结构由低端向高端转变。随着城镇化水平的提高，城镇居民的收入水平和消费能力也会相应提高，从而带动更多的高附加值、高品质、高技术含量的产品和服务的需求。这就为产业结构向高端升级创造了有利的市场环境，激发了企业的创新动力和竞争力，促进了产业技术水平的提升和产品质量的改善。

（2）促进技术创新，推动产业结构由粗放向集约转变。新型城镇化不仅要求城市规模的扩大，更要求城市功能的完善、城市管理的智能化、城市生活的便利化。这就需要大力发展信息技术、数字技术、网络技术、人工智能等新兴技术，实现城市建设和管理的数字化、智能化、绿色化。这些新兴技术的应用和发展，不仅可以提高城市资源利用效率和节约成本，还可以带动相关产业的发展和升级，形成以信息技术为核心的现代服务业和战略性新兴产业。

（3）提高劳动生产率，促进产业结构由单一向多元转变。新型城镇化不仅要实现农村人口向城镇转移，更要实现农村劳动力向非农产业转移，提高农村劳动力素质和就业能力。这就需要加强教育培训和职业指导，提升农村劳动力的知识水平和技能水平，使其能够适应不同行业和岗位的需求。同时，也需要完善社会保障制度和公共服务体系，保障农村劳动力在城镇就业和生活的权益。这样既可以提升农村劳动力在非农产业中的参与度和增加收入水平，又可以拓宽非农产业的就业空间和发展空间。

（4）增强区域协调发展，推动产业结构由单一向多元转变。新型城镇化要求均衡发展大中小城市和小城镇，形成合理的城市体系和空间布局。这就需要加强区域间的交流合作，优化区域间的分工协作，实现区域间的互补发展。这样既可以充分发挥各地区的比较优势和潜力，又可以促进各地区的产业多样化和差异化，形成以高技术产业、现代服务业和战略性新兴产业为主导的产业体系。

2. 人口红利转化为人才红利，提供人力资源支撑

新型城镇化可以通过完善户籍制度、推进公共服务均等化、加强教育培训等措施，实现农业转移人口的市民化，提高城镇居民的教育水平和技能水平，增强劳动者的创新能力和创业能力，促进人口红利向人才红利转变，提高人力资本投资的回报率，增加劳动者的收入水平和财富积累。这样可以为共同富裕提供强大的人力资源支撑，使人民群众拥有更多的发展机会和发展空间。

（1）通过新型城镇化完善户籍制度。户籍制度是影响农业转移人口市民化的重要因素，也是影响城乡公共服务均等化的关键环节。目前，我国户籍制度还存在一些不合理的规定和限制，导致农业转移人口在城镇中享受不到与本地居民同等的权利和待遇，影响了他们的社会融入和生活质量。由此，新型城镇化过程中需要进一步放宽户籍准入条件，简化户籍迁移手续，扩大农业转移人口在城镇中的就业、教育、医疗、社保等方面的权益保障，促进他们与城镇居民的平等交往和互动。

（2）以新型城镇化推进公共服务均等化。公共服务均等化是实现社会公平正义的重要内容，也是提高城乡居民福祉的有效途径。目前，我国城乡公共服务水平还存在较大差距，尤其是在教育、医疗、养老等方面，农业转移人口和城镇低收入群体面临着较大的困难和挑战。因此，新型城镇化需要加大对基础公共服务的投入和供给，建立覆盖全体居民的基本公共服务体系，缩小城乡公共服务差距，提高公共服务质量和效率，满足城乡居民多样化和个性化的需求。

（3）在新型城镇化中加强教育培训。教育培训是提高劳动者素质和能力的重要手段，也是促进人口红利向人才红利转变的关键因素。当下我国劳动者的教育水平和技能水平还有待提高，尤其是农业转移人口中的低技能、低收入群体，他们在城镇就业中面临着较大的竞争压力和发展困境。由此，新型城镇化需要加强对劳动者的教育培训工作，建立终身学习体系和职业技能培训体系，提供多元化和灵活化的学习机会和途径，提升劳动者的知识结构和技能结构，增强劳动者的适应能力和竞争力。

（4）通过新型城镇化增强劳动者的创新能力和创业能力。创新能力和创业能力是提高人力资本投资回报率的重要条件，也是实现共同富裕的有效途径。当前我国劳动者的创新能力和创业能力还有较大的提升空间，尤其是农业转移人口中的年轻一代，他们有着较强的创新意识和创业愿望，但受到制度、环境、资金等方面的制约和限制。因此，新型城镇化需要增强对劳动者的创新支持和创业扶持，建立健全创新激励机制和创业服务机制，营造良好的创新氛围和创业环境，激发劳动者的创新活力和创业热情。

3. 社会保障体系完善和公平正义实现，提供制度保障

新型城镇化可以通过建立覆盖全民的社会保障体系、推进收入分配制度改革、加强社会组织建设等举措，实现城乡居民在基本养老保险、基本医疗保险、最低生活保障等方面的均等享有，缩小收入差距和财富差距，增强社会公平正义感，提高社会福利水平和分配效率。这样可以为共同富裕提供有力的制度保障和制度优势，使人民群众享受到更多的社会福利和社会公平。

（1）建立覆盖全民的社会保障体系。建立包括基本养老保险、基本医疗保险、失业保险、工伤保险、生育保险等五大社会保险，以及低保、农村五保、特困人员救助等社会救助在内的覆盖全民的社会保障体系。可以有效地解决城乡居民的基本生活问题，保障他们的基本权利和尊严，促进他们的社会参与和融入。同时，要实现城乡居民在社会保障方面的均等享有，消除城乡二元结构和户籍制度带来的不公平和歧视，建立统

一的社会保障制度和标准，实现城乡居民的同权同待。

（2）推进收入分配制度改革，缩小收入差距和财富差距。当前我国的收入分配存在一些不合理和不公平的现象，引致了社会贫富差距的扩大，造成了社会的不稳定和不和谐。由此，需要加快建立科学合理的收入分配制度，调整收入分配结构，扩大中等收入群体，提高低收入群体的收入水平，增加劳动者的收入份额，促进收入公平和社会公平。

（3）加强社会组织建设，增强社会公平正义感。社会组织如慈善组织、志愿者组织、行业协会、商会等可以发挥多种功能，如提供公共服务、维护群体利益、促进社会创新、监督政府行为等。通过参与社会组织活动，城乡居民可以增强自身能力和素质，拓展社交网络和资源，实现个人价值和发展。同时，通过社会组织的协调和调解，可以有效地解决一些社会矛盾和问题，增进社会信任和团结，提高社会公平正义感。

（4）提高社会福利水平和分配效率。提高教育、卫生、住房、文化、环境等社会福利水平，可以增加城乡居民的消费能力和需求，促进经济增长和社会发展。提高社会福利分配效率，可以优化社会资源的配置，降低社会成本和减少浪费，实现社会福利的最大化。通过提高社会福利水平和分配效率，可以为共同富裕创造有利的条件和环境，使人民群众享受到更多的社会福利和社会公平。

4. 生态环境改善和绿色发展实现，提供生态支撑

新型城镇化可以通过推进节能减排、优化空间布局、建设生态文明城市等方式，实现城镇化发展与生态环境保护的协调统一，提高生态环境质量和资源利用效率，增强绿色发展能力和生态文明水平。这样可以为共同富裕提供良好的生态支撑，使人民群众享受到更多的生态福祉和生态美好。具体来说，新型城镇化可以从以下几个方面促进生态环境改善和绿色发展。

（1）加强县域节能减排，降低碳排放强度。县域是城乡一体化的重要载体，也是实现低碳发展的关键领域。新型城镇化要推动县域低碳转型，通过提高能源效率、发展清洁能源、推广绿色交通、建设低碳社区等措施，实现县域能源结构优化和碳排放降低，为全球应对气候变化做出贡献。

（2）优化县域空间布局，保护自然资源和生态系统。县域是城乡融合的重要空间，也是自然资源和生态系统的重要组成部分。新型城镇化要坚持以人为本、因地制宜、因地施策的原则，合理划定县域发展边界，控制县域无序扩张，保护耕地、森林、湿地等重要生态空间，构建以自然为基础的绿色基础设施，提升县域生态服务功能。

（3）打造县域生态文明，提高县域环境质量。县域是城乡居民居住和工作的场所，也是城乡居民健康和幸福的重要因素。新型城镇化要坚持绿色发展理念，通过加强污染防治、改善水环境、增加绿色空间、提升垃圾处理等措施，实现县域环境质量持续改善，为城乡居民创造舒适宜居的生活条件。

（4）培育绿色发展文化，提高县域居民生态素养。县域是文化传承和创新的载体，也是社会文明和进步的标志。新型城镇化要坚持以文化为灵魂，通过加强生态教育、普及绿色理念、弘扬绿色风尚、营造绿色氛围等措施，实现县域居民生态意识提升和生态行为改变，为建设美丽中国奠定坚实的社会基础（见图2-10）。

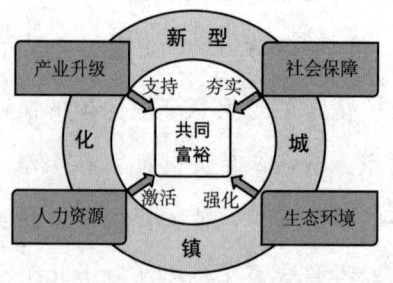

图2-10 新型城镇化与共同富裕的耦合机制

（二）江西省城乡差距及其趋势

进入新时代，城乡发展差距成为我国实现共同富裕的最大短板。我国农村人口数量多、农民收入水平偏低、结构不优等情况，导致城乡发展差距依然较大。促进共同富裕最艰巨、最繁重的任务仍然在农村，关键群体是农民。要充分利用我国制度优势，结合新型城镇化与乡村振兴两大战略，采取综合举措，全面缩小城乡发展差距，走城乡共同富裕之路，助力实现中国式现代化。

城乡之间的差距不仅体现在居民收入水平上，还体现在教育、医疗设施、社会保障等方面，其中最直接的城乡差距就表现在城乡居民的收入差距上。缩小城乡差距，缩小城乡收入差距至关重要。所以，为了更直接、更清晰地展现出江西省城乡之间的差距，本节主要围绕城乡居民收入相关的指标，选取了2013~2020年的相关数据对江西省城乡收入差距，对江西省城乡居民生活水平、城乡居民收入差距绝对值、城乡居民收入差距相对值、城乡居民收入增速四个指标进行分析。

1. 城乡居民生活水平不断提高

从图2-11可以看出，江西省城乡居民收入不断上升，城镇居民收入从2013年21873元上涨到了2020年的38556元，7年间也翻了将近1倍，农村居民收入从2013年的8781元上涨到了2020年的16981元，7年间也翻了将近1倍，反映出随着现代社会经济不断发展，江西省城乡居民的生活水平得到了一定的改善提升。

2. 城乡居民收入差距绝对值扩大

通过选取城乡居民收入差距来分析江西省城乡居民收入差距绝对值的变化情况。结合图2-11可以看出，虽然江西省城乡居民收入呈现不断上升的趋势，但其城乡居民收入差却由2013年的13092元增加至2020年

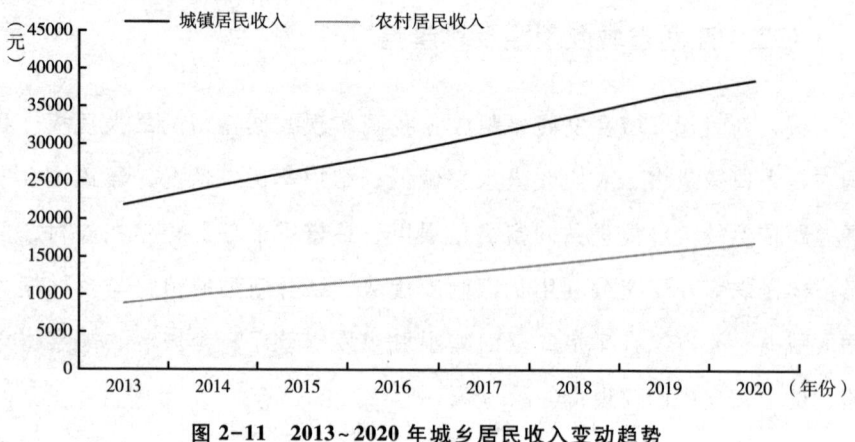

图 2-11 2013~2020 年城乡居民收入变动趋势

资料来源：历年《江西省国民经济和社会发展统计公报》。

的 21575 元，增长 65%，这在一定程度上说明江西省城乡居民收入差距绝对值在扩大，城乡居民收入差距绝对值的不断增加会一定程度上降低农村居民的有效幸福感，从而不利于共同富裕与全面建成小康社会目标的实现。

3. 城乡居民收入差距相对值逐渐减小

通过选取城乡居民收入比值以及其差距来分析江西省城乡居民收入差距相对值的变化情况。从图 2-12 可以得出 2013 年开始，江西省城乡居民收入比持续变小，这表明，城乡居民收入差距呈现逐渐减小的趋势。

通过选取江西省相邻省市的城乡居民收入比，分析江西省与相邻省市城乡居民收入差距的变化情况。结合图 2-13 可以看出，从 2013 年到 2020 年，江西与相邻省的城乡居民收入比整体上呈现逐年降低的趋势，且都低于全国平均水平。其中，浙江省的城乡居民收入比远低于其他省，广东省、湖南省的城乡居民收入比略高，江西省的城乡居民收入比处于中间水平。因此可以看出，江西省城乡之间的差距小于全国的平均水平，

第二章 县域新型城镇化与乡村全面振兴

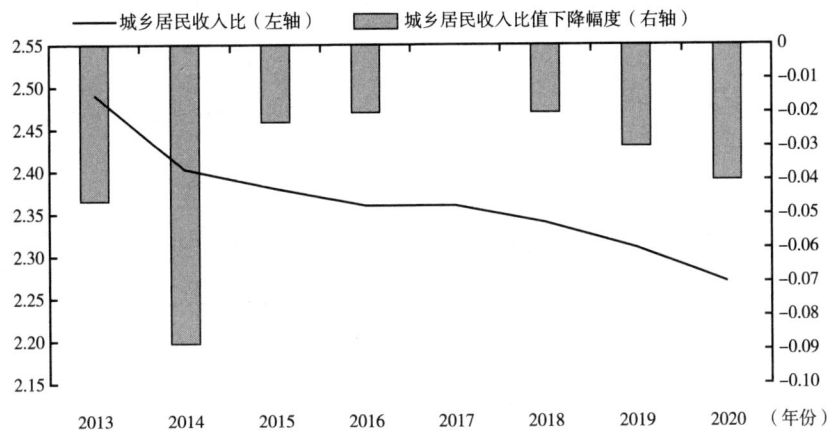

图 2-12　2013~2020 年江西省城乡居民收入比值及差值

资料来源：历年《江西省国民经济和社会发展统计公报》。

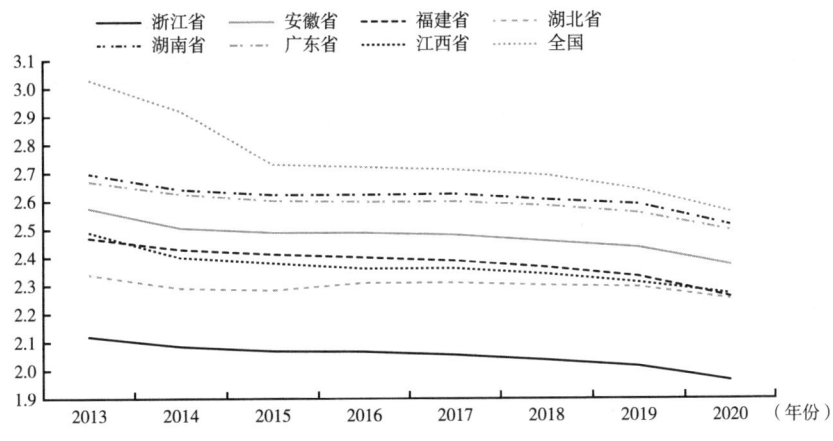

图 2-13　2013~2020 年江西省及相邻省城乡居民收入比

资料来源：历年各省《国民经济和社会发展统计公报》。

但又大于浙江省、湖北省。

如图 2-14 所示，2013~2020 年，江西省 11 个市的城乡居民收入比总体上呈现逐年降低的趋势。在这 11 个市中，赣州市的城乡居民收入比最高，萍乡市的城乡居民收入比最低；赣州、上饶、吉安、九江的城乡居民收入比均高于江西总体水平,其余7个市的城乡居民收入比均低于江西总体水平。由此可以看出,为了进一步缩小江西城乡之间的差距,需要着重缩小赣州、上饶、吉安、九江的城乡居民收入之间的差距。

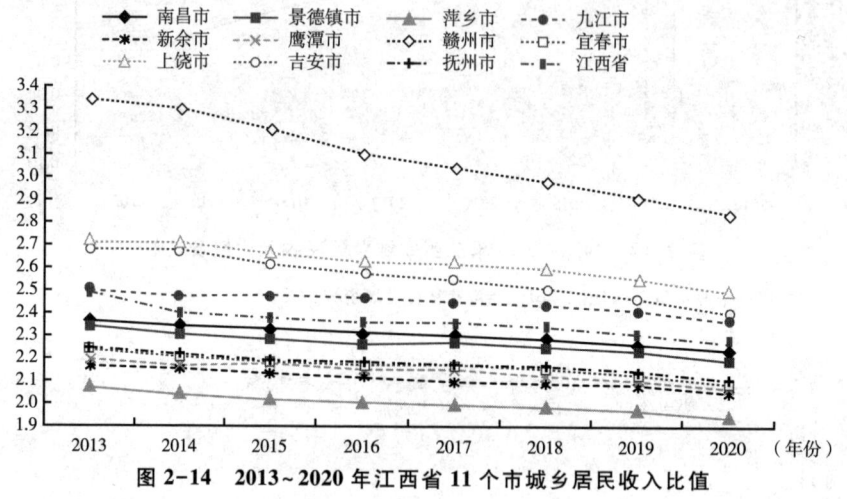

图2-14 2013~2020年江西省11个市城乡居民收入比值

资料来源:历年《江西省统计年鉴》。

通过选取江西省一部分县的城乡居民收入差距来进一步分析江西省城乡居民收入差距。如图2-15可见,从2013年到2020年,11个县的城乡居民收入比总体上呈现逐年降低的趋势。2016年及之前,赣州市信丰县的城乡居民收入比高于江西省的平均水平,2017年及之后,11个样本县的城乡居民收入比均低于江西省的平均水平。其中,赣州市信丰县的城乡居民收入比最高,抚州市南丰县的城乡居民收入比最低。尽管如此,每个县的城乡居民收入比还是有一定差距,为了进一步缩小江西城乡之间的差距,需要缩小各个县之间的城乡居民收入之间的差距。

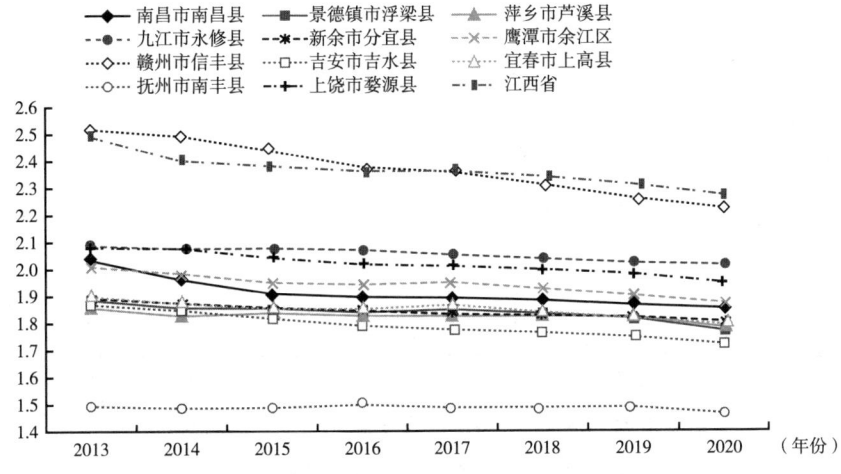

图 2-15　2013~2020 年江西省 11 个县城乡居民收入比值

资料来源：历年《江西省统计年鉴》。

4. 城乡居民收入增速持续降低

在江西省城乡居民差距绝对值显著扩大的背景之下，城乡居民收入增速呈现持续降低的态势。从图 2-16 可以发现，2013 年以后江西省农村居民收入增长率一直高于城镇居民收入增长率，这在很大程度上是由于党的十九大提出乡村振兴战略，激发了农业经济的发展潜力。但江西省城乡居民收入增长率并没有呈现显著上升的趋势，反而出现了明显放缓甚至下降的态势。由此可以看出，在实现共同富裕的进程中，江西省面临着城乡居民收入增速持续降低的问题。

总体来看，当前江西省城乡之间的差距处在不尽合理的范围内，如果继续保持目前的扩大趋势，就会破坏当前社会环境的和谐安定，无法实现共享式增长，极大程度阻碍自身经济的稳定发展。为了进一步推进新型城镇化战略与乡村振兴战略的实施，实现发展成果由人民共享，促进全体人民共同富裕，江西省政府需重视城乡收入差距绝对值过大这一现实。

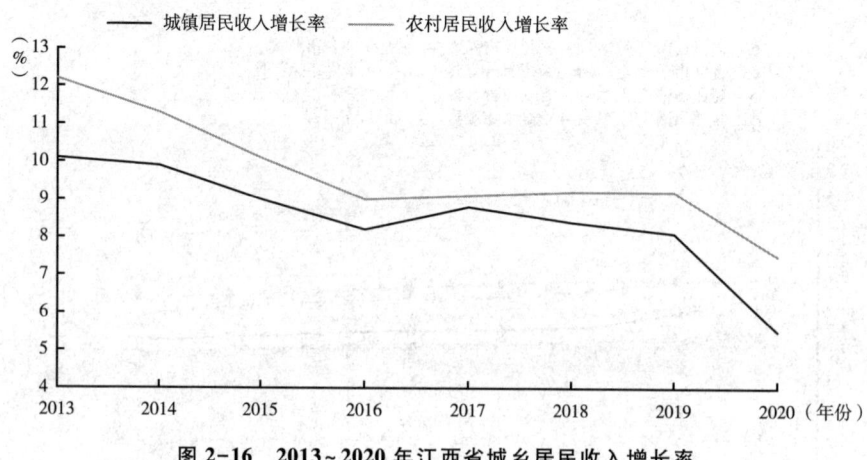

图 2-16　2013~2020 年江西省城乡居民收入增长率

资料来源：历年《江西省国民经济和社会发展统计公报》。

"木桶原理"告诉我们，一只木桶能盛多少水，取决于最短的那块木板，这块短板就成为木桶容量的限制因素，亦称短板效应。江西作为农业大省，农业经济对于其经济增长及居民收入提高发挥着重要作用。因此，江西更要以强烈的责任感、紧迫感，加快缩小城乡居民收入差距、推进新型城镇化战略，提高农村居民收入水平，为确保全省经济社会发展大局稳定提供有力支撑。

（三）典型案例、经验与问题

县城作为城乡融合发展的关键纽带，向上可以连接大中城市、向下可以服务乡村，是推进新型城镇化的重要载体，县域新型城镇化是推进共同富裕的重要路径。

1. 在新型城镇化中推进县域共同富裕的典型案例

（1）在新型城镇化中推进县域共同富裕——以江西省南昌县为例

一是南昌县依靠其优越的自然环境，打造了特色农产品——鸭子。在南昌，光一只鸭子就可以做出 20 多种菜品，豫章酥鸭、南昌啤酒鸭、向塘酱鸭等。除了各式各样的美味菜品，南昌县还打造了酱卤鸭的上市公司，实现了从解冻清洗、卤制熟化、快速冷却、储运包装的自动化操作。目前，南昌县的酱卤产业已在江西培育联结了 27 个肉鸭养殖合作社，带动全省养殖农民达 3 万户。如今还形成了集种鸭养殖、鸭苗孵化、屠宰加工、产品销售于一体的鸭子全产业链；共有水禽深加工规模以上企业 14 家，年产值超 50 亿元。

二是始终坚持产业发展的核心地位，构建三大主导产业（汽车及零部件、食品饮料、医药器材）、三大战略性新兴产业（集成电路、智能装备制造、新材料新能源）的"3+3"特色支柱产业发展体系。小蓝经开区已集聚了世界 500 强企业 17 家、上市公司 44 家（含"新三板"挂牌公司）、规上企业 259 家，拥有新型工业化产业示范基地、智能制造基地、战略性新兴产业集聚区等众多省级产业发展"金字招牌"，构建起了"以汽车及零部件产业为龙头，食品饮料、医药器材为支柱，集成电路、智能装备制造等战略性新兴产业为突破"的产业发展格局，唱响了江西汽车城、绿色食品城、医药器材城的品牌。数字经济实现破题建局，大量 5G 基站建设并投入使用，县城主城区 5G 信号实现全覆盖，飞尚科技入选工信部大数据产业发展试点示范项目。

三是市政公用设施提档升级。完成定岗大道、李埠一路（一期）和莲西大道立面改造工程建设；高质量完成新建道路政府采购安装 1854 套路灯、24 台变压器，完成东岳大道等道路 LED 中国结景观灯的采购安装 3000 套，完成澄湖东路等 18 条主干道"暗改亮"，共更换光源 2129 盏，全年共排除道路路灯故障点 81 处，修复故障电缆 8600 多米，故障变压器 16 台，城市道路黑化全覆盖；已完成砼道路浇筑 9350 平方米、道路白改黑 56577 平方米，铺设人行道 1594 平方米，安装（维修）管道 1497 米，安装（修复）路缘石约 900 米；完成了澄湖东路、雄溪河停车场和县体育馆人防工程停车场配套项目的建设，停车位共计 3030 个，现已对外开放使用，有效缓解了市民停车难问题。

四是不断推进公共服务设施建设，完成县人民医院外科住院部改扩建、内科大楼新建，"四卫一体"新妇保院、新血防站项目工程；进一步完善全县教育网点布局，推进优质教育资源均衡发展，新建、改扩建17所义务教育学校，不断加大教育信息化装备投入；加快农村公共体育设施建设，完善城区体育活动设施，全面完成社会足球场项目建设，县财政投入6000万元，完成了占地80亩的南昌县智慧体育公园建设；南昌县投入1680万元对县社会福利院进行全面改造提升，将其打造成突出护理功能的综合养老院，投入8000余万元，采取"一院一案"方式，对全县16个乡镇敬老院进行提升改造。

(2) 在新型城镇化中推进县域共同富裕——以江西省奉新县为例

一是抢抓数字经济蓬勃兴起、发达地区产业外溢、领军企业"二次创业"机遇，国内龙头企业国轩高科奉新项目有序推进，世界级头部企业宁德时代投资118亿元建设锂电材料及配套尾渣库项目，实现百亿元项目零的突破，一批"5020"项目纷纷落户；聚焦新能源新材料、纺织服装、电子信息等主导产业链，沿链而进、沿链发展，大力实施创新平台倍增行动，推动产业发展逐步由资源依赖转向科技创新，拥有高新技术企业56家，省级"小巨人"企业5家，国家级专精特新"小巨人"企业3家，建成国家级创新平台2个，省级工程技术研究中心8个，省级"海智计划"工作站1家；新能源新材料产业成为奉新第二个省级产业集群，集聚了紫宸科技、飞宇新能源、宁新新材料等一批上下游企业，电子信息产业链不断发展壮大，安智光电等20余家电子信息企业集聚黄溪新区。

二是强化城市功能设施提升，夯实县城运行基础。完成19个老旧小区改造任务，G354奉新绕城段公路、长乐大道、奉新四中、县人民医院住院大楼等设施投入使用，推进中医院整体搬迁、县人民医院上富分院、县人民医院门诊大楼改造等项目；通过招商引资创就业、强化城镇基础设施和基本公共服务保障等措施，推进城镇化进程，县城已建成面积19.71平方公里，城镇常住人口11.02万人，城镇化率达62.2%，保障和改善民生力度持续加大，2022年，城镇居民人均可支配收入为42330元，同比增长5.4%，农村居民人均可支配收入为22877元，同比增长6.8%。

三是昌铜高速奉新段、环城南路、环城北路等一批重大交通项目建成通车，以"建好、养好、护好、运营好"农村公路为标准，坚持高水平建设、全覆盖管养、一体化运营，全力打造"通村畅乡"路网建设升级版，农村公路总里程由2012年的1097.337公里增加到2021年的1729.628公里；大力推行"万村码上通"5G+长效管护平台，实现146个行政村全覆盖，顺利承办2022年全省乡村建设行动现场推进会，干洲镇入选全国重点镇，冯川镇入围全省综合实力百强乡镇，甘坊镇横桥村被列为全国"美丽乡村"创建试点，省级以上生态乡镇实现全覆盖。

（3）在新型城镇化中推进县域共同富裕——以江西省吉安县为例

一是城市框架不断延展，城北新区加速成型，形成以城聚产、以产兴城的格局，城市功能不断增强，将城市化的福利延伸到农村；推进农村人居环境整治向功能品质提升迈进，通过打造精品、培育示范，涌现了桐坪镇沙江村、梅塘镇陈坑村等一批有特点、有亮点、有看点的美丽新村；文明程度更高，打造中国传统村落6个、中国历史文化名镇1个，全县333个建制村（社区）均建有符合标准的综合性文化服务中心；聚焦防止返贫，探索建立了"一领办三参与"产业发展模式，直接带动脱贫人口1229人年收入增收5000元以上，带动209个村集体年增收912.4万元；聚焦改革引领，对县域内农民合作社实行规范管理一批、联合发展一批、示范建设一批"三大"体制机制改革，组建产业联合社32家，打造了梅塘镇原中源种养专业合作社、横江镇龙泉山庄等一批示范社，有效促进全县合作社高质量发展。

二是规划设计龙湖最美岸线等五大品质项目，打造城南大企业配套服务组团，建成4所学校和立讯医疗综合门诊部，实现员工子女就近上学、厂区内就医问诊；建设了"两馆一中心"、商会大厦、工人文化宫等公共场所，完善提升了学校、菜市场、停车场等一批服务设施；打造了禾河滨江休闲绿廊、君山湖湿地公园等休闲场所，建成庐陵大道、富川路等"样板街"，拆除违建2.4万平方米，市容市貌、交通秩序明显改善。

三是加快省级制造业高质量发展试验区建设，实施产业链链长制升级版，努力布局"千亿园区、百亿产业"发展矩阵；集聚全链条生产要素，促进现代服务业与先进制造业深度融合，持续打造光电线缆产业联盟、产业研究院、检验检测中心"三驾马车"；实施优质企业群体培育行动，引导中小企业精耕细分市场和专业领域；吉安高新区"主战场"以数字化转型为抓手，深耕数字视听、连接器件、光电线缆等基础赛道，抢占新能源风口赛道，重点打造稀土氧化物循环利用、装备制造、风光储新能源3个百亿产业集群；乡镇数字小微产业园"第二战场"着力壮大县域工业经济总量、增强乡镇造血功能、带动群众就近就业增收；低空数字经济产业园"第三战场"以桐坪"航空飞行小镇"为依托，促进"场、产、城、旅、校"五位一体协同发展，提前规划布局医疗、教育、水电气等公共服务配套设施，全力支持并服务保障好江西飞行学院落户，倾力打造吉安低空经济试验区核心区。

四是以现代农业示范园为资源要素集聚平台，打造绿色果蔬、有机高品质蔬菜优质生产示范区，成功创建省级现代农业产业园；加快"井冈山"农产品区域公用品牌子品牌建设，坚持标准化、规模化、品牌化发展；高标准改造提升井冈蜜柚（蜜橘）、横江葡萄基地4000亩，新增水果开发规模7500亩，持续巩固"一乡一业"产业发展格局；精准招引一批农产品加工、冷链物流等强链补链延链项目，推动实现产品加工化、企业龙头化、发展融合化。

2. 案例分析和经验总结

（1）案例分析

南昌县、奉新县、吉安县作为江西省新型城镇化建设示范县，是江西省在新型城镇化进程中推进县域经济发展的经典范例。

三个案例的共同点在于都致力于不断完善基础设施建设，提高公共服务均等化水平，重视医疗和教育，改善居住环境。

三个案例之所以在新型城镇化进程中取得良好成效，首先是引领数字化赋能实体经济。南昌县因地制宜大力发展基于当地生态底色的特色农产品，助力乡村振兴，释放了乡村发展新动能，推进产业转型升级，走出一条产业智能化道路，产业培育设施提质增效，着力打造高端优势产业集群，形成规模经济。其次，发挥产业集聚效应，统筹城乡发展。奉新县紧盯链主项目、头部企业、新兴产业，以雷霆之势推进招大引强，兴建园区增强产业集聚，提升产业层次，提升创新能力，推进人口转移，增加城市面积，改善就业结构，减少外出务工人口，缩小城乡差距，以城带乡、基础设施向乡村延伸，加快城乡一体化发展。最后，推进三产融合，提升农村现代化水平。吉安县着力建设新型工业强县，聚力城北新区功能品质提升，推进产城融合，创新产业发展模式，持续加大产业就业帮扶和兜底保障力度，守牢防返贫底线，深入推进产业融合，加快全产业链培育和发展，以数字经济发展为牵引，聚力开辟县域绿色工业发展"三大战场"，强化品牌创建，加大龙头企业培育力度。

（2）经验总结

立足于江西省欠发达的发展现状，可为其他欠发达地区推进新型城镇化进程促进县域共同富裕提供经验参考。

在产业方面，着力打造地区支柱产业，促进形成全产业链的产业集群，充分发挥产业集聚效应，加快传统产业的转型升级，实现由粗放向集约形式的转变，以供给侧结构性改革为主线，构建现代化产业体系，优化产业结构，巩固第一产业的地位，深入推进第二产业创新驱动，第三产业重点领域蓬勃发展，同时促进三产的深度融合发展，将数据作为新型生产要素纳入传统生产方式，以大数据、互联网、区块链、人工智能等技术赋能实体经济。

在城乡差距方面，不断改善城乡二元结构，为缩小城乡发展差距始终坚持新型城镇化战略和乡村振兴战略双轮驱动。要加速推进农业农村现代化，财政支出向农村倾斜，积极培育乡村旅游、特色农产品品牌、直播电商、休闲农业等业态，增加乡村就业岗位，吸引城镇人才和资本等要素向乡村流动，提升乡村居民的收入水平，同时，着力推进城乡公共服务均等化，让农村居民享受同等的社会保障、义务教育和住房服务。

在人民生活方面，新型城镇化是以人为核心的城镇化，城镇化进程中不仅要让农村转移人口有房住，更要提升居民们的获得感、幸福感、安全感，农村卫生室加速实现全覆盖，切实提高农村教育水平，为民生兜好底，加快居民居住环境的治理，尤其全面整治农村"脏乱差"的问题，不断完善农村基础设施建设，加大公共交通、电网、物流、供水工程等建设力度，为居民提供便利，为农村农业发展提供良好的外部环境。

3. 江西省在新型城镇化中推进县域共同富裕的问题

（1）整体经济规模较小，热点城市少。江西省作为一个欠发达省份，拥有城市数量少且城市城区规模小，多数城市人口聚集度不高，这就使得江西的城镇经济聚集与辐射功能都不能有效发挥。相比省会城市郑州、武汉、长沙和合肥而言，南昌目前极化作用尚待增强。

（2）产业发展单一，城乡二元结构明显。主要依靠农业，传统农业和工业在多数县仍占主导地位，二三产业发展滞后，产业多元性存在较大欠缺。省内自然资源、文化资源、绿色资源丰富，但聚集不足、挖掘不足、开发不足。城乡发展不平衡，城镇化水平落后于邻近省及全国水平。

（3）城市集群效应不强，城市化空间差异明显。缺乏地方特色和支柱产业，缺少"领头羊"与"龙头企业"，产业整体水平及核心竞争力低，进而整体经济集群效应不强。缺乏完整、可循环、稳定的跨区域产业链，导致各区域发展"各自为战"，整体资源流通效率较低。

（4）人口吸纳能力弱，就业结构不合理。江西省是我国粮食主产区，"偏农""重农"的传统，导致江西省产业结构仍处于较低层次状态，农业就业人口在三大产业居首，就业结构待优化。由于缺乏尖端高校、科研机构与优质企业，江西省存在人才引不进、留不住的问题，成为劳务输出大省，江西省将面临"空心化"难题。

（5）农村基础设施建设不完善、社会保障体系覆盖面小。江西省一些农村基础设施建设面临建设效率低的问题。地方的基础设施建设没有把自身特色与公共投资的资金合理规划利用起来，决策时缺乏可行性分析。江西省在社会保障支出数额上不断提高，其支出结构却不符合发展要求。在养老保险方面，城镇居民的养老保险与农村居民养老保险覆盖范围相差较大。在医疗卫生方面，城镇居民的报销比例明显高于农村居民，农村居民仍然存在因病致贫、因病返贫的现象。

（四）未来方向和政策建议

1. 产业振兴，调整就业结构

首先，江西省立足于特有的历史背景和红色文化资源，推动"红色+农业""红色+工业""红色+服务业"三大产业融合发展，打造特色红色文旅产业；其次，工业化、城镇化"双轮驱动"协同增效，发展二、三产业，增加城镇就业岗位，吸纳农村剩余劳动力转移就业，提高城镇就业率，促进人口城镇化；最后，推动农业生产数字化、信息化、智能化升级，加快路网建设，便利农业物资、农副产品运输，聚焦"三农"问题深入推进农业农村现代化。

2. 打造中心城市，促进区域协调发展

首先，提升城市综合经济能力、科技创新能力、交通通达能力，找准城市定位，打造区域中心城市，发挥"火车头"作用，辐射带动欠发达地区；其次，着力培育和引进行业"龙头企业"，做大做强特色产业集群，促进区域市县联动发展，提升园区、产业和人口集聚能力，充分发挥产业集群效应；最后，制定合理的城市土地利用规划，合理安排城市发展布局，调整城市的建设用地、农村用地和生态用地比例，将城市面积逐步扩大。

3. 城乡融合发展，促进城乡一体化

首先，建立健全城乡"人、地、钱"等要素的平等交换、双向流动的政策体系，促进要素更多向乡村流动，推动城乡要素融合；其次，借由技术、人才与资本等要素的流动与下沉，推进不同产业的渗透与交叉以及城市和农村产业的分工合作，推动城乡产业融合；最后，合理规划建设城乡之间的基础设施、民生工程、社会服务以及生态建设，科学统筹县域空间，整合县域资源，完善县镇村联动发展体系，推动城乡空间融合。

4. 提升"软环境"，形成"引力场"

首先，构建并完善现代化基础设施建设体系，扎实推进农村基础设施的建设，建立健全符合江西省情的社会保障体系，逐步提高社会保障标准和保障水平，拓宽社会保障体系覆盖面；其次，财政支出向医疗、教育倾斜，以减少人才外流；再次，做好科学规划及实施、加大财政支农资金投入，为推进新型城镇化提供保障，优化企业融资环境，缓解企业"融资难""融资贵"问题；最后，对江西省内城镇老旧小区进行改造，推动产业绿色转型升级，深入开展绿色社区建设，改善居民居住环境。

参考文献

蔡国华等：《江西省余江县宅基地制度改革的主要做法》，《土地科学动态》2018年第3期。

陈军亚、邱星：《全面推进乡村振兴中县域的功能定位及实践路径》，《探索》2023年第4期。

陈美球等：《江西大余"四规"联动 构建乡村治理体系新机制》，《农村工作通讯》2021年第11期。

陈锡文：《构建新型农业经营体系刻不容缓》，《求是》2013年第22期。

程明、方青：《乡村振兴与新型城镇化战略耦合机理研究——基于城乡要素流动的视角》，《华东经济管理》2023年第5期。

董志勇、李成明：《新中国70年农业经营体制改革历程、基本经验与政策走向》，《改革》2019年第10期。

杜华章：《江苏省农村居民收入水平与文化消费实证分析》，《农业经济与管理》2015年第5期。

高强、程长明、曾恒源：《以县城为载体推进新型城镇化建设：逻辑理路与发展进路》，《新疆师范大学学报》（哲学社会科学版）2022年第6期。

高强、薛洲：《以县域城乡融合发展引领乡村振兴：战略举措和路径选择》，《经济纵横》2022年第12期。

郭翔宇、李佳丽、杜旭：《新型城镇化与乡村振兴协同发展——基于黑龙江省的微观考察》，《商业研究》2022年第2期。

郭云喜：《新型农业经营体系变化带来的融资渠道以及制度政策跟进》，《金融与经济》2013年第12期。

何劲、熊学萍、祁春节：《新型农业经营体系与现代农业发展的关联效应研究——以湖北省为例》，《农业现代化研究》2019年第3期。

何睦、何于一、任源钢：《乡村治理中国式现代化：重要意义、现实困境及实践路径》，《重庆社会科学》2023年第6期。

黄迈、董志勇：《复合型现代农业经营体系的内涵变迁及其构建策略》，《改革》2014年第1期。

黄祖辉、傅琳琳：《新型农业经营体系的内涵与建构》，《学术月刊》2015年第7期。

蒋和胜、刘世炜、杨柳静：《发展新型农业经营体系的体制机制研究》，《四川大学学报》（哲学社会科学版）2016年第4期。

鞠中芳：《四川省新型农业经营体系发展研究》，四川师范大学硕士学位论文，2021。

孔祥智、何欣玮：《乡村振兴背景下县域新型城镇化的战略指向与路径选择》，《新疆师范大学学报》（哲学社会科学版）2022年第6期。

黎明：《新型农业经营体系的建构实证研究——以苏州市现代农业园区为例》，《中国农业资源与区划》2017年第7期。

李丹：《新型职业农民培育的机制构建与路径选择》，《继续教育研究》2017年第7期。

李国平、孙瑀：《以人为核心的新型城镇化建设探究》，《改革》2022年第12期。

李俊蓉、林荣日：《乡村振兴与新型城镇化耦合协调度的测度与影响因素研究》，《浙江农业学报》2023年第10期。

刘畅、吕杰：《新型农业经营体系研究：知识图谱、理论框架构建与未来展望》，《经济体制改革》2020年第2期。

刘法威、魏朋娟：《基层治理视角下农村宅基地制度改革研究——基于"余江宅改"的案例分析》，《绥化学院学报》2021年第3期。

刘赫、洪业应：《欠发达地区"倒U型"城乡收入差距的新型城镇化路径——基于贵州省的经验分析》，《贵州财经大学学报》2022年第6期。

刘依杭：《新时代乡村振兴和新型城镇化协同发展研究》，《区域经济评论》2021年第3期。

陆杰华、韦晓丹：《以人为核心的新型城镇化战略内涵、障碍与应对》，《北京社会科学》2023年第7期。

罗丹、陈洁：《构建新型农业经营体系势在必行》，《求是》2013年第14期。

彭青：《推进以县城为重要载体新型城镇化的对策探讨》，《理论探讨》2023年第2期。

彭青、田学斌：《积极推进县城城镇化建设》，《理论探索》2022年第4期。

钱振明：《县城城镇化趋势与县城公共服务供给强化之路径》，《中国行政管理》2022年第7期。

邵运川：《新型农业经营体系的政策导向及构建研究》，《农业经济》2014年第11期。

石建勋、邓嘉纬、辛沛远：《以县城为重要载体推动新型城镇现代化建设的内涵、特点、价值意蕴及实施路径》,《新疆师范大学学报》(哲学社会科学版) 2022 年第 5 期。

谭晓峰:《构建新型农业经营体系研究》,《农业经济》2014 年第 1 期。

田鹏:《超越城乡的新型城镇化——理论框架、多重逻辑与实现路径》,《人口与经济》2023 年第 4 期。

王德福:《新型农业经营体系建设的实践错位与路径反思》,《毛泽东邓小平理论研究》2016 年第 2 期。

王慧娟:《关于构建新型农业经营体系的几点浅见》,《农业经济》2014 年第 1 期。

王立胜、朱鹏华:《以县城为重要载体的城镇化建设的内涵、挑战与路径》,《中央财经大学学报》2023 年第 6 期。

王栓军:《我国新型农业经营体系建设的制度障碍及对策分析》,《农业经济》2016 年第 3 期。

王阳、熊万胜、韩璐瑶:《以集体为媒介的城镇化:一种新型城镇化经验——基于嘉善县的个案研究》,《南京农业大学学报》(社会科学版) 2023 年第 5 期。

文华成、杨新元:《新型农业经营体系构建:框架、机制与路径》,《农村经济》2013 年第 10 期。

辛宝英:《城乡融合的新型城镇化战略:实现路径与推进策略》,《山东社会科学》2020 年第 5 期。

辛岭、高睿璞:《我国新型农业经营体系发展水平评价》,《经济学家》2017 年第 9 期。

严静:《深化江苏农村土地制度改革》,《唯实》2020 年第 11 期。

杨胜利、王金科、黄良伟:《县域新型城镇化对共同富裕的影响及作用机制研究》,《云南财经大学学报》2023 年第 5 期。

俞森:《乡村振兴和新型城镇化深度融合:机理与进路》,《理论导刊》2023 年第 2 期。

苑鹏、张瑞娟:《新型农业经营体系建设的进展、模式及建议》,《江西社会科学》2016 年第 10 期。

张绘:《乡村振兴与新型城镇化协同发展促进共同富裕》,《人民论坛》2023 年第 13 期。

张鸣鸣:《新型农业经营体系和农业现代化——"新型农业经营体系和农业现代化研讨会暨第九届全国农经网络大会"综述》,《中国农村经济》2013 年第 12 期。

张琦、李顺强:《共同富裕目标下的新型城镇化战略》,《西安交通大学学报》(社会科学版) 2023 年第 4 期。

张社梅、董杰、孙战利:《农业科技机构与合作社技术对接的程度分析——基于四川的调查》,《农业技术经济》2016 年第 11 期。

张扬:《粮食安全下粮食主产区利益补偿新思路》,《现代经济探讨》2014 年第

1 期。

张占耕：《构建新型农业经营体系的政策导向》，《中州学刊》2013 年第 5 期。

郑栋：《乡村振兴背景下衢州市乡村治理问题研究》，《农村经济与科技》2023 年第 9 期。

郑漫：《提高乡村治理水平　护航乡村全面振兴》，《智慧农业导刊》2023 年第 13 期。

周春芳、史文涛、袁凤刚：《新一轮中国农村土地制度改革的模式与成效》，《湖北农业科学》2019 年第 10 期。

朱华雄、王文：《经济视角下的县域城镇化：内在逻辑、难点及进路》，《新疆师范大学学报》（哲学社会科学版）2022 年第 5 期。

庄候毛、莫富英、李瑞迪：《我国乡村治理面临的困境与解决路径》，《农村经济与科技》2023 年第 7 期。

左停、赵泽宇：《共同富裕视域下县城新型城镇化：叙事逻辑、主要挑战与推进理路》，《新疆师范大学学报》（哲学社会科学版）2022 年第 6 期。

Latruffe, L., and Y. Desjeux. "Common Agricultural Policy Support, Technical Efficiency and Productivity Change in French Agriculture" [J]. *Review of Agricultural, Food and Environmental Studies*, 2016, 97 (1): 15–28.

MacDonald, J. M., P. Korb and R. A. Hoppe. Farm Size and the Organization of U. S. Crop Farming [M]. 2013.

Popova, O. "Development of a Multifunctional Agriculture: German Experience" [J]. *Economy and Forecasting*, 2015 (2): 148–158.

Sumner, D. A. "American Farms Keep Growing: Size, Productivity, and Policy" [J]. *Journal of Economic Perspectives*, 2014, 28 (1): 147–166.

第三章
新型城镇化与县城建设

县城是城市和乡村之间的重要纽带、处于承上启下的关键环节，提高县城综合承载能力对于加快推进以县城为中心的新型城镇化建设、促进了农村剩余劳动力到县城就地就近就业城镇化、促进城乡融合发展具有重要的意义。党的十八大以来，江西新型城镇化建设取得了重大进展，对进一步发挥县城在新型城镇化中的作用提出了新的要求。

一 农业转移人口市民化的县城实践

党的二十大报告指出，推进以人为核心的新型城镇化，加快农业转移人口市民化。推进农业转移人口市民化是加快新型城镇化的首要任务，也是促进人口规模巨大的中国式现代化实现的关键环节。2022年末，江西常住人口城镇化率达到了62.07%，标志着江西省逐渐进入城镇化发展的中后期，迎来了城乡融合发展的新阶段，县城成为协同推进新型城镇化和乡村振兴、实现全体人民共同富裕的重要载体。2022年5月，我国出台了首个针对县城城镇化的中央层级政策文件，党的二十大报告指出，"推进以县城为重要载体的城镇化建设"，2023年中央一号文件强调推进县域农民工市民化。因此，对江西农业劳动转移人口市民化的县城实践进行深入研究具有重要的战略意义和实践指导价值。

（一）江西农业转移人口市民化带动新型城镇化建设的主要特点

一是乡村人口持续向城镇地区转移集聚，带动了新型城镇化发展。党的十八大以来，江西坚持以人为本的新型城镇化，随着江西新型工业化、信息化和农业现代化的深入发展和农业转移人口市民化政策落实落细，积极统筹推进城乡发展和县域发展，10年来江西省新型城镇化进程稳步推进，城镇化发展取得巨大成就，人口城镇化水平加速推进。从常住人口城镇化率来看，全省常住人口城镇化率由2012年的47.39%提高到2022年的62.07%，提高14.68个百分点，年均提高1.47个百分点；2014年江西常住人口城镇化率超过50%达到50.44%，全省城镇人口首次超过乡村人口；2020年又超过60%达到60.44%，越来越多的农村转移劳动力由"村民"转变为"市民"，10年来常住人口城镇化率连续超过50%、60%；江西常住人口城镇化率与全国水平的差距明显缩小，与全国水平的差距由2012年的5.71个百分点缩小至2022年的3.15个百分点。从城乡人口结构来看，江西城镇常住人口由2012年的2120.94万人增加到2022年的2810.52万人，增加689.58万人，增长32.5%，城镇常住人口的增长速度明显快于总人口的增长速度；乡村人口由2012年的2354.56万人减少到2022年1717.46万人，减少637.1万人，下降27.06%，可见，城乡人口结构发生深刻变化，10年来江西城镇常住人口规模持续扩大，乡村常住人口规模持续缩小，乡村人口不断向城镇地区转移集聚，新型城乡关系逐步形成。

二是农业劳动转移人口跨省流动，劳务输出带动了异地城镇化发展。作为劳务输出大省，江西为人口净流出的省份，2021年江西省拥有常住人口4517.4万人、户籍人口5031.5万人，根据六普和七普数据，从2010年到2020年，江西常住人口净流出为247.87万人，人口流失情况不容乐观，仅次于黑龙江、吉林、湖南；七普数据显示江西外出务工人数 1847 万，占全省总人口比例达到了 40%，超过了河南的 27% 和安徽的 33%，为全国最高，江西外出务工人口以农业转移人口为主，大量的农业劳动转移人口跨省流动，主要流向广东、浙江、福建、上海和江苏等东南沿海经济发达的省份，因此，江西跨省流动仍以流出为主，2020 年全省跨省流出人口 633.97 万人，跨省流入人口 127.90 万人，跨省流出人口比流入多 506.07 万人。劳动年龄人口是江西外出务工人口的主力军，江西大量劳动年龄人口的外出为长三角、珠三角等流入地经济社会发展做出了巨大贡献，农业劳动转移人口的跨省流动带动了异地城镇化发展。

三是农业劳动转移人口回流，近域化趋势加强带动了就地就近城镇化发展。一方面，江西省近年来省内流动人口规模不断扩大，根据七普数据，省内流动人口规模达 835.50 万人，较 2010 年的 387.04 万人增加 448.46 万人，增长 115.87%，省内市辖区内人户分离现象日益普遍，七普数据显示，2020 年省内人户分离人口为 1224.19 万人，其中，市辖区内人户分离人口为 388.69 万人，与 2010 年的 83.19 万人相比，省内市辖区内人户分离人口增加 305.50 万人，增长 367.23%。另一方面，跨省流动的农业劳动转移人口开始回流，2022 年末江西常住人口 4527.98 万人，较 2021 年末的 4517.40 万人增加 10.58 万人，增长 0.23%，全省常住人口占全国总人口的 3.21%，较 2021 年末提高 0.01 个百分点，居全国第 13 位；2022 年江西净流出 506 万人，比 2021 年减少 9 万人，其中一个重要原因是跨省外出务工人员回流，且回流多为劳动年龄人口，这与江西省经济良好的发展态势、营商环境不断优化、承接发达地区产业转移力度加大、就业机会增多、县域经济发展叠加疫情因素密切相关，因此，更多的农业劳动转移人口选择省内流动、就近务工或返乡创业，就地城镇化趋势加强。

（二）典型案例

　　修水县是江西省面积最大和九江市人口最多的县，全县具有丰富的劳动力资源，全县拥有近90万的户籍人口、50多万的劳动力人口，其中，农村劳动力占全县劳动力人口的近90%，修水县农业转移人口市民化带动异地城镇化和就地城镇化发展，可以说，修水县是江西农业转移人口市民化带动新型城镇化的一个缩影。此外，修水是江西省搬迁扶贫的起源地，2003年，修水县成为全省移民扶贫试点县，尤其是在全省"十三五"时期易地扶贫搬迁中，修水县通过工业园区和县城吸纳与安置农业劳动转移人口2万余人，是全省易地扶贫搬迁安置农业劳动转移人口最多的县，客观上促进了就地城镇化，因此，选取修水县作为江西农业转移人口市民化的县市实践研究的典型案例，具有一定的代表性和先进性。

1. 修水县农业转移人口市民化带动新型城镇化的基本情况

　　修水县劳动力资源丰富，户籍人口89.22万人，常住人口71.06万人，16~59岁人口占比约为56.8%，全县有劳动力50.68万人，其中，农村劳动力45.2万人，修水县农村劳动力转移的基本情况和主要特点表现如下。

　　一是从人员年龄结构来看，修水县农村劳务输出以青壮年为主。调查显示，修水县农村外出务工人员中，16~30岁的占40.6%，30~50岁的占49.2%，50岁以上的仅占10.2%。二是从转移就业的行业来看，以工业、建筑业和服务业为主。外出务工人员中，从事第二产业的占54.1%，第三产业的占37.4%。其中，从事工业、建筑业、服务业分别占外出务工人数的36.3%、17.5%和29.9%。三是从务工人员区域分布来看，修水县是劳务输出大县，每年外出务工人员达22万余人，主要集中在广东、浙江、福建等沿海地区务工，在沿海地区务工人员占比达到83%，全县在省内分布的务工人员占比为10.4%。四是从修水县的吸纳就业情况来看，修水县城及工业园区吸纳劳动力数量大，主要是园区企业特别是劳动密集型企业吸纳就业、城市服务行业吸纳就业和建筑行业吸纳就业。五是从农村劳动力转移的组织情况来看，以通过血缘、地缘和人缘关系自发外出务工为主，通过劳动部门及中介服务机构有组织、成建制输出的务工人员较少。六是从务工的时间周期来看，具有"候鸟型"特点。节假日或年底外流的农村劳动力人口选择返乡回来。七是从农村劳动力转移的回流情况来看，修水涌现的一批"打工能人"，逐渐成长为有资产、懂技术、善管理的经商办厂能手之后，选择回乡创业，有力地促进了县域经济发展。

2. 修水县农业转移人口市民化带动就地就近城镇化的模式

（1）工业园区安置农业劳动转移人口

就业是民生之本，为切实解决农业劳动转移人口就近就业问题，近年来，修水县通过土地、资金等政策，全力支持中小微企业发展，大力开展招商引资活动，大上项目、上大项目，吸纳农村劳动力就地转移，越来越多的工厂办在了家门口，有效安置了农业劳动转移人口，进一步拓宽了群众的增收渠道，仅盐津铺子一家公司就吸纳农村劳动力1000多人，工业园区安置农业劳动转移人口是修水县的典型经验。

修水工业园以"一园三区"[①]框架布局，逐步形成了以机械电子、绿色食品、矿产品精深加工三大产业为主的功能完善、配套齐全，具有较强竞争力的综合型园区。截至2022年，修水工业园用工人数达14736人，呈逐年稳步增长态势，相较于2012年的园区用工人数9877人，同比增长

---

① "一园三区"：绿色科技食品产业园，宁州项目区、太阳升项目区和修水（九江）工业园区。

49.20%，从劳动力的区域分布来看，修水县本土职工占比为82.34%，在本土职工中80%为农村劳动转移人口，修水县外九江市内职工占比为9.36%；九江市外职工占比为8.30%；从用工的年龄和性别结构来看，其中男性年龄18~60岁占比为67.93%，女性年龄18~50岁占比为31.01%；男性年龄60岁以上及女性年龄50岁以上占比为1.06%；从事工业劳务人员占比超80%，从事工业企业管理人员占比不足5%，其他业务人员占比约15%。

农业劳动转移人口就业大多集中在劳动密集型企业，如太阳升项目区陶瓷制造企业、宁州项目区服装制造及食品加工企业。以修水工业园区太阳升项目区为例，太阳升项目区落户修水县太阳升镇，项目区中心距离太阳升镇集镇不足2公里，共汇集了39家中小微企业，为当地乡镇创造了超3000个工作岗位，解决太阳升镇就业人口2800余人，极大地缓解了太阳升镇农业劳动转移人口就业压力，同时通过工人口口相传、相互介绍的以工带工的方式吸纳周边乡镇农业劳动转移人口到当地就业，相当一部分职工兼顾了农业生产、子女教育、工作就业，促进了修水县就地城镇化发展。

（2）社区安置农业劳动转移人口市民化

修水县是一个山区农业大县，居住在"一方水土养不活一方人"的深山，农业人口较多，山区农业人口生存状况表现为"一少一差一分散，生产生活有六难"，即耕地少、设施差、居住分散；行路难、就学难、就医难、耕作难、增收难、娶妻难。"十三五"时期，修水县以易地扶贫搬迁为抓手推进山区农业转移人口市民化，带动了修水县新型城镇化建设。

"十三五"时期，针对山区整体移民搬迁的农业劳动人口，修水坚持"移民安居乐业，社区管理先行"原则，深入实施社区融入工程，积极打造创新型、便民型、服务型的新型移民安置社区，修水县规范建立了鹏宁佳园、良瑞佳园、紫竹佳园、金竹佳园等移民社区，以社区集中安置模式加快推进山区农业劳动转移人口市民化进程。其中，以鹏宁佳园为例。鹏宁佳园共有住房556套，安置农业劳动转移人口约2400人，该小区内居住的有企业公租房、拆迁安置、城乡居民公租房、易地搬迁等四类住户，鹏宁佳园隶属于莲塘社区，为了方便小区农业劳动转移人口"家门口"就业，莲塘社区境内有19家企业在鹏宁佳园小区有公租房247套，居住员工400余人；拆迁安置户17套，52人；城乡居民公租房67户，197人；安置"十二五"易地搬迁户36户，126人；"十三五"易地搬迁户171户，698人，其中建档立卡贫困户102户，447人；同步搬迁户69户，251人，涉及新湾、黄坳等13个乡镇42个行政村。莲塘社区党委坚持党建引领社区治理，以"组织就在家门口、服务就在家门口、就业就在家门口"为理念，将民生服务阵地向网格（小区）延伸，打造集开展网格党建活动、协商议事、志愿服务、就业咨询、图书借阅、文体活动、老龄休闲、物业服务于一体的"鹏宁佳园红色客厅"服务阵地，实现"小事不出网格、大事不出社区"，小区基础设施配套齐全，建有较完善的能满足该区居民物质与文化生活所需的公共服务设施，切实打通为民服务"最后一米"；搭建社区辖区内由106家企业组成的社企"党建联盟"新平台、搭建群众求职期望"连心桥"、设立社区就业服务专窗，截至2023年底，易地搬迁户有62户，206人在"家门口"企业务工；56户112人在鹏宁中学、失能人员照料中心、企业后勤岗位务工；23户39人从事自由职业及个体经商；30户82人在外省务工。社区充分就业率达97.84%，2021年10月成功创建第五批江西省星级充分就业社区。

3. 修水县农业转移人口市民化带动就地城镇化的经验

一是搭建劳务输出对接平台，打通农业劳动转移人口市民化通道。为了让修水广大农民工能及时掌握各类企业招聘信息，促进农民工转移就业，搭建就业供需平台，通过上门对接摸清全县园区企业、新业态企业等用人单位需求底数，对县内外企业用工信息进行常态化全方位立体式的宣传，每月15日定期在县人力资源市场举办现场招聘会，尤其是针对农民工春节前返乡的情况，在乡镇和园区之间搭建劳务对接平台，每年年初开展"春风行动"，引导吸纳农民工留在园区就业，一方面，为返乡农民工召开专场招聘会，开展送岗下乡活动，让返乡农民工落实工作后再安心过年；另一方面，园区组织企业大力开发本地岗位，优先安排返乡农民工就业，促进返乡农民工就地就近城镇化。加强对外劳务合作，采取"走出去、请进来"的方式，加强和外地交流对接，2023年以来，加强了与浙江省衢州市的龙游县、余姚市、宜春市宜丰县、九江经开区、共青城市、庐山市、上犹县等签订劳务合作协议。

二是开展就业培训，提高农业劳动转移人口市民化能力。修水县将农村劳动力列入免费培训范围，根据农业劳动转移人口的就业创业需求和意愿，采取灵活多样的就地就近方式，鼓励各类技能培训机构顺应市场需求和就业发展趋势，调整专业设置，积极开展对农村劳动力的职业技能培训，政府对培训机构给予适当补贴，确保有培训意愿和劳动能力的农业劳动转移人口至少接受一次职业培训和掌握一项就业技能。对修水工业园区企业所有新招农业劳动转移人口进行免费岗前培训，做到"招进一人、培训一人、就业一人"，大力开展电商培训，鼓励培训机构到乡镇开设流动学校，方便当地农民参加培训；建立健全校企合作培训机制，由政府牵头，职业中专与各企业进行校企合作，使培养的农业劳动转移人口能够快速适应生产岗位的需要。2023年以来，全县累计开展电商、面点师等各类培训53期1742人次。

三是推进教育均等化建设，解决农业劳动转移人口子女教育问题。为了加快推进农业劳动转移人口市民化，修水积极优化教育网点布局，一定程度上解决了农民工子女教育问题，以城乡教育均衡发展推进了就地城镇化发展。近十年来，修水县投入资金25亿元用于350余所中小学校的校舍新建、改扩建和维修项目,新改扩及维修校舍面积150余万平方米,新增学位近5万个,其中县本级财政投入近16亿元新建七小、八小、九小、十小、十一小、修水中专、四中、特教、散原分校、二小分校、渣津中学、良塘中心幼儿园等12所学校;改扩建一中、三中、一小、散原、五小、六小等6所学校。截至2023年底,全县共有公办园9所、小学12所(含九年一贯制1所)、初中学校9所、普通高中4所(其中完中1所)、职业高中1所,进一步优化了全县教育资源,有效保障了农业劳动转移人口子女教育问题。

四是完善公共服务配套设施,提升农业劳动转移人口市民化的幸福感。在易地扶贫搬迁的集中安置点,建立服务中心或红白喜事堂,修水共有46个集中安置点设立服务中心和红白喜事堂,既方便了农业劳动转移人口日常文娱活动,又方便操办红白喜事,切实增强了搬迁农业劳动转移人口的幸福感、归属感,在义宁镇良瑞佳园移民小区,建有5个带健身器材、休闲石椅的活动广场,以及便民服务中心、卫计服务中心、议事服务中心、社会管理服务中心、居家养老服务中心、阅读培训服务中心、文体活动中心、儿童服务站、心理咨询室、室内健身室、康乐室、少儿阅览室、图书馆、家长学校等服务场所,配备专人管理。

(三)存在的问题

一是县域经济承载力不足导致对农业转移人口吸引力有限。随着城镇化进程的推进,城镇中农村转移劳动力规模也在不断扩大,但是从江西全省县域经济的发展情况来看,县域经济发展明显不足。产业是县城建设发展的根基,江西多数的县城产业基础相对薄弱、产业发展仍不充分、优势产业不突出、产品附加值不高、产业园区的承载能力有限,由于江西县城大多为人口净流出,县城人流不足,县城服务业不发达,而县城的农产品深加工、农村电商、农旅结合等产业也处于起步阶段，还难以形成规模效应。以修水县为例，修水县工业经济尚处于爬坡过坎的艰难时期，加上地处山区、交通不便利等多方面原因，工业园区企业能提供的岗位数量有限，且大多数岗位为体力劳动型岗位，对农业劳动转移人口吸引力不够。总的来说，江西县城产业不发达、县域经济发展不充分，导致农业劳动转移人口就地城镇化的就业机会和发展空间仍然不足，因此，县域经济的承载力不足一定程度上制约了农业劳动转移人口就地城镇化。

二是农业劳动转移人口自身能力不足导致市民化层次不高。在农业劳动转移人口城镇化的过程中，由于城乡之间的经济条件、思想意识、文化程度、技能水平、社会交往和生活习惯等方面存在巨大差异，农业劳动转移人口市民化的层次普遍不高，尤其是农业劳动转移人口文化程度不高，农业劳动转移人口就业大多集中在劳动密集型企业或者是对于技能水平要求不高的部分服务业，以修水县工业园区用工情况为例，工业园区用工文化程度在高中及高中以下的人数占比达到82.55%，其中小学文化程度占比13.24%、初中文化程度占比33.44%、高中文化程度占比35.87%，因此，总的来说，受限于农业劳动转移人口自身受教育水平和职业技能不高，农业劳动转移人口的就业选择和就业空间有限，收入水平比较低，农业劳动转移人口市民化过程中的就业层次和收入水平通常较低，降低其市民化能力，农业劳动转移人口在与城镇经济融合中受到限制。

三是县域公共服务供给不足导致对农业劳动转移人口保障力不强。根据调研，江西多数县城财政供给能力有限，江西大多数县城的医疗卫生、教育资源、养老服务和基础设施等基本公共服务的供给能力明显不足，对于较大规模的农业劳动转移人口的公共服务需求仍然不能充分满足，这成为制约江西农业劳动转移人口县域市民化和就地城镇化的重要因素。以修水县为例，尽管近十年来对教育资源进行了大量投入、教育布局网络也不断优化，一定程度上缓解了农民工子女教育问题，但是学校基础设施建设还较为薄弱，教育基础设施建设资金缺口仍然非常大，"穷县办大教育"的瓶颈始终限制着修水县教育发展，尤其是随着农业劳动转移人口增多，县城区中小学学位不足，高中学位需求也逐年增大，因此，县城的医疗卫生、教育资源、养老服务等基本公共服务的供给不足制约了农业劳动转移人口县域市民化的推进。

（四）对策建议

一是统筹推进异地城镇化与就近就地城镇化发展。当前，江西农业劳动转移人口异地城镇化与就地就近城镇化并存，基于产业梯度的转移、到发达地区工资优势的下降、农村留守问题等多方面因素，跨省流动的农业劳动转移人口开始出现回流的趋势，就近就地城镇化给更多新时代农民工就业安家提供了更多选择。就近就地城镇化促进了城乡一体化发展，带动了江西省县域人口、产业、就业和消费集聚。当然，重视和肯定就近城镇化的意义，并不是否定异地城镇化的作用，仍要清醒地认识到，异地城镇化与就近就地城镇化都是江西省新型城镇化的重要实现形式，二者相互协调、相互补充，因此，要全面统筹推进异地城镇化与就近就地城镇化建设。

二是分类推进以县城为中心的新型城镇化建设。江西各个县城自然资源、地理区位和产业基础等方面都存在差异，因此，在推进以县城为中心的就地就近城镇化过程中，要立足各个县城自身的资源禀赋，根据大城市周边县城、专业功能县城、农产品主产区县城和生态功能县城等不同类型县城的发展特点，尊重不同类型县城的发展规律，根据各个县城的资源环境承载能力、交通区位、经济发展基础等情况，统筹各个县城生产、生活、生态、安全需要，合理界定不同类型县城的功能定位与产业发展逻辑，例如大城市周边县城以承接大城市产业转移、主动融入大城市产业分工为重点，专业功能县城以培育壮大特色经济和支柱产业为重点，农产品主产区县城以推进农业现代化、实现县域城乡融合为重点，生态功能县城以保障生态安全为先、以发展适宜产业为重点等，分类型并因地制宜推进以县城为中心的新型城镇化建设。

三是壮大县域产业，提高县域经济承载能力。统筹县域城乡产业布局，培育壮大江西县域特色优势产业，增强县域产业对农业劳动转移人口的承载能力和支撑能力。积极吸引外部人才、企业到县城兴办劳动密集型企业，引导本地企业扩大生产规模；规范引导新兴就业，发掘数字经济、文化创意等新经济就业容量，推动零工经济、地摊经济、夜间经济健康发展，鼓励灵活就业，鼓励个体经营，支持网络零售、线上教育等共享用工平台，促进零工市场繁荣；加快构建现代农业产业体系，大力发展乡村休闲旅游、餐饮、民俗、文化体验、健康养生、信息服务等产业，壮大农业生产性服务业，发展农产品电子商务、"互联网+"等乡村新产业和新业态，延长乡村产业链，提高产业附加值，鼓励支持实体产业向小城镇集聚发展，大力推进小城镇经济繁荣和乡村振兴，创造丰富的创业就业机会。

四是补齐县域公共服务短板，提升县域现代化治理水平。一方面，在提高县域公共服务方面，加快补齐县域基础设施，尤其是住房的短板，尊重农业劳动转移人口住房"城乡两栖"需求，加快保障房建设，保障农业劳动转移人口就业稳定；加快补齐县城教育、医疗、卫生和养老等基本公共服务短板，扩大公共服务对农业劳动转移人口的覆盖面，推进城乡公共服务共享机制和均等化，着重推进能够满足农业劳动转移人口需要的基础性、普惠性、兜底性保障和城乡居民无差别制度建设。另一方面，在提升县域现代化治理水平方面，进一步强化农业转移人口在城镇的居住权利、就业权利、享受基本服务的权利、参加社区政治生活的权利等基本权利保障,对农业转移人口开展常态化的文体活动服务、社区服务和以参与、合作、互助为重点的居民活动,提升农业转移人口在城镇化进程中增强社会身份认同感、幸福感和满足感。

五是加快职业技能培训,打造特色劳务品牌。劳务品牌具有地域特色、行业特征和技能特点,能够有效扩大就业容量、提升就业质量,是推进农业劳动转移人口带动新型城镇化建设的重要抓手。因此,要全面摸底掌握江西各个县域劳务品牌数量、分布特征等基本情况,分类型创设劳务品牌,针对已经相对成熟的资溪面包师、修水宠物医疗等劳务品牌,整合优化劳务品牌资源,扩大品牌影响力;对于县域技能特点不突出、分布较为零散的劳务产业,提炼品牌特征,逐步形成劳务品牌。围绕制造业、特色农业、养殖业、建筑业和家政服务等,打造保障型劳务品牌,大力开发非物质文化遗产、特色手工艺、乡村文旅等具有江西省地方特色的文化和旅游类的劳务品牌。实施职业技能提升行动,深入挖掘农业劳动转移人口职业转换能力,开设紧缺工种新就业形态等特色培训,开展企业新型学徒制、"互联网+职业技能培训",加快建立县域劳务品牌培育和升级的支持体系,组织行业性、群体性专项培训,设立职业培训考核标准,开展职业资格、技能等级评价认定工作,举办多层次、多类别职业技能大赛,不断拓展劳务协作,组建特色产业行业协会,促进县域品牌技工输出就业,唱响江西县域特色劳务品牌。

二 县城建设中的投融资模式和路径
——来自樟树市的经验做法

2015年7月,国家发改委、住建部联合印发了《关于印发深化县城基础设施投融资体制改革试点县名单的通知》,全国共有87个县(市、区）被列为试点县，江西省樟树市、贵溪市、余江县入选。全国深化县域基础设施投融资体制改革试点工作于2015年初启动，旨在加强县域市政基础设施和公共服务设施建设，夯实产业基础，加大教育医疗等公共资源配置，促进产业发展、就业转移和人口聚集相统一，增强县域吸纳农业转移人口的能力，并通过试点创新，为全国县（市、区）城市基础设施建设提供可复制、可推广的经验和模式。[①] 樟树市作为江西省县域基础设施投融资体制改革试点县之一，近年来，在推进新型城镇化建设、创新城镇化基础设施建设投融资模式发展方面，积累了一定的经验，也取得了较好的成效。

（一）樟树市新型城镇化基本情况

樟树市位于江西省中部，距离省会南昌76公里，总面积1291平方公里，户籍人口60万，辖10个镇4个乡5个街道办事处及1个园艺场，入围全国县域经济和社会综合发展百强县、全国新型城镇化质量百强县市。

2014年12月，国家发改委、中央编办、公安厅等11部门联合印发《国家新型城镇化综合试点方案》（发改规划〔2014〕2960号），将樟树市列为国家新型城镇综合试点之一。获此批复以后，樟树市积极开展试点探索，力求为全省深入推进县域城镇化积累经验、提供示范。2022年，樟树市地区生产总值达到了537亿元，是2012年的2.2倍；全市规上工业企业增加至365家，是2012年的4.3倍，列宜春市第1位；规上工业增加值达171.1亿元、营业收入实现718.6亿元，分别是2012年的2倍、2.2倍；户籍人口由2012年的59.68万人，增加至60.08万人，净增0.4

[①] 资料来源：《江西3县（市）获5000万元深化县域基础设施投融资体制改革试点》[EB/OL]，http://www.jiangxi.gov.cn/art/2016/3/2/art_5102_258255.html，2016-03-02。

万人；常住人口降幅收窄，由 2012 年的 54.13 万人，下降至 2022 年的 47.84 万人，减少了 6.29 万人；居民收入大幅上升，由 2015 年的 19670 元，增长至 2022 年的 35869 元；城镇化率由 2012 年的 39.29%，提升至 2022 年的 56.80%，提高了 17.51 个百分点。近年来，樟树市连续四年获得江西省城市功能与品质提升先进县市称号（见表 3-1、表 3-2）。

表 3-1　2012~2022 年樟树市城镇化发展情况

年份	城镇化率（%）	户籍人口（万人）	常住人口（万人）	城乡居民收入（元）
2012	39.29	59.68	54.13	—
2015	45.67	61.44	52.06	19670
2018	51.97	61.04	50.01	26205
2020	55.87	60.46	48.56	30923
2021	55.87	60.21	47.89	33653
2022	56.80	60.08	47.84	35869

资料来源：根据樟树市有关部门提供的数据整理而得。

表 3-2　2012~2022 年樟树市市政公用设施发展情况

年份	人口密度（人/平方公里）	人均日生活用水量（升）	供水普及率（%）	公共供水普及率	燃气普及率（%）	建成区供水管道密度（公里/平方公里）	人均道路面积（平方米）	建成区路网密度（公里/平方公里）
2012	5207	82.76	89.10	—	91.86	5.56	15.68	—
2018	5432	119.55	96.70	90.98	96.15	7.13	24.20	8.37
2020	5695	124.13	99.01	95.38	97.23	7.11	25.17	8.22
2021	5427	142.53	99.20	96.42	97.53	7.74	29.33	8.53
2022	4489	188.90	99.28	94.37	97.64	7.69	37.10	8.27

年份	建成区道路面积率（%）	建成区排水管道密度（公里/平方公里）	污水处理率（%）	污水处理厂集中处理率	人均公园绿地面积（平方米）	建成区绿化覆盖率（%）	建成区绿地率（%）	生活垃圾处理率（%）
2012	—	8.99	85.45	85.45	12.03	42.85	37.97	100
2018	20.76	13.92	98.40	98.40	14.69	41.77	36.42	100

续表

年份	建成区道路面积率(%)	建成区排水管道密度(公里/平方公里)	污水处理率(%)	污水处理厂集中处理率	人均公园绿地面积(平方米)	建成区绿化覆盖率(%)	建成区绿地率(%)	生活垃圾处理率(%)
2020	20.14	14.29	97.11	97.11	14.43	47.07	40.69	100
2021	21.41	14.20	97.80	97.80	15.15	45.74	39.60	100
2022	20.33	14.62	99.20	99.20	13.22	39.50	35.79	100

资料来源：2012年资料来源于《江西城市建设年鉴2018》，其他数据由樟树市政府办提供。

近年来，樟树市坚持以人为核心的新型城镇化建设，改造老城区、建设新城区，主城区及滨江新城迅速发展，"一江两岸"逐渐形成。2012年以来，樟树市城市建成区面积从26平方公里扩大到2022年的35.18平方公里，中心城区人口达25.11万人。樟树市通过大力开展城市功能与品质提升行动，城市公用事业建设发展迅速，用水普及率从2012年的89.1%上升到2022年的99.28%，排水管网增加了349.62公里；2022年，供气管道长度是2012年的2.24倍，燃气普及率达97.64%。生活垃圾分类和减量工作覆盖率超过90%，建成生活垃圾焚烧发电场，日处理能力达1000吨，基本实现生活垃圾"零"填埋。城镇生活污水处理率提高了13.75个百分点，新增城市公共停车位3922个，城市公园10个、绿地351公顷，2021年城市绿化率达45.74%。随着城市公用设施水平的日益完善，群众幸福感不断提升。

（二）县城基础设施建设投融资模式创新的经验做法与成效

樟树市城镇化水平的稳步提升，离不开城市各项公用设施不断完善的支撑，而城市公用设施的完善主要得益于樟树市各类重大重点基础设施项目建设的稳步推进。近年来，樟树市持续创新城镇化重点项目投融资模式，有效保障了各类项目的顺利开展，取得了较好的成效，也为加快推进新型城镇化建设奠定了扎实的基础。2012~2022年，樟树市累计实施新型城镇化基础设施项目728个，总投资761亿元，带动固定资产总投资增长1.72倍，同时实现城市建成区面积扩大至35.18平方公里。从投入金额来看，近年来，樟树市新型城镇化基础设施项目建设力度不断加大，2018年仅有项目33个，总投资15.3亿元，而2022年基础设施项目已经达到90个，总投资达到128亿元。可见，在推进新型城镇化建设过程中，樟树市城镇化基础设施建设项目的数量和质量均有较大提升。

调研中发现，当前樟树市在推进新型城镇化过程中，基础设施建设投融资资金主要来源渠道有：樟树市本级财政预算内资金、中央预算内资金和上级补助、国有企业融资平台融资资金、专项债务资金等。近年来，樟树市新型城镇化基础设施项目投融资具体情况如下。

1. 樟树市本级财政用于樟树市城镇化建设的投入力度不断加大

市本级财政加大了对城镇化建设支出的投入力度，稳步提高城镇化建设的财政资金投入增量，充分发挥财政资金在城镇化建设中的引导作用。聚焦城镇基础设施建设、社会事业领域项目建设。2018~2022年，樟树市财政资金累计支持城镇化建设投入5.034亿元，其中，2018年投入1.19亿元，2019年投入1.18亿元，2020年投入1.44亿元，2021年投入8270万元，2022年投入3970万元。先后完成了滨江大道、盐城大道一二标段、滨江新城九条路网、滨江中学、滨江小学、老城区道路管网改造、保障性住房等项目建设，药都大桥及经楼连接线、中医院整体搬迁、四校合一、三馆合一、樟树二中改扩建工程等。一系列项目建设的开展，有效改善了城区的路网设施、教育设施、医疗设施、住房设施配套等。

2. 积极争取上级资金、中央预算内资金支持樟树市城镇化建设

由于本级财政收入能力有限，樟树市积极关注中央有关政策，通过加大跑项目争资金的工作力度，积极争取上级资金支持，缓解地方财政在新型城镇化建设过程中的支出资金压力。2021年争取到上级资金24.2亿元，2022年争取到上级资金18.89亿元。其中樟树市发改委2018~2022年共争取到中央预算内资金12.28亿元，具体为：2018年争取到中央预算内资金1.23亿元，2019年争取到中央预算内资金1.42亿元，2020年争取到中央预算内资金3.08亿元，2021年争取到中央预算内资金4.63亿元，2022年争取到中央预算内资金1.92亿元，极大缓解了樟树市政府财政压力。

3. 积极争取债券和基金用于支持樟树市城镇化建设

近年来，樟树市极力向上争取债券资金项目用于城镇化建设。2020~2022年以来，共发债63.36亿元，其中专项发行55.9亿元，一般债发行7.41亿元。按年度分布情况来看：2020年专项债9.95亿元，一般债2.59亿元；2021年专项债19.6亿元，一般债2.85亿元；2022年专项债26.4亿元，一般债1.97亿元。此外，樟树市在用好用活政策性开发性金融工具来支持城镇化建设方面也取得了较好的成绩。如，2022年樟树市分两批次申报基金项目12个，通过国家审核项目6个，总投资64.7亿元，基金需求6.47亿元，其中银行已投放基金项目1个，投放金融1.06亿元，用于支持建设樟树市中药材加工及现代冷链仓储物流项目。

4. 积极争取国有政策性银行的贷款来筹集城镇化建设资金

樟树市作为江西省唯一的县级市国家新型城镇化综合试点地区，目前有银行机构14家，主要支持樟树市新型城镇化基础设施建设的银行机构仅农发行樟树市支行。近年来，农发行樟树市支行紧紧围绕服务樟树市地方经济发展有关战略，支持樟树市新型城镇化基础设施建设的力度逐年加大。截至2023年6月底，农发行樟树支行存量项目贷款中，城乡一体化项目贷款余额达37.19亿元，占支行贷款比例的48.1%，约占银行现有业务量的一半。其中清江公司的樟树市新型城镇化建设（一期）项目，属于总行2015年8月审批的项目，审批金额27亿元，截至2023年5月底贷款余额为19.15亿元。在农发行樟树市支行的大力支持下，樟树市新型城镇化建设重点项目融资难题得到有效缓解，部分供水排水项目、燃气管道设施项目、棚户区及老旧小区改造项目顺利推进，提升了城镇的承载力，加速了城镇经济的发展，与此同时也促进了樟树市城乡融合的发展（见表3-3）。

表3-3　樟树市城市公用设施固定资产投资情况

单位：万元

年份	本年完成老旧小区改造投资	供水	燃气	道路桥梁	排水	污水处理	园林绿化	市容环境卫生
2015	—	295	658	19300	9000	2000	500	480
2018	—	1388	1964	19090	2171	900	2614	662
2020	20508	1886	516	25621	7639	7160	12189	1345
2021	27842	3013	479	47760	13908	1500	3680	2052
2022	26874	1288	727	59730	26061	12000	3607	8849

资料来源：根据樟树市相关部门提供的资料整理而得。

5. 积极探索债券融资

为拓展城镇化建设融资渠道，樟树市积极探索债券融资，针对不同城镇化建设项目，合理有序发行债券。目前，樟树市国投集团、樟树市发投公司已经启动申报额度分别为20亿元、10亿元的公司私募债发行工作，樟树市城投公司已启动申报额度为15亿元的企业债发行工作。

6. 充分调动社会资本参与城镇化建设的积极性

樟树市先后探索将2020年城市棚户区改造、河西港区港城一体化海绵城市建设等7个项目纳入PPP项目库，鼓励和引导社会资本通过

PPP模式参与新型城镇化建设,有力推动了城镇建设项目的落地实施(见表3-4)。

表3-4 樟树市市政公用设施建设固定资产投资来源情况

单位:万元

年份	本年实际到位资金	本年资金来源合计	国家预算资金	其中:中央预算资金	国内贷款	债券	利用外资	自筹资金
2017	43253.52	43253.52	30998.02	568	0	0	0	12255.5
2021	192169	192169	176730	0	0	0	0	15439

资料来源:《江西城市建设年鉴》(2018、2021年)。

(三)面临的问题与挑战

第一,基层政府地方财政能力有限,在基础设施建设和基本公共服务领域投资不足。城镇化建设过程中,基层政府完善本地公共基础配套设施、提升本地基本公共服务水平需要大量的资金投入,并且基层政府财政支出中民生支出的刚性需求也日益扩张。然而,近年来,中央预算内资金大量投向农村,而城镇的基础设施建设、社会事业支出主要依靠县(市)本级财政支持。现实中,随着农村人口不断地向城镇聚集,农村空心化趋势日益明显,部分文化、教育、体育设施等日益闲置。而城镇随着人口大幅增加、人口密度急剧提升,城镇公用设施日益短缺,基层地方政府建设城镇道路、地下管廊、公共绿地、文化教育、医疗卫生、体育健身等公共基础设施和基本公共服务的资金压力日益加大。

第二,地方融资平台参与城镇基础设施建设投资的资金压力加大。目前,樟树市参与城镇基础设施建设的主要是樟树市本地的四家地方政府融资平台。地方融资平台融资渠道单一,主要依靠银行贷款来获取城镇化建设项目资金。随着融资平台负债逐年增加,还本支出逐年增大,融资平台公司的可持续发展受到严重挑战。同时城镇基础设施项目或公共服务项目都是纯公益性项目,缺乏营利性,根据现有的贷款审批政策,融资平台获取贷款的难度日益增加,未来城镇化项目建设资金的保障力度将受到严峻的挑战。

第三,项目盈利能力差,难以获得可持续性贷款资金支持。以农发行樟树市支行参与樟树市新型城镇化基础设施建设项目为例,由于城市基础设施建设项目所需的资金贷款周期长、金额大、利率低以及盈利性较差,近几年农发行樟树市支行受理的固定资产贷款项目本身大部分无法盈利,例如道路、桥梁等基础设施建设,其项目本身盈利微薄,如果要满足贷款要求,则需要提供大量其他业务收益作为第一还款来源覆盖本息并为项目质押,这给企业造成了巨大压力。农发行对还款来源的佐证要求逐渐严格,对只有宽泛政策规定而贷款时无法实际落实的收入不予认可,收入认定困难,项目贷款的第一还款来源更难以落实,导致城镇基础设施建设项目贷款资金可持续受到较大影响,资金需求的紧张问题将持续存在,也将一定程度上影响樟树市城镇化建设的稳步发展。

(四)对策与建议

一是探索扩大专项债券资金支持领域和覆盖范围。当前,县级财政基本比较困难,项目投资主要来源于平台公司融资和专项债券,加上中央收紧融资政策,限制地方政府大规模举债,导致地方政府城镇化基础设施投资项目的资金主要来源渠道为专项债券,而专项债券对城市基础设施项目投向范围较窄,仅仅用于支持老旧小区改造、供水、供气等领域,对于城市道路桥梁、园林绿化等无收益项目均不支持,导致地方在基础设施投资方面财政压力较大。根据地方城镇化建设资金需求方向，适时扩大专项债券覆盖范围，将更多类型的城镇化基础设施项目纳入专项债券支持范围，减轻基层政府城镇化建设项目资金压力。

二是处理好政府与市场的关系，政府加强对基础建设投融资的管理。政府在管理的过程中，应该清晰定位自身的职权，在建设项目的管理中发挥自身的管理优势。在建设具有一定投资回报的城市基础设施时，应该吸引更多的民间资本，引导其加大对城市建设项目的资本投入力度。积极推动市场经济发展，政府应该积极参与其运营机制，对建设项目中的改造内容进行完善设计，使其更符合群众的需求，再进行施工，进一步加快城市的基础建设项目进程。

三是提高地方融资平台的融资能力，逐步加大对市政公用事业项目建设的投资力度。完善国有资产管理机制，优化整合国有资产资源，增强国有资产的市场化运营程度，激发国有企业平台营收积极性，提升平台公司业务能力。加大对市政公用事业特许经营的城镇供水、供气、污水垃圾处理、园林绿化、公共交通、停车场等基础设施和市政公用事业领域的投入。

四是积极招商引资，争取投资主体多元化。政府应进一步加大招商引资力度，在控制风险的情况下，引导更多社会资本参与城镇化基础设施项目建设，使投资主体呈现多元化。在推进完全公益性质的建设项目时探索利用部分政府财政补贴吸引社会投资者参与，给投资企业和单位一定程度的福利收益，从而吸引更多的投资者参与到城镇化过程中城市基础设施项目的投资。

五是加强各类资金管理，提高项目建设资金使用效益。完善相关资金管理政策文件，加强对城镇化公共服务设施项目建设的调度，强化各方面的资金支出衔接，保障资金及时拨付到位，确保项目建设进度。同时，完善相关的法律法规政策等，增强成本效益意识，围绕资金使用目标，对项目资金使用进行全过程监控，同时建立项目绩效评价机制，对项目建设绩效评价结果进行及时反馈，有关问题及时整改，使城市基础建设项目向更快更好的方向发展，加快城市建设的进程，支撑城市经济的发展，并保证城市加快实现可持续健康发展。

三 产城融合与新型城镇化——以贵溪市为例

产业和城镇化具有天然的互动关系，两者融合发展，既有利于拓展产业发展空间，又有利于培育新型城镇化的动力机制。新型城镇化是以人为本的城镇化，也是城乡一体、产城互动的城镇化。因此，推进产城融合发展是实现新型城镇化的重要基础。

为积极稳妥有序推进产城融合工作，2016年，江西省发展改革委、省住建厅、省国土厅联合印发了《江西省产城融合实施方案》，对示范区范围、建设任务、体制机制创新和支持措施等提出了明确要求，并明确指出在一些基础条件好、特色突出的地区开展产城融合示范区建设，积极探索产业与城市融合发展新路径，推动新型城镇化持续健康发展。2017年，江西省发改委、江西省住建厅、江西省国土厅联合发布了《关于公布省级产城融合示范区试点名单的通知》，有15个县（市、区）被列入省级示范区建设名单，其中贵溪市位列其中。

近年来，贵溪市在产城融合示范区建设中，始终坚持创新、协调、绿色、开放、共享的新发展理念来推进新型城镇化发展，始终遵循城市的发展规律，统筹全市生产、生活、生态布局，始终坚持走以产兴城、以城带产、产城融合、城乡一体化的发展道路，新型城镇化建设取得了显著的成效。

（一）贵溪市新型城镇化基本情况

贵溪市始终锚定专业功能县发展定位，全面实施以人为核心、高质量为导向,面向现代化的新型城镇化战略,城镇综合承载力全面增强,城市基础设施网络日趋完善,教育、医疗、住房等公共服务体系实现城镇常住人口更高水平的全覆盖,生态环境质量明显改善,每年新增城镇常住人口 7500 人左右。2012 年,贵溪市城镇常住人口仅为 22.79 万人,到 2022 年底贵溪市城镇常住人口达到 30.30 万人(见表 3-5)。2023 年底,贵溪市常住人口城镇化率达 57%,城乡居民人均可支配收入比降至 2.0∶1;城镇普惠性幼儿园覆盖率 88.5%,县域内就诊率达 87%,城区垃圾无害化处理率达 95%,乡镇垃圾无害化处理率达 90%,城镇人均体育活动场地面积 2.2 平方米,城市建成区绿化覆盖率达 42.5%。

表 3-5 贵溪市城镇化主要指标变化情况

主要指标	单位	2012 年	2022 年
常住人口	万人	55.58	54.15
城镇常住人口	万人	22.79	30.30
农村常住人口	万人	32.79	23.84
常住人口城镇化率	%	41.01	55.96
人口自然增长率	‰	—	-0.22
行政区域面积	平方公里	2492.79	2493
城镇居民人均可支配收入	元	22273	44814
农村居民人均可支配收入	元	8660	21830

资料来源:由贵溪市统计局提供,其中人口数据包含龙虎山数据。

(二)产城融合经验做法与成效

1. 强化产业发展,以产兴城

一是优化产业空间布局,拓展产业发展空间。贵溪市始终按照布局合理、产业协同、资源节约、生态环保的要求,依托资源环境承载能力、发展基础和根据未来需求,立足全市城市空间发展战略和重大产业分布现状,按照产业、空间、交通联动发展的理念,加快构建"一轴、两区、八园"的产业发展空间格局,以产业的发展带动城市的发展,推动新型城镇化的建设进程。一轴:即余信贵大道产业发展轴。推动园区(基地)空间整合和体制融合,加快贵溪经开区扩区调区步伐,打造千亿园区。两区:即城北产业发展区和城西产业发展区。八园:即特色鲜明的八个主题产业园,包括铜精深加工产业园、高端线缆线束产业园、数字经济产业园、高端智能制造产业园、绿色照明产业园、铝精深加工产业园、生态科技产业园、新材料产业园。[①]

二是加快构建现代化产业体系,夯实新型城镇化建设的经济基础和发展动力。一方面,贵溪市通过铜精深加工、数字经济、智能制造、绿色照明、电子信息、新材料等主导产业,深入实施产业链铸链强链延链引链补链工程,同时大力发展数字经济,以数字化促进产业基础高级化、产业链现代化,全面提升产业链供应链稳定性和竞争力,持续提升"贵溪制造"竞争力,重塑"贵溪制造"辉煌。另一方面,贵溪市大力发展现代服务业,坚持生产性服务业与生活性服务业并重发展,在积极推进生产性服务业与先进制造业融合发展的同时,加快构建现代服务业新体系。现代服务业的加快发展不仅为贵溪市主导产业做大做强做优奠定了较好的基础,为城乡居民的就业和持续增收拓宽了渠道,也助推了新型城镇的建设(见表3-6)。

表3-6 贵溪市主导产业发展情况

指标名称	2018年	2019年	2020年	2021年	2022年
规上企业数量(家)	107	122	136	166	194
规上工业企业营业收入(亿元)	2923.1	3259.07	3714.25	2398.02	2725.82
首位产业营业收入(铜产业)(亿元)	2823.99	3139.86	3570.2	2195.32	2503.41

---

① 参见《贵溪市国民经济和社会发展第十四个五年规划和二〇三五年远景目标纲要(含解读)》,http://www.guixi.gov.cn/art/2022/12/30/art_6229_1267843.html,2022年12月30日。

续表

指标名称	2018年	2019年	2020年	2021年	2022年
主导产业营业收入（绿色照明、数字经济、高端智能制造、新能源）（亿元）	7.83	11.13	15.84	17.30	17.00
新兴产业营业收入（电子信息产业、节能环保产业、物联网核心及关联产业、装备制造产业、石化产业）（亿元）	7.43	302.12	534.12	770.83	822.86

资料来源：由贵溪市工信局提供。

随着产业的不断发展，贵溪市综合经济实力持续提升，同时产业发展也带动新型城镇化发展取得了良好的效果。2022年，贵溪市新增城镇就业6186人、新增转移农村劳动力6623人；同时，城乡居民收入实现稳定增长，城镇居民人均可支配收入达到44814元，农村居民人均可支配收入达到21830元，城镇常住人口城镇化率达到55.96%。

2. 完善城市基础设施配套与功能建设，以城带产

近年来，贵溪市聚焦完善基础设施建设，通过加快推进重点路网建设、海绵城市建设、市容市貌专项整治行动以及老旧小区改造等城市功能与品质提升行动，城市品质能力持续提升，为经济发展提供了强力的支撑。从贵溪市市政公用设施水平来看，2012年，贵溪市人口密度为1424人/平方公里，人均日生活用水量为134.42升，供水普及率达71.20%，燃气普及率为98.00%，建成区供水管道密度为7.86公里/平方公里，人均城市道路面积为15.99平方米，建成区排水管道密度为6.02公里/平方公里，污水处理率为45.85%，人均公园绿地面积为12.09平方米，建成区绿化覆盖率为41.77%（见表3-7）。2022年，贵溪市各类市政基础配套公用设施均显著改善。

表 3-7　贵溪市新型城镇化中城镇基本配套服务建设变化情况

主要指标	单位	2012 年	2022 年
科技支出占财政支出比重	%	0.80	2.44
教育支出占财政支出比重	%	17.06	19.83
每千人拥有医疗机构床位	个	3.27	6.42
供水普及率	%	71.20	99.99
燃气普及率	%	98.00	100.00
建成区面积	平方公里	—	40.76
垃圾处理率	%	75.00	100
人均公园绿地面积	平方米	12.09	14.27
建成区绿化覆盖率	%	41.77	43.05
人均固定资产投资（全市）	万元	3.70	5.2

资料来源：由贵溪市统计局提供。

贵溪市城市基础设施建设的不断完善，在带动贵溪市产业加速发展的同时，也显著提升了贵溪市经济综合实力。2021 年，贵溪市全年实现地区生产总值 592.32 亿元，同比增长 9.5%。其中，第二产业增加值 359.38 亿元，同比增长 9.6%；三次产业结构调整为 6.8∶60.7∶32.5；人均生产总值为 109587.4 元，同比增长 17.3%；完成财政总收入 86.14 亿元，同比增长 25.3%；一般公共预算收入 41.35 亿元，同比增长 5.5%。城镇居民人均可支配收入 43006 元，同比增长 8.6%；农村居民人均可支配收入 20645 元，同比增长 9.4%。2022 年，贵溪市全市地区生产总值 641.78 亿元；三次产业结构调整为 6.5∶61.2∶32.3；人均生产总值为 118649.5 元，一般公共预算收入 48.18 亿元，同比增长 16.5%；规上工业营业收入实现 2725.82 亿元，同比增长 12.4%。

3. 以经开区产城融合示范区建设为重点，强化示范带动

贵溪经开区位于贵溪城区和鹰潭市区的结合部，320 国道、鹰雄大道穿境而过，总体规划面积16.7平方公里。2002年10月，市委、市政府决定充分利用320国道的交通优势和近郊大片沉寂的荒地，在毗邻罗河镇辖区的荒野，建立罗河工业园区，开启了经济开发区建设的序幕。截至2022年底，经开区有规模以上企业110家，高新技术企业60家，江西民营企业100强企业4家，江西制造业民营企业7家。2022年，完成主营业务收入1618.21亿元，同比增长18.09%，完成财政收入26.98亿元，同比增长19%。完成规上企业工业增加值235.98亿元，同比增长15.86%（见表3-8）；完成利润总额32.71亿元，同比增长18.56%；完成固定资产投资96.29亿元，同比增长10%；新增规上企业18家；完成现汇进资2832.188万美元。已形成了铜产业、光电产业、智能制造为主，化工建材、医药食品、机械制造等为辅的产业聚集发展格局。先后荣获2019~2021年度全省工业崛起园区发展专项奖、江西省2022年产业集群高质量跨越式发展示范园区等荣誉，铜及铜加工产业集群被评为五星产业集群。在聚焦产业发展的同时，经开区十分注重推进产城融合的发展。贵溪市经开区通过统筹产业和城市空间布局，合理划分产业发展、公共服务和生态用地比例，推动贵溪经开区向城市综合功能区转型，打造现代化产业新城。实施了开发区"新九通一平"工程，加快园区和城镇基础设施、产业发展、创新体系、基本公共服务和生态环保一体化布局，率先推进了5G网络、物联网、大数据等新型基础设施建设，构建了"大园区+小城市"的公共服务网络，完善了公共服务、居住、商务等城市配套工程，重点推进了邻里中心建设，提升了综合承载能力和服务水平。近年来，园区办公、住宿、餐饮、购物等配套设施建设不断完善，同时通过加快经开区青石桥综合服务区建设，建成了集金融、人才、商务于一体的综合服务中心。通过开展园区智慧化建设，园区及区内企业统一接入省工业园区智慧平台，让入园企业基本实现不出园区就能享受到各项服务。通过加快推进职业教育培训基地建设，为入园企业在人才培养引进和解决企业招工难等方面提供了良好的基础。贵溪市经开区正全方位促进园区由2.0向3.0版本升级,通过引进专业园区开发公司,合作开发项目,统一规划招商,提升服务质量,推动经开区由单一的工业园区逐步转变为以产业为主导的多功能综合性园区。目前,经开区常住人口数量在不断提升。2010年第六次全国人口普查数据统计显示,贵溪市工业园区常住人口总数为779人,家庭总户数为85户。2020年第七次全国人口普查数据统计显示,贵溪市工业园区常住人口总数达到4555人,年龄结构中,0~14岁总人数有234人,15~59岁总人数有4076人。[1] 可见,贵溪市在促进产业集聚发展、不断壮大的同时,也吸引了人口的持续加速集聚。经开区在促进产城融合发展、实现经济稳健增长的同时,也带动了全市新型城镇化的加快发展。未来贵溪市经开区将努力实现打造"千亿园区"目标,加速推进经开区升格为国家级经济技术开发区步伐。

表3-8 贵溪市经开区推进产城融合发展中经济发展情况

主要经济指标	2018年	2022年
规上企业(家)	67	110
主营业务收入(亿元)	535.8	1618.21
主营业务收入同比增长(%)	30.71	18.09
规上企业工业增加值(亿元)	74.2	235.98
工业增加值同比增长(%)	14.9	15.86
财政收入(亿元)	25.37	26.98
财政收入同比增长(%)	16.85	19

资料来源:根据贵溪市经开区年度工作报告整理而得。

---

[1] 参见《贵溪市工业园区人口2020年第七次人口普查人口数据情况》[EB/OL],https://www.hongheiku.com/xzlishi/23179.html,2023年6月10日。

（三）存在的主要问题

1. 本地产业对城镇就业人口的吸引力不强，市域人口外流趋势明显

贵溪市地处赣东北区域，靠近长三角地区，在城镇化发展进程中受"虹吸效应"负面影响较大，特别是高铁时代的到来，本市人口外流现象严重。调查显示，当前贵溪市域常住人口为54万人，户籍人口64.7万人，人口净流出10.7万人。2022年，贵溪市城镇化率仅为55.7%，远低于鹰潭市的67.53%，如何提升城镇化水平、留住本地人口，是贵溪市城镇化发展中所面临的主要问题。

2. 城市短板弱项仍旧突出，制约了本地产业的做强做优

贵溪市积极推进以县城为重要载体的新型城镇化建设，但城市建设短板弱项依然明显。一是城市品质建设水平不高。水、电、路、气及污水管网、垃圾处理、停车等城镇基础设施相对滞后，老旧小区、背街小巷、"断头路"等改造提升任务大，城市公园绿地少、生态空间利用率不高，智慧城市应用推广仍不足。二是高质量公共服务供给不优。教育、医疗、卫生、生态环境等事关社会民生的公共服务供给只是基本达标，优质服务供给不足，城市托幼、养老、家政以及居民文化、休闲、健身等配套设施短板依旧突出。

3. 经开区产城融合示范区示范效应有待提升

在实地调查中，有关部门反映，贵溪市经开区园区目前仅能解决职工日常基本的餐饮、住宿、零售需求，购物、百货、文体娱乐、医疗卫生、教育等生活服务需求未能得到解决，园区务工人员只能到贵溪市区解决生活服务需求，且贵溪市经开区目前距离贵溪市商业中心5公里，园区职工需通过公交、非机动车、摩托车等方式前往，对于园区务工人员来说非常不便。生活配套服务的不完善一定程度上限制了园区对各类各层次人才的吸引,也加剧了园区企业招工难、留住工人更难的困境,最终影响到园区产业的转型升级和做强做优。

(四)对策与建议

1. 以提升城镇公共服务体系的综合承载力为核心,着力优化产业发展的基础

一是完善教育配套服务。推动"幼有所育"迈入"幼有善育",支持社会组织、企业、事业单位等发展社区托育服务设施和综合托育服务机构,多渠道增加普惠性幼儿园供给。推动"学有所教"迈入"学有优教",推进义务教育学校标准化建设,补齐寄宿制学校、教师周转房和劳动实践基地短板,做强优质中学等优质教育资源。

二是完善就业配套服务。推动"劳有所得"迈入"劳有厚得"。加快推进鹰潭国际陆港经济区建设,加快推进乡镇产业园、返乡创业园等建设,推动居民就近就业创业。同时,组织开展面向全社会的职业招聘活动,力争每年新增城镇就业人数逐年提升,让本地居民能基本实现在家门口就业。此外,加强职业技能培训和新职业新业态培训,落实好培训补贴政策,提升劳动力的技能水平,提高产业生产要素的产出效率。

三是完善医疗配套服务。推动"病有所医"迈入"病有良医"。推进贵溪市人民医院业务大楼、妇幼保健院综合大楼等项目建设,加强社区卫生服务中心标准化建设;启动智慧医疗建设,实现全市医疗卫生机构的远程医疗服务体系全覆盖。

四是完善养老与扶弱配套服务。一方面,推动"老有所养"迈入"老有颐养"。通过改造提升一批社区居家养老服务中心,持续提升城镇养老机构护理型床位占比;发挥老年大学活动阵地作用,科学规划专业设置,组织形式多样的文体教学活动,满足老年人多元化需求。另一方面，加强对困难弱势群体的帮扶服务。推动"弱有所扶"迈入"弱有准扶"，落实好针对贫困老年人、重病患者、重度残疾人等特殊群体的社会救助政策。加快推进社会福利院、留守妇女儿童之家、残疾人康复中心等项目建设，不断提升全民的满意度、幸福感。

五是持续改善城镇居民居住环境。推动"住有所居"迈入"住有好居"，推进老旧小区改造。根据计划安排，每年完成一定数量的老旧小区改造，同时促进房地产市场平稳发展，规划建设绿色建筑、装配式建筑等健康、舒适的高品质住宅小区，强化完成装配式建筑开发项目建设占比。

2. 着力推动城镇设施向"四化"发展，增强产业发展的优势

一是推动城市便利化发展。加快推进贵溪九牛滩综合货运码头、贵溪通用机场等重大交通运输项目建设；分批推进城区主次干道、断头路、小街小巷改造提升，统筹布局停车设施；完成贵溪市城区污水处理提质增效项目和集镇生活污水管网项目建设；推进垃圾分类收集亭、垃圾桶、垃圾分类中转站等环卫设施建设。

二是推动城市品质化发展。打造"两江三岸"城市天际线，在沿线布置一批铜元素路灯、铜牌坊、铜雕塑、道教和心学广告牌。

三是推动城市绿色化发展。加快推进城东片区、老城区和柏里片区海绵城市示范区建设，力争尽快实现城市建成区50%的面积达到海绵城市建设要求；推进城市道路绿化隔离带、道路分车带和行道树的绿化建设，增加乔木种植比重；开展城区黑臭水体整治，主要河流断面水质达标率保持100%。

四是推动城市数字化发展。推进5G网络、千兆光网、移动物联网等基础设施建设，在全市建成更多5G基站，逐步提高5G基站的覆盖率。推进部门间数据共享，持续升级"赣服通"县市分厅和"赣政通"县市分厅功能，不断提升政务服务事项"网上可办"的比例。推动社区公共设施数字化、网络化、智能化改造，建成更多的智慧社区。

3. 强化经开区园区配套建设，为园区产业发展提供优质配套服务

一是持续加强园区内商业服务配套设施建设。在青桥杨家、职中附近增加商业服务设施配套，利用良好的地域优势，深化产城融合发展理念，完善中小型超市、便利店、生鲜食品超市、餐饮、酒店等服务网点布局，为园区居民打造"十五分钟生活圈"，让园区居民日常生活更加便捷。

二是优化园区空间布局。持续完善园区东西两侧的基本生活配套服务设施。目前园区东侧有城西生活片区，有餐饮、汽修、理发、零售等基本生活配套，逐步解决园区发展中存在的产城分离问题，加快解决园区内配套仍然不足、生活不便的问题，在完善园区配套设施的同时，考虑与城西生活片区的协调发展。

三是加强与园区周边乡镇的互动发展。基于贵溪市经开区南侧与罗河镇接壤，强化园区与罗河镇的连接与互动，依托园区发展平台，将新320国道南侧团山吴家、洋塘徐家村庄，打造美丽乡村，同时在园区与罗河镇的连接处，集中配套融商业、教育、医疗、仓储等多种功能为一体的基础服务设施，形成"以产促城，以城兴产，产城融合"的良好发展模式，为园区吸引人才、留住人才提供了更好的保证。

四　江西人才集聚与县域新型城镇化研究

党的二十大报告指出："必须坚持科技是第一生产力、人才是第一资源、创新是第一动力，深入实施科教兴国战略、人才强国战略、创新驱动发展战略，开辟发展新领域新赛道，不断塑造发展新动能新优势。"这表明教育、科技、人才是全面建设中国式现代化、建设社会主义现代化强国的基础性、战略性支撑，亦表明坚持"人才强县"是推进县域新型城镇化的必由之路。县城作为中国城镇化的基本地域单元和重要载体，在推进新型城镇化建设过程中更要强化人才对县城高质量发展的根本性作用。

2023年7月，江西省委书记尹弘同志深入抚州金溪县、资溪县、南城县、南丰县等地调研时强调"要突出特色优势，立足资源禀赋，坚持宜工则工、宜农则农、宜商则商、宜游则游，以特色厚植优势，以创新激活动能，全力推动县域经济发展提质增效，切实以一域之光为全省高质量发展增光添彩"。人才集聚是以人为本的新型城镇化水平提升不可或缺的动力和必然结果，江西省高度重视县域经济发展及以创新赋能县域高质量发展，因此依靠人才集聚促进县域新型城镇化发展既是响应习近平总书记对人才强国的先进思想，也是符合江西省对县域高质量发展的必然要求。

（一）江西县域加强人才集聚的政策特征

近年来，江西省坚持以习近平新时代中国特色社会主义思想为指导，深入学习贯彻习近平总书记视察江西重要讲话精神，突出全方位培养人才、引才用才留才理念，不断加强人才人事工作，全方位多层次多举措推动人才集聚。各县级政府为落实《江西省人力资源和社会保障事业发展"十四五"规划》和各市人力资源和社会保障事业发展"十四五"规划，纷纷出台相应的人才政策。总结江西省县域人才政策，基本呈现以下几个方面的特征。

1.人才政策机制逐渐健全

江西省在"十三五"时期坚持党对人才工作的全面领导，通过政策引导、激励等一系列举措，有效激发人才创造活力，人才队伍体系机制逐步健全。截至 2023 年 8 月，已有 17 个县区相继在江西省人才综合信息服务平台发布了人才引进类方案①，如表 3-9 所示。其中，玉山县和湘东区发布引才类政策数量具有优势。综合各县区发布的人才政策内容，主要体现在人才引进方式、政策待遇、奖励范围、引进程序、考核管理和引进机制等方面。大多县区也对人才就业环境、配偶就业及子女入学等生活保障方面给予政策支持。此外，崇义县积极实施人才安居工程，制定《崇义县人才住房筹建三年行动方案（2022—2024 年）》，创新出台《崇义县人才住房管理办法》，构建"以租为主、租售并举"的人才住房保障体系，灵活解决各类人才住房需求，实现人才"来崇有房住、留崇有住房"，让人才来了"住得好"，畅通人才子女就学、家属随迁、落户安居等"绿色通道"，想方设法解决人才"关键小事"，切实解决人才发展的后顾之忧。

表 3-9　江西省部分县区人才引进政策情况

序号	县（区）	人才引进政策	发布时间
1	玉山县	《玉山县柔性引才汇智工程实施办法(试行)》	2020 年 9 月
2	玉山县	《玉山县本土人才提质计划实施办法(试行)》	2020 年 9 月
3	上栗县	《上栗县"栗水英才"行动计划实施方案》	2019 年 3 月
4	湘东区	《湘东区"湘（东）人回归计划"实施方案》	2019 年 3 月
5	鄱阳县	《鄱阳县鼓励引导人才向基层流动的若干措施(试行)》	2020 年 5 月
6	莲花县	《莲花县急需紧缺人才引进实施办法》	2019 年 3 月
7	湘东区	《湘东区招商引资优惠办法(试行)》	2019 年 3 月
8	宜丰县	《关于印发宜丰县引进高层次人才 20 条实施办法(试行)》	2018 年 12 月
9	乐安县	《乐安县急需紧缺人才引进办法(暂行)》	2018 年 11 月
10	玉山县	《玉山县本土人才培养"十百千"计划实施意见》	2018 年 10 月
11	奉新县	《奉新县高层次人才引进办法(试行)》	2018 年 9 月
12	靖安县	《关于加强全县人才队伍建设的意见》	2018 年 9 月

① 信息来源于江西省人才综合信息服务平台，网址：http://rc.jxzzb.gov.cn/。

续表

序号	县（区）	人才引进政策	发布时间
13	宜黄县	《宜黄县鼓励科技创新奖励办法》	2018年7月
14	广昌县	《广昌县引进人才办法（暂行）》	2018年6月
15	崇仁县	《崇仁县企业人才引进支持服务办法（试行）》	2018年5月
16	玉山县	《关于全面推进人才"领头雁"工程的实施意见》	2017年4月
17	横峰县	《横峰县"岑山英才工程"实施方案》	2017年3月

资料来源：江西省人才综合信息服务平台。

2. 人才投入水平稳步提升

全面实施人才强县战略，不断强化加快县域发展的人才支撑离不开人才引进、培养、使用和管理领域的专项经费投入保障。截至2022年，江西省共出台2条人才工程政策、14条人才引进政策、10条人才培养政策、16条人才激励政策、17条人才评价政策、5条人才管理政策、9条人才服务政策、16条人才平台载体建设政策和10条支持用人单位发展政策，为有效引导江西省县域人才政策出台、提升人才投入水平提供了借鉴与参考[①]。例如，乐安县每年由县财政安排县人才发展专项资金300万元，根据上年度专项基金使用情况每年补足预算金300万元；靖安县设立1000万元全县人才专项资金，并逐年增加投入，主要用于人才的引进、培养、奖励等；丰城市财政每年安排预算3000万元（含100万元市委人才办人才工作专项经费）"5621"人才工程专项资金。对各县区发布的人才引进政策保障内容进行统计发现，主要涉及奖励补贴、生活补贴、住房补贴、交通补贴、健康服务、科研服务、税收优惠、培训服务、配偶随迁、子女入学、户籍办理、精神激励和建专家库等方面，如表3-10所示。

---

① 资料来源：江西省人才综合信息服务平台，http://rc.jxzzb.gov.cn/。

表 3-10　江西省部分县区市人才引进专项资金投入情况

序号	县（区）	人才引进专项资金	实施时间
1	丰城市	市财政每年安排预算3000万元（含100万元市委人才办人才工作专项经费）"5621"人才工程专项资金	2022年12月
2	湘东区	区政府设立人才专项基金200万元，用于人才引进鼓励和扶持政策的兑现	2019年3月
3	高安市	市财政每年安排预算3000万元人才发展专项基金，专门用于高层次人才生活待遇、购房补贴、创业扶持及人才激励等	2018年11月
4	乐安县	县财政安排县人才发展专项资金300万元，根据上年度专项基金使用情况每年补足预算金300万元	2018年11月
5	靖安县	设立1000万元全县人才专项资金，并逐年增加投入，主要用于人才的引进、培养、奖励等	2018年9月
6	广昌县	县财政安排县人才发展专项资金不少于300万元，主要用于奖励补贴、生活补助、住房保障、建站补助以及开展人才引进评审认定、宣传推介、招聘组织、管理服务和数据库等有关工作经费	2018年6月

资料来源：江西省人才综合信息服务平台和县域人才办官方网站。

3. 人才载体建设取得成效

加强县域人才载体建设是持续深化人才集聚的重要举措。截至2022年，江西省县区在人才载体建设方面取得成效，表3-11显示部分县区在科研平台载体和高科技类企业方面的人才载体建设情况。例如，南昌县8家企业入选全省高成长性科技型企业名单，飞尚科技、佳时特精密机械等43家企业获评省级"专精特新"中小企业，均创历史新高。全县462家企业入库国家科技型中小企业，同比增长39.5%。全年共有省级工程（技术）研究中心12家，省级重点实验室2家，高新技术企业310家，科技型中小企业453家。上高县有研发活动企业88家，占比41.5%，同比提高6.9个百分点，有5个创新平台获批市级工程技术研究中心，18家企业被认定为国家高新技术企业，全县有效期内高新技术企业总量55

家,入库国家科技型中小企业101家,天成锂业被认定为省瞪羚企业(潜在),新威动力获评省绿色技术创新企业。上犹县年末共有高新技术企业51家;石城县全年新认定高新技术企业9家,累计26家。认定科技型中小企业62家,累计164家。红谷滩区本年新增市级重点实验室3家、市级工程技术研究中心1家,新增省级"专精特新"中小企业10家,新增"瞪羚"企业4家,新增高新技术企业51家,科技型中小企业达254家。丰城市全年获批省级创新平台载体7家,累计拥有省级专精特新企业11家,高技术产业企业78个。袁州区年末共有国家级创新载体2个,国家火炬宜春袁州锂电新能源特色产业基地1个,国家宜春(西村)农业科技园区1个;国家地方联合工程研究中心2家;省级创新平台共10家(其中省级工程技术研究中心7家,省级重点实验室2家,省级技术创新中心1家);省级生物医药高新技术产业化基地1个(医药工业园);市级创新平台33家;国家高新技术企业61家;科技型中小企业入库数175家。

表3-11 江西省部分县区市人才平台载体建设情况

序号	县(区)		人才平台载体建设(截至2022年)
1	南昌县	科研平台载体	省级工程(技术)研究中心12家,省级重点实验室2家
		高科技类企业	国家科技型中小企业462家,高新技术企业310家,科技型中小企业453家,高成长性科技型企业名单8家
2	红谷滩区	科研平台载体	新增市级重点实验室3家、市级工程技术研究中心1家
		高科技类企业	新增省级"专精特新"中小企业10家,新增"瞪羚"企业4家,新增高新技术企业51家,科技型中小企业达254家
3	丰城市	科研平台载体	获批省级创新平台载体7个
		高科技类企业	省级"专精特新"企业11家,高技术产业企业78家
4	高安市	科研平台载体	规上工业企业中研发机构占比达52%,位列宜春第1。金穗丰入选省级博士后创新实践基地,实现"零"的突破
		高科技类企业	新增入库科技型中小企业180家,高新技术企业认定32家,"瞪羚"企业2家

续表

序号	县（区）	人才平台载体建设（截至 2022 年）	
5	乐安县	科研平台载体	成立全市首家县域创新研究院，掌护医疗创评省级企业技术中心
		高科技类企业	国家高新技术企业达 25 家，入库国家科技型中小企业 47 家，入选全省高成长性科技企业 6 家，入围省"双千计划"项目 4 个，实现"零"的突破
6	袁州区	科研平台载体	国家级创新载体 2 个，国家地方联合工程研究中心 2 家，省级工程技术研究中心 7 家，省级重点实验室 2 家，省级技术创新中心 1 家，市级创新平台 33 家
		高科技类企业	国家高新技术企业 61 家，科技型中小企业入库数 175 家

资料来源：县域政府工作报告和统计公报。

（二）江西省县域人才集聚现状

1. 人口总体增量较小，人才总体增量较大

由表 3-12 可知，江西省所有县区市中，人口数量平均值从 2000 年 41.19 万人增至 2020 年 44.72 万人，增量是 3.53 万人，增长率是 8.58%。值得注意的是，2010~2020 年江西省各县区市人口总量增长趋势放缓，2010~2020 年人口增长率出现负值，增长率是-1.04%。人才数量平均值从 2000 年 0.30 万人增至 2020 年 1.90 万人，增量是 1.60 万人，增长了 5.33 倍。同样地，2010~2020 年人才增长率远低于 2000~2020 年人才增长率。总体来看，2010 年以来江西省各县区市的人口增量和人才增量的吸引力相对较弱。

2. 赣北、赣南地区人才增量显著，南昌县和章贡区是人才集聚高地

对比 2020 年人才数量与 2000 年增速发现，增长最快的 10 个县区主要集中在赣北地区和赣南地区，分别是浮梁县（45.33 倍）、昌江区（39.33 倍）、南昌县（33.05 倍）、广信区（24.20 倍）、新建区（23.85 倍）、

表 3-12 2000~2020 年江西省各县区市人口与人才变化统计

县区市	人口数量（万人） 2000年	2010年	2020年	人才数量（万人） 2000年	2010年	2020年	人口增长率（%） 2000~2010年	2010~2020年	2000~2020年	人才增长率（%） 2000~2010年	2010~2020年	2000~2020年
东湖区	49.20	57.55	42.17	6.94	8	6.89	16.97	-26.72	-14.29	15.27	-13.88	-0.72
西湖区	50.38	50.38	48.52	3.03	4.46	5.81	0.01	-3.70	-3.69	47.19	30.27	91.75
青云谱区	22.91	31.67	34.91	0.71	2.33	3.38	38.22	10.21	52.34	228.17	45.06	376.06
南昌县	93.84	101.87	145.25	0.37	4.85	12.23	8.56	42.59	54.79	1210.81	152.16	3205.41
新建县	64.15	79.54	81.06	0.27	8.19	6.44	23.99	1.91	26.36	2933.33	-21.37	2285.19
安义县	22.04	18.02	25.26	0.06	0.28	1.03	-18.23	40.18	14.63	366.67	267.86	1616.67
进贤县	68.72	69.04	62.03	0.13	0.49	1.25	0.47	-10.17	-9.74	276.92	155.10	861.54
昌江区	13.92	19.22	20.14	0.03	0.56	1.18	38.06	4.77	44.64	1766.67	110.71	3833.33
珠山区	30.55	28.14	38.35	1.17	2.12	3.57	-7.90	36.29	25.52	81.20	68.40	205.13
浮梁县	27.90	30.36	28.04	0.06	1.55	2.72	8.80	-7.64	0.49	2483.33	75.48	4433.33
乐平市	72.96	81.04	75.38	0.18	0.74	1.5	11.06	-6.98	3.31	311.11	102.70	733.33
安源区	41.49	53.46	55.33	0.56	2.24	5.12	28.85	3.50	33.36	300.00	128.57	814.29
湘东区	36.86	35.90	30.44	0.09	0.28	0.75	-2.60	-15.20	-17.40	211.11	167.86	733.33
莲花县	22.47	23.63	21.69	0.04	0.27	0.71	5.19	-8.20	-3.44	575.00	162.96	1675.00
上栗县	45.34	46.72	47.00	0.06	0.3	1.15	3.04	0.59	3.64	400.00	283.33	1816.67
芦溪县	26.32	25.74	26.02	0.06	0.22	0.8	-2.19	1.08	-1.14	266.67	263.64	1233.33
浔阳区	29.77	40.28	43.31	0.9	2.74	4.79	35.29	7.54	45.49	204.44	74.82	432.22
武宁县	34.53	36.03	32.22	0.05	0.37	0.76	4.34	-10.58	-6.70	640.00	105.41	1420.00
修水县	74.60	74.00	71.06	0.1	0.8	1.77	-0.80	-3.97	-4.74	700.00	121.25	1670.00

· 230 ·

续表

县区市	人口数量（万人） 2000年	2010年	2020年	人才数量（万人） 2000年	2010年	2020年	人口增长率（%） 2000~2010年	2010~2020年	2000~2020年	人才增长率（%） 2000~2010年	2010~2020年	2000~2020年
永修县	35.15	37.61	31.64	0.11	0.46	1.09	7.01	-15.88	-9.98	318.18	136.96	890.91
德安县	19.66	22.23	16.71	0.08	0.81	0.58	13.06	-24.84	-15.03	912.50	-28.40	625.00
湖口县	26.10	27.58	22.75	0.07	0.41	0.79	5.66	-17.53	-12.86	485.71	92.68	1028.57
彭泽县	33.11	35.31	28.48	0.07	0.47	0.97	6.66	-19.37	-13.99	571.43	106.38	1285.71
瑞昌市	39.88	41.90	40.37	0.13	0.68	1.48	5.07	-3.67	1.21	423.08	117.65	1038.46
渝水区	77.84	83.95	92.80	0.78	2.62	6.29	7.85	10.54	19.21	235.90	140.08	706.41
分宜县	29.34	29.94	27.45	0.1	0.34	0.58	2.03	-8.30	-6.43	240.00	70.59	480.00
月湖区	17.84	21.42	28.75	0.34	1	2.04	20.08	34.20	61.14	194.12	104.00	500.00
余江区	31.32	35.25	32.62	0.06	0.37	0.87	12.56	-7.47	4.15	516.67	135.14	1350.00
贵溪市	53.55	55.85	54.06	0.23	0.74	1.33	4.28	-3.20	0.94	221.74	79.73	478.26
章贡区	49.46	64.27	112.33	2.29	6.59	12.13	29.93	74.79	127.11	187.77	84.07	429.69
南康区	69.50	78.76	88.85	0.14	0.81	3.02	13.33	12.80	27.84	478.57	272.84	2057.14
赣县区	49.21	54.70	57.63	0.08	0.41	1.71	11.16	5.37	17.12	412.50	317.07	2037.50
信丰县	59.07	66.40	67.38	0.08	0.4	1.33	12.42	1.46	14.07	400.00	232.50	1562.50
大余县	26.16	28.94	26.50	0.06	0.34	0.82	10.61	-8.43	1.29	466.67	141.18	1266.67
上犹县	25.62	25.75	26.86	0.05	0.27	0.73	0.48	4.31	4.81	440.00	170.37	1360.00
崇义县	18.79	18.72	17.78	0.03	0.27	0.62	-0.36	-5.02	-5.37	800.00	129.63	1966.67
安远县	30.95	34.07	34.64	0.05	0.31	0.88	10.08	1.67	11.92	520.00	183.87	1660.00
龙南市	28.35	30.03	31.92	0.07	0.32	0.91	5.92	6.28	12.58	357.14	184.38	1200.00

续表

县区市	人口数量（万人） 2000年	2010年	2020年	人才数量（万人） 2000年	2010年	2020年	人口增长率（%） 2000~2010年	2010~2020年	2000~2020年	人才增长率（%） 2000~2010年	2010~2020年	2000~2020年
定南县	17.91	17.28	20.99	0.03	0.2	0.67	-3.55	21.50	17.19	566.67	235.00	2133.33
全南县	17.08	18.07	16.95	0.03	0.14	0.45	5.76	-6.19	-0.79	366.67	221.43	1400.00
宁都县	65.72	79.48	70.24	0.13	0.7	1.76	20.93	-11.63	6.87	438.46	151.43	1253.85
于都县	74.66	85.35	90.54	0.11	0.53	2.25	14.31	6.09	21.27	381.82	324.53	1945.45
兴国县	61.12	71.98	71.51	0.11	0.61	1.62	17.78	-0.65	17.01	454.55	165.57	1372.73
会昌县	38.81	44.51	45.15	0.06	0.29	1.29	14.69	1.43	16.33	383.33	344.83	2050.00
寻乌县	27.19	28.82	28.02	0.06	0.22	0.53	6.02	-2.77	3.08	266.67	140.91	783.33
石城县	26.53	27.82	28.32	0.05	0.24	0.8	4.89	1.77	6.75	380.00	233.33	1500.00
瑞金市	53.55	61.89	61.39	0.1	0.44	1.58	15.57	-0.81	14.64	340.00	259.09	1480.00
吉州区	29.41	33.85	40.27	0.51	1.3	2.6	15.11	18.95	36.92	154.90	100.00	409.80
青原区	17.90	20.02	24.07	0.13	1.43	2.21	11.81	20.26	34.46	1000.00	54.55	1600.00
吉安县	40.96	46.43	46.95	0.11	0.53	1.27	13.35	1.12	14.63	381.82	139.62	1054.55
吉水县	43.71	50.13	42.18	0.1	0.48	0.98	14.70	-15.86	-3.48	380.00	104.17	880.00
峡江县	15.58	18.45	15.00	0.05	0.31	0.42	18.44	-18.72	-3.73	520.00	35.48	740.00
新干县	28.63	32.98	28.61	0.08	0.64	0.91	15.19	-13.27	-0.09	700.00	42.19	1037.50
永丰县	37.93	42.83	38.85	0.08	0.46	0.9	12.92	-9.30	2.42	475.00	95.65	1025.00
泰和县	49.66	51.22	46.78	0.13	0.57	0.95	3.15	-8.67	-5.79	338.46	66.67	630.77
遂川县	50.70	53.60	51.21	0.08	0.53	1.17	5.72	-4.45	1.02	562.50	120.75	1362.50
万安县	26.82	30.17	25.10	0.07	0.43	0.66	12.49	-16.81	-6.42	514.29	53.49	842.86

· 232 ·

第三章 新型城镇化与县城建设

续表

县区市	人口数量（万人）			人才数量（万人）			人口增长率（%）			人才增长率（%）		
	2000年	2010年	2020年	2000年	2010年	2020年	2000~2010年	2010~2020年	2000~2020年	2000~2010年	2010~2020年	2000~2020年
安福县	37.22	38.56	32.91	0.07	0.05	0.77	3.61	-14.67	-11.59	-28.57	1440.00	1000.00
永新县	43.00	47.56	39.40	0.09	0.33	0.85	10.59	-17.16	-8.39	266.67	157.58	844.44
井冈山市	14.58	15.23	15.60	0.06	0.22	0.55	4.49	2.41	7.00	266.67	150.00	816.67
袁州区	92.04	104.60	112.17	0.77	3.01	6.42	13.65	7.24	21.88	290.91	113.29	733.77
奉新县	29.31	31.30	26.86	0.11	0.35	0.87	6.79	-14.17	-8.34	218.18	148.57	690.91
万载县	46.22	47.69	48.64	0.11	0.33	1.05	3.17	2.01	5.25	200.00	218.18	854.55
上高县	33.45	32.67	34.38	0.14	0.52	1.08	-2.34	5.23	2.76	271.43	107.69	671.43
宜丰县	26.58	27.40	25.30	0.11	0.39	0.8	3.09	-7.69	-4.84	254.55	105.13	627.27
靖安县	13.96	14.48	12.18	0.06	0.22	0.39	3.70	-15.88	-12.77	266.67	77.27	550.00
铜鼓县	13.16	13.51	11.64	0.06	0.23	0.4	2.68	-13.85	-11.55	283.33	73.91	566.67
丰城市	121.64	133.64	106.56	0.34	1.09	2.94	9.86	-20.26	-12.39	220.59	169.72	764.71
樟树市	52.78	55.51	48.56	0.23	0.82	1.61	5.17	-12.51	-7.99	256.52	96.34	600.00
高安市	78.83	81.16	74.47	0.37	1.18	2.32	2.96	-8.25	-5.54	218.92	96.61	527.03
临川区	100.74	108.99	110.24	1.22	3.12	5.76	8.19	1.15	9.43	155.74	84.62	372.13
东乡区	38.31	43.83	38.38	0.11	0.36	0.86	14.42	-12.43	0.20	227.27	138.89	681.82
南城县	29.43	30.62	28.63	0.08	0.33	0.76	4.05	-6.52	-2.73	312.50	130.30	850.00
黎川县	21.79	23.01	20.52	0.04	0.24	0.5	5.59	-10.81	-5.83	500.00	108.33	1150.00
南丰县	26.07	28.79	27.19	0.06	0.28	0.57	10.43	-5.57	4.28	366.67	103.57	850.00
崇仁县	29.87	34.78	30.22	0.07	0.32	0.69	16.44	-13.13	1.15	357.14	115.63	885.71

· 233 ·

续表

县区市	人口数量（万人） 2000年	2010年	2020年	人才数量（万人） 2000年	2010年	2020年	人口增长率（%） 2000~2010年	2010~2020年	2000~2020年	人才增长率（%） 2000~2010年	2010~2020年	2000~2020年
乐安县	32.90	34.58	30.79	0.07	0.29	0.73	5.08	-10.95	-6.42	314.29	151.72	942.86
宜黄县	20.60	22.40	20.11	0.06	0.27	0.5	8.78	-10.23	-2.35	350.00	85.19	733.33
金溪县	26.10	29.48	25.38	0.05	0.4	0.66	12.94	-13.91	-2.77	700.00	65.00	1220.00
资溪县	10.49	11.20	9.58	0.03	0.17	0.29	6.71	-14.43	-8.68	466.67	70.59	866.67
广昌县	20.93	23.54	20.44	0.04	0.25	0.53	12.48	-13.18	-2.34	525.00	112.00	1225.00
信州区	32.77	41.62	54.51	0.6	2.16	6.27	27.01	30.97	66.35	260.00	190.28	945.00
广丰县	67.93	75.30	77.54	0.1	0.57	2.26	10.85	2.98	14.15	470.00	296.49	2160.00
广信区	63.61	70.03	74.83	0.1	0.68	2.42	10.09	6.85	17.64	580.00	255.88	2320.00
玉山县	51.59	57.44	51.94	0.08	0.64	1.61	11.33	-9.58	0.66	540.00	151.56	1510.00
铅山县	38.39	42.70	38.62	0.04	0.39	0.81	11.22	-9.55	0.59	387.50	107.69	912.50
横峰县	16.67	18.49	18.73	0.08	0.19	0.47	10.87	1.33	12.35	375.00	147.37	1075.00
弋阳县	33.05	35.34	33.88	0.13	0.38	0.71	6.92	-4.12	2.51	375.00	86.84	787.50
余干县	80.46	88.76	84.05	0.16	0.58	1.62	10.32	-5.31	4.46	346.15	179.31	1146.15
波阳县	119.15	129.68	118.41	0.09	0.87	2.52	8.83	-8.69	-0.62	443.75	189.66	1475.00
万年县	32.49	35.91	35.74	0.09	0.37	0.98	10.52	-0.46	10.01	311.11	164.86	988.89
婺源县	31.87	33.40	31.50	0.07	0.41	1.05	4.82	-5.70	-1.15	485.71	156.10	1400.00
德兴市	29.78	29.32	29.36	0.19	0.47	1.05	-1.54	0.13	-1.41	147.37	123.40	452.63
平均值	41.19	45.19	44.72	0.30	0.98	1.90	9.72	-1.04	8.58	227.83	94.31	537.02

注：资料来源于《江西省人口普查年鉴（2000）》《江西省人口普查年鉴（2010）》《江西省人口普查年鉴（2020）》；因个别县域行政区划变动，已剔除处理。

广丰区（22.60倍）、定南县（22.33倍）、南康区（21.57倍）、会昌县（21.50倍）和赣县区（21.38倍）。进一步发现，南昌县位于江西省省会南昌市，是经济、政治、文化、商业、科教、交通中心，人才数量从2000年0.37万人增至2020年12.23万人，人才数量位居全省第一。章贡区位于赣南地区，是赣州市的政治、经济、文化中心，人才数量从2000年2.29万人增至2020年12.13万人，人才数量位居全省第二。

3. 政府扶持型人才集聚模式为主，市场主导型人才集聚模式为辅

江西省东邻浙江省、福建省，南连广东省，西挨湖南省，北毗长江共接湖北省、安徽省，是长三角、珠三角、海峡西岸的中心腹地。在全国大中城市相继实施人才引进政策的背景下，江西省通过市场主导型发挥人才集聚模式难以与周边省份县域进行比较优势竞争。例如，江西省在2023年初就已在高校、科研院所、企业、医疗机构、数字经济等领域发布《引进高层次和急需紧缺人才公告》，为提升江西省人才集聚提供政策先导优势。此外，为贯彻实施江西省各县域"人才强县"战略，南昌县、靖安县、丰城市等已相继发布了具有竞争力的人才引进政策扶持文件，在增加教育投入、改善人才环境、实施人才回流政策等方面加大政策倾斜力度。

4. 江西省县域人才集聚典型模式

第一，突出产才融合，搭建人才舞台。产业是人才之基，人才是产业之魂。吸引人才流向县域，承载能力是关键，特色产业是载体。在日趋激烈的人才竞争中，各地揽才新政层出不穷，各种奖励政策含金量高、吸引力大，但易于借鉴、同质严重。在满足物质、精神等基本需求的情况下，只有搭建干事创业的平台，帮助人才实现个人价值，才能更好地吸引人才。例如，南丰县开展"特聘村主任"试点工作，积极引导在外乡贤发挥自身才能、资金、人脉、信息等优势，通过能人引领产业发展模式、专家参与基层治理模式、贤达涵养文明乡风模式"三种模式"，提高助力家乡发展"针对性"，成功引进项目 26 个，解决群众就业 627 人，化解矛盾纠纷 121 件，帮助村集体经济增收 168 万元①。

第二，突出产教融合，多措并举育才。扩大人才增量，既放宽视野大力引进，也立足内部深入挖潜，精心培育本土人才，积蓄持续发展的内生动力。坚持把人才培育作为基础工程，持续完善培养体系，提升人才培养水平。加强协同培养。坚持自主培养与联合培养相结合，开展校企人才双向交流，组织各行业领军人才赴高校、科研院所、知名企业等跟班学习，提升研究能力。例如，2023 年 2 月，九江银行与江西财经大学共同成立江西财经大学九银县域经济与金融研究院，旨在发展和壮大县域经济②。2023 年 3 月，江西省德安县与华东交通大学签订战略合作协议，双方积极推进产教、科教、校地"三融合"，建立全面的政、产、学、研合作关系，注重在科技项目合作、共同申报课题、人才培育计划和人才引进计划领域合作③。

第三，突出品质导向，优化生态留才。地方品质水积而鱼聚，木茂而鸟集。生态优则人才聚、事业兴。县域在"硬件"上较大城市相对薄弱，更需要在营造"软环境"上下功夫，以最大的诚意来吸引人才、集聚人才、留住人才，构建"近者悦、远者来"的人才生态。例如，奉新县在引进人才试用期满考核合格后，给予安排与原任职务层次相当的职务，工作满 3 年后（不含试用期）若表现优秀，可按照干部管理权限，

---

① 资料来源：抚州市乡村振兴局，http://fpb.jxfz.gov.cn/art/2022/5/10/art_5434_3830571.html。
② 资料来源：江西网络广播电视台，https://baijiahao.baidu.com/s?id=1759064795781627980&wfr=spider&for=pc。
③ 资料来源：德安县人民政府官方网站，http://www.dean.gov.cn/xwzx/dadt/202303/t20230317_5971246.html。

优先提拔使用。引进人才在引进前经社会化评审获得的职称予以保留，可不受岗位职数限制，按特色岗位聘任相应的专业技术职称，享受相应工资待遇；若在工作中考核优秀，可优先聘用专业技术职称[①]。此外，乐安县定期从引进的优秀人才中推荐一批有突出贡献的典型，大力开展表彰活动，广泛宣传他们的创新创业事迹、科学精神，增强广大优秀人才的荣誉感与自豪感；支持优秀人才积极申报中央和省市各类表彰项目，并优先推荐其享受国务院、省、市政府特殊津贴；重点推选优秀人才作为党代表、人大代表、政协委员人选和劳动模范、三八红旗手等，培养吸收优秀中青年人才加入党组织[②]。

（三）江西省县域人才集聚存在的问题

1. 高层次人才吸引力不强

受江西省经济发展水平与周边省份差距较大，以及省内高校、科研院所竞争优势不明显等因素影响，高层次人才普遍倾向于更具竞争优势的一、二线城市发展，不愿意到县级城市发展，一方面造成欠发达县级城市本地隐性人才返回率低，另一方面造成县级城市对高端人才吸引力不足，导致在高层次人才总量上不及预期。特别是县域产业规模与市级、省级暂时无法比拟，导致急需的高端人才引不进来或引得进来却留不住。江西省人力资源和社会保障厅2022年前三季度统计结果显示，江西省引进各类人才27857人，同比增长74.5%，其中省部级及以上人才工程人选21人、正高职称或博导66人、副高职称154人，合计占0.9%。这意味着江西省在提升人才引进数量的同时，仍需着力提升高层次人才在人

---

① 资料来源：《奉新县高层次人才引进办法（试行）》，http://rc.jxzzb.gov.cn/www/policyInfo/333/1。
② 资料来源：《乐安县急需紧缺人才引进办法（暂行）》，http://rc.jxzzb.gov.cn/www/policyInfo/430/2。

才引进人数中的比重，持续加大招商引资、引智力度，提升高等院校、科研院所，以及高科技、高附加值类企业来赣发展。

2. 人才集聚渠道不畅

截至 2022 年，在江西省人才综合信息服务平台发布人才引进政策的县域单位仅占江西省全省下辖县区的 20%，部分县区的人才引进政策发布渠道不统一，易出现人才获取县区人才政策信息不畅问题，难免造成人才强县战略实施受阻。值得注意的是，2022 年南昌县在全年举办线上线下招聘会 200 余场，提供岗位 2 万余个，吸纳各类人才 2.7 万人[①]。2023 年南昌市共征集"百场校招"就业岗位 187258 个，推动市辖县区积极前往外地高校开展"双招双引"和"百场校招"活动，其中青云谱区前往长春工业大学，安义县前往武汉大学等 8 所部属院校，青山湖区前往南京理工大学，西湖区前往重庆大学、重庆工商大学[②]。在看到部分县积极开展人才引进工作的同时，省内经济体量小、发展水平较低的县区仍处于"就地引才""守株待兔"阶段，长此以往会出现县域人才存量不足、增量缓慢现状。

3. 高端人才载体建设不足

江西省县区在人才载体建设方面取得了一定成效，从县域横向对比来看，部分县区即使出台了相应的人才引进政策机制，但由于缺乏必要的国家级、省级工程（技术）研究中心、重点实验室以及"专精特新"中小企业、"瞪羚"企业、独角兽企业、绿色技术创新企业、高新技术企业和科技型中小企业人才工作载体，难免会出现人才"引进来，留不住"的窘境。据统计，江西省县域经济较为发达地区主要集中在赣北地区，

---

① 资料来源：南昌县人民政府网站，http://ncx.nc.gov.cn/ncxrmzf/zwyw/202301/dfcca78aa48847819427b17e527bb91c.shtml。

② 资料来源：南昌市人民政府网站，http://www.nc.gov.cn/ncszf/jrnca/202303/75285a64ef12426aab5eb715b351aeea.shtml。

省会南昌市下辖县区经济实力整体较高,高层次院校、科研院所以及科技企业较为集中,为人才引进提供了必要的发展环境。而赣中、赣南地区受省会辐射带动作用较低,加之毗邻外省,高端人才载体平台建设不足,人才发展环境尚待完善。

(四)人才集聚促进县域城镇化的政策建议

1. 创新人才引进机制,深化人才引领发展

县区党委、政府要充分贯彻落实"人才强县"战略,真正把人才队伍建设,尤其是高层次创新创业人才队伍建设纳入各级党委、政府工作的重要议事日程。充分认识江西省县域人才集聚在省内分布状态,加强县域人才与邻省县域横向比较,明晰自身竞争优劣势。正视当前人才工作突出存在的"上冷下热"、"头重脚轻"等问题,进一步强化各地各单位"一把手"抓人才资源这个"第一资源"的责任,要像抓招商引资一样重视招才引智工作,引领全社会把人才优先发展的理念转化为实际行动。实施过程中要根据各县区人才需求实际,制定战略引才目标,整合县区党委、政府和社会各界资源,形成人才工作整体合力,分步、分阶段开展人才引进工作。

2. 改善人才发展软环境,提升县域空间品质

各县区不仅要让人才引得进来,还要通过改善人才发展的软环境,让人才留得住、用得好。采用事业留人、感情留人、待遇留人等多种方式留用本地人才,深化"凤凰归巢"行动。完善人才评价指标体系,完善以业绩为依据,由品德、知识、能力等要素构成的各类人才评价指标体系;完善人才竞争机制,积极推行竞争上岗制度,让内部晋升不再论资排辈;根据人才评价指标体系,完善公平合理的人才激励机制;优化人才保障机制,加强人才工作和生活综合承载体建设,妥善解决住房就

医、子女教育和配偶就业等问题，让人才干事创业没有后顾之忧。县域的城镇化发展更需要树立"以人为本"发展理念，改善人居生态环境、营造创业环境，提供高质量的教育、医疗、社会保障等，持续增加教育和培育等方面的公共服务，在提高"抢人大战"竞争力的同时，提高城市化品质。

3. 促进人才集聚效能，提高人力资本能力

人才集聚经济性效应的充分发挥会在集聚地形成引力场，提高新型城镇化质量并且服务县域新型城镇化发展。校企联合是培养人才、留住人才、发挥人才集聚效能、提高人力资本水平的重要途径，各级县区党委、政府结合当地发展实际，可以出面牵头建立企业与江西省内高校之间的人才对接体系。强化校企合作，发挥人才资源优化配置，提升县区留才率。此外，各县区人才办应主动"走出去、引进来"，结合各县区产业发展优势（包括区位优势、资源优势、政策优势等）制作成宣传片、小册子，推送至省外各高校、科研院所、企业，形成强大的宣传态势。立足县区发展战略，持续深入开展"百场校招"、"双招双引"系列校招、社招活动，加强县区人才与高校就业部门、企业人事部门的联系，积极挖掘省内外高层次人才"为我所用"。

4. 促进人才集聚与产业集群耦合协调，推动县域产业振兴

精准洞悉县域地区重点产业、特色产业人才需求，鼓励创新型企业结合自身实际情况制定强调人才作用的长期发展规划，围绕产业链布局人才链，加强人才集聚、培养、使用协同发力，推动人才和产业发展同频共振，推动乡村振兴与县域城镇化融合发展。统筹县域之间、县域与大城市之间资源合理配置与互动，打造有效的产学研平台。建立县域与城市间人才流动保障机制，优化产业布局与产业承接，实现才产结构均衡。

参考文献

王振坡、朱丹、王丽艳：《区域协同下京津冀城市群城市综合承载力评价》，《首都经济贸易大学学报》2018 年第 6 期。

刘荣增、王佳佳、何春：《国家中心城市综合承载力评价研究》，《区域经济评论》2021 年第 6 期。

李豫新、曹梦渊：《黄河流域城市综合承载力时空演进及影响因素研究》，《生态经济》2022 年第 12 期。

尹鹏：《吉林省新型城镇化发展的特征、机制与路径研究》，东北师范大学博士学位论文，2016。

翁美娥：《福州城市综合承载力评价》，福建师范大学硕士学位论文，2013。

高楠、马耀峰、李天顺等：《1993—2010 年中国入境旅游与进口贸易耦合关系时空分异研究》，《经济地理》2012 年第 11 期。

马野驰、祝滨滨：《产城融合发展存在的问题与对策研究》，《经济纵横》2015 年第 5 期。

徐竞潇、黄颖敏、朱雪颜：《赣南地区人才空间格局演变特征及其影响因素分析》，《江西理工大学学报》2020 年第 3 期。

冯海：《江苏江阴："江阴模式"打造产业人才集聚高地》，《中国人才》2023 年第 3 期。

焦莉莉：《实现产业升级与人才集聚同频共振》，《石家庄日报》2022 年 5 月 23 日，第 2 版。

张樨樨：《我国人才集聚与城市化水平互动关系的建模研究》，《西北人口》2010 年第 3 期。

杨开忠、顾芸、董亚宁：《空间品质、人才区位与人力资本增长——基于新空间经济学》，《系统工程理论与实践》2021 年第 12 期。

方长春：《县域发展与人才就业何以"双向奔赴"》，《人民论坛》2022 年第 16 期。

罗娟、崔凌霄：《产业集群与人才集聚耦合发展研究——以江苏制造业为例》，《经济师》2021 年第 9 期。

第四章
县域城镇化的绿色转型

党的二十大报告指出，中国式现代化是人与自然和谐共生的现代化。坚持可持续发展，坚持节约优先、保护优先、自然恢复为主的方针，像保护眼睛一样保护自然和生态环境，坚定不移走生产发展、生活富裕、生态良好的文明发展道路，实现中华民族永续发展。绿色生态是江西最大财富、最大优势、最大品牌。党的十八大以来，江西省加快推进国家生态文明试验区建设，深入推进长江经济带"共抓大保护"攻坚行动，积极落实碳达峰碳中和决策部署，着力推动经济社会发展全面绿色转型。全省生态文明建设取得显著成效，绿色城镇化发展取得重大成就，城镇化速度加快，低碳城市建设成效显著，生态产业获得发展。但同时，江西省县域城镇化推进过程中也存在房地产开发占用耕地过多、城市建设能耗大、社区管理不到位、污水处理能力不足、基础设施短板明显、绿色建筑覆盖面有限、城市空气质量有待改善等问题。县域城镇化绿色转型内在要求县域经济高质量发展、县域绿色低碳发展。县域环境的改善可提高对外商的吸引力，促进本地经济发展。同时，本地经济发展又为县域环境质量提升提供物质基础。因此，县域城镇化绿色转型与经济发展之间是相辅相成、相互促进的关系，以共同推动县域经济高质量发展。

一 产业生态化与新型城镇化

产业生态化是建设生态文明、实现人与自然和谐共生现代化的题中应有之义。在县域城镇化推进的过程中，建筑、煤矿等传统产业能耗高、污染严重，导致人居环境质量下降，因此加快产业生态化发展步伐对于推进新型城镇化绿色发展具有重要意义。

（一）产业生态化与新型城镇化的相关研究

产业生态化发展是践行和落实习近平生态文明思想的具体举措。已有学者对产业生态化与新型城镇化的特点、作用与推进途径进行大量研究。

1. 关于"产业生态化"的研究

伴随着绿色发展理念深入人心，产业生态化发展是经济绿色转型与高质量发展的题中应有之义。一是产业生态化的特点。史宝娟、张立华基于2005~2019年我国30省份经验数据，认为我国产业生态化呈现东中西递减的空间梯度分异特征，且绝对差异呈现扩大和两极分化态势，区域间差异是总体差异的主要来源，科技创新、产业结构转型升级对产业生态化水平具有正向促进作用。谷树忠认为产业生态化指资源减量、环境减污、生态减用。涂颖清认为，产业生态化关注的是产业发展过程中的双效率（经济效率和生态效率）的统一。二是产业生态化的意义。马勇、刘军认为，产业作为引领我国区域经济发展的引擎，其生态化程度对生态文明社会建设具有重要影响。冯琳、王少慧、李潇涵认为，产业生态化是提高资源利用效率、保护生态环境以推动产业结构转型，促进经济绿色可持续发展的重要途径。周小喜等认为，产业生态化的目标是实现产业增长与生态环境保护协调，促进产业向资源节约型、环境友好型方向发展，避免对资源、环境过度使用和破坏。三是产业生态化的途径。冯琳、王少慧、李潇涵认为可以从促进产业结构升级转型、完善政府作用机制、推动环境监管体制建设、树立绿色发展理念等方面出发，进一步促进产业生态化发展。胡文涛等认为，绿色金融能显著推动地区绿色发展，应该进一步完善绿色金融激励约束体制，充分发挥绿色金融支持绿色发展的资源配置功能。涂颖清认为，在推进产业生态化的过程中，需要从宏观层面上制定产业规划和落实政策法规，强化政府对产业发展的绿色规划，建立区域协调机制。

2. 关于"绿色城镇化"的研究

一是绿色城镇化的特点。肖金成和王丽认为绿色城镇化是充分尊重自然规律、经济规律、社会发展规律，保证产业发展、城市建设、人类活动不对生态环境造成破坏。张永生提出，生态文明视角下的"绿色城镇化"，在不破坏生态环境并充分利用自然力的前提下，创造繁荣的城市经济。二是绿色城镇化的推进路径。周宏春从缓解人地矛盾、走紧凑型城镇化道路视角分析，认为应促进产业升级，改善环境质量，走绿色循环发展道路。肖金成和王丽从推进大气、水、土壤等污染防治，建设生态城市和低碳城市，坚持生态优先、绿色发展等视角提出推进绿色城镇化的对策建议。辜胜阻、李行和吴华君认为城镇化绿色转型的战略重点包括绿色产业体系构建、城镇基本"硬件"绿色升级、城镇空间规划布局优化和城镇生态环境有效治理。

3. 关于"县域产业生态化与新型城镇化关系"的研究

县域产业生态化发展与新型城镇化之间呈现相辅相成的互动关系。一是产业生态化发展有助于推进新型城镇化。丁立、程钰、王建事认为，过去传统产业发展对城镇化具有重要促进作用，但同时也造成环境污染、交通拥挤、土地浪费、资源短缺等问题。潘家华指出，城镇是产业、能耗、人口集中分布的地区，县域产业绿色发展是产业生态化的重要组成部分，是制造业绿色转型的重要区域。产业生态化的目的是改变传统"高耗能、高污染"的发展模式，使产业发展逐渐实现清洁化、生态化。二是新型城镇化建设有助于推进产业生态化。李集生认为，产业生态化是循环经济发展的助推器。伴随着城市内部环境信息透明化，投资者可获得更多有价值的产业数据，投资者的资金流入节能、环保行业，可促进产业生态化发展。张永生提出，生态文明视角下新型城镇化是指，在不破坏生态环境并充分利用自然力的前提下，创造繁荣的城市经济；产业生态化发展是新型城镇化建设的内在要求。

（二）县域产业生态化与新型城镇化推进的具体举措与典型案例

江西省县域产业发展势头良好，但各县资源禀赋、地理位置、人口规模不同，因此各县域产业发展差异较大。江西省部分县域矿产、土地资源丰富，地理位置接近长三角、珠三角等经济发达区域，采矿业、建筑业、工业获得较大发展。比如，南昌县、德安县、湖口县、贵溪市工业发展较好，第二产业产值在地区生产总值中所占的比例皆大于60%。部分县域地理位置偏远、交通基础设施落后，生态资源丰富、森林覆盖率高、自然环境优美，这些县域以生态资源为依托大力发展生态旅游、绿色康养等产业，第三产业在经济发展中占据重要位置。例如，婺源县、资溪县、井冈山市、庐山市的第三产业产值占比均高于55%（见表4-1）。因此，需要根据各县产业发展特点，大力发展新兴产业，推动传统产业转型升级，促进县域城镇化绿色发展。

表4-1 江西省部分县（市、区）产业情况

单位：%

三次产业产值占比	南昌	德安	湖口	贵溪	婺源	井冈山	资溪	庐山
第一产业产值占比	3.57	6.29	6.12	6.77	7.69	10.14	8.74	6.59
第二产业产值占比	64.44	61.52	68.11	60.67	24.38	18.61	27.92	36.59
第三产业产值占比	31.99	32.19	25.77	32.56	67.93	71.25	63.34	56.83

资料来源：《中国县域统计年鉴2022》。

1. 主要举措

近年来，江西省坚持把碳达峰碳中和纳入生态文明建设整体布局，从县域层面开展低碳发展试点工作，加快打造绿色工业园区、唱响江西绿色生态品牌，创新金融产品，浓厚绿色发展氛围，推动产业低碳、绿色发展，推动传统产业转型升级，进而促进新型城镇化高质量发展。

其一，从县域层面开展低碳试点，助力低碳城市建设。县域是落实节能减排、产业生态发展政策的最前线，是产业绿色发展的主要单元。江西省产业生态化发展体制逐步健全，绿色低碳发展制度体系逐步完善，节能减排在县域形成生动的实践。高安市探索发展循环农业，实施绿色种养循环农业项目，推进清洁绿色发展。宜丰坚持"工业强县、绿色发展"战略不动摇，先后获评全国文明城市、国家生态文明建设示范县、国家卫生县城等多个国字号荣誉，连续两年获评全省高质量发展综合绩效先进县。同时，江西省开展低碳发展试点工作，贵溪、浮梁、共青城、婺源、分宜、袁州、芦溪、吉州、大余、资溪10个县（市、区）入选第一批省级低碳发展试点县（市、区）（见表4-2），宜黄、南城、东乡、吉州、吉安、峡江、渝水、寻乌、全南、于都、广丰、德兴等入选第二批绿色低碳试点县（市、区）（见表4-3）。抚州市资溪县被中国林业产业联合会授予"全国森林康养标准化建设

县"称号,南昌高新区先后被评为全国循环化改造示范试点园区、全国绿色园区等,靖安县探索出生态建设与生态旅游协同发展的"靖安模式",获国家全域旅游示范区、全省首批旅游强县、全省首批"风景独好"旅游名县等荣誉称号。

表 4-2 江西省第一批省级低碳发展试点县（市、区）

试点县（市、区）	产业生态化发展成效
贵溪	1. 技改项目有序推进。铜企业智能化改造率达 80.3%。 2. 数字产业加快发展。中科贵溪大数据产业园、贵网云数科技等项目落户。 3. 产业集群效应明显。铜及铜加工产业集群被评为省五星产业集群。
浮梁	1. 农业产业加快发展。获评全国农业现代化示范区。 2. 旅游业等低碳产业快速发展。中国县域旅游综合竞争力百强县。
共青城	1. 企业智能化改造成效显著。一批企业完成智能化改造。 2. 电子信息产业加快发展。电子信息（智能终端）产业获省级产业集群。 3. 数字产业发展势头良好。数字经济产业园获评全省首批数字经济集聚区。
婺源	1. 数字产业发展较好。阿里巴巴、京东、信通院等头部企业均有项目落户。 2. 特色产业集群加快建设。文旅商品产业集群入选 2022 年新增省级特色产业集群。
分宜	1. 产业集群加快建设。工业园区入选省级"两化"融合示范园区。 2. 数字产业加快发展。数字商务产业园顺利开园。 3. 旅游业发展势头良好。双林夏布文化旅游景区入选全国乡村旅游精品路线。
袁州	1. 工业发展势头良好。获评全国县市绿色高质量发展百佳样本第 13 位。 2. 绿色发展成效显著。获评全国有机农产品（茶籽）基地。
芦溪	1. 新兴产业加速发展。引入尚唯等一批汽车零配件项目,产业链不断壮大。 2. 数字赋能产业发展。中材电瓷等企业获国家级、省级试点示范荣誉。
吉州	1. 工业园区加快建设。工业园区获省级开发区考评综合先进称号。 2. 服务业集群效应明显。缤谷众创空间入选全省现代服务业集聚区。
大余	1. 农业现代化步伐加快。推进万亩蔬菜长廊水南核心区等龙头企业建设。 2. 人居环境持续改善。新城镇入选江西省生态园林城镇。
资溪	1. 生态旅游产业加快推进。面包食品产业城创成国家级工业旅游示范基地。 2. 清洁生产成效明显。荣获全国村庄清洁行动先进县称号。

资料来源：根据公开数据整理。

表 4-3　江西省部分第二批绿色低碳试点县（市、区）

试点县（市、区）	产业生态化发展成效
宜黄	1. 旅游产业加快发展。开展"百城百夜"文旅消费季等活动。 2. 农业现代化步伐加快。国家竹荪种植标准化示范区顺利通过验收。
南城	1. 数字产业加快推进。推动 468 家企业成功上云，建成开通 5G 基站点 650 个。 2. 现代产业加速推进。打造"益王文化广场+王府大街"文旅融合区。
东乡	1. 旅游产业发展势头良好。举办首届东乡族文化艺术节。 2. 餐饮业发展较快。建成投资 621 万元的美食产业孵化基地。
吉州	1. 旅游产业加快发展。高标准打造周家村文旅综合体等文旅"五个一"工程。 2. 科技创新步伐不断加快。新增市级以上企业技术中心 5 家。
吉安	1. 数字经济加快发展。就二季度数字经济工作在全省作典型发言。 2. 旅游业加快发展。精心打造、匠心打磨全省旅发大会 2 个现场观摩点。
峡江	1. 旅游产业加快发展。玉笥养生谷创成国家 4A 级景区。 2. 工业发展势头良好。深入实施生物医药大健康产业倍增升级三年行动。
渝水	1. 工业集群成效明显。投资 80 亿元的高品质硅钢项目加速推进。 2. 数字经济加快发展。建成工业大数据、京东云等 8 个平台项目。
寻乌	人居环境持续改善。获得了江西省美丽宜居先行县、江西省生态园林城市称号。
全南	1. 数字经济加快发展。县数字经济产业园入选市级第一批数字经济集聚区。 2. 旅游产业加速发展。获评江西"百县百日"文旅消费季先进县。
于都	1. 信息产业发展成效明显。 2. 数智赋能步伐加快。新增全国两化融合管理体系贯标企业 3 家。
广丰	1. 工业实现高质量发展。喜获全省工业高质量发展先进县（市、区）。 2. 绿色园区加快建设。上饶高新区获评全省数字经济集聚区。
德兴	1. 数字产业加快发展。高新区获评全省两化融合示范园区。 2. 高新技术产业加速推进。新增省级"专精特新"企业 6 家。

资料来源：根据公开数据整理。

其二，县域绿色工业园、绿色工厂加快建设，助力城镇产业生态发展。县域生态资源丰富、自然环境良好、生活环境宜居，县域工业园区是产业集群绿色、集约、高效发展的重要载体，是产业生态化的重要途径。江西省为突出绿色生态产业优势，引导产品与服务向资源节约、环境保护、生态协同、质量领先的属性聚拢，在靖安、上犹、资溪等 17 个县（市、区）开展"江西绿色生态"品牌试点，以绿色品牌建设引领县域产业绿色发展。同时，江西省创建省级绿色园区46个、绿色工厂215家，其中国家级绿色园区15家，居全国第3位；绿色工厂114家，居全国第13位。县域绿色工厂，如修水赣北钨业有限公司、德安万年青水泥有限公司、湖口万年青水泥有限公司、乐平万年青水泥有限公司入选绿色工厂名单。县域绿色工业园，如樟树工业园区、瑞昌经济开发区入选绿色工业园区名单（见表4-4）。

表4-4 2022年江西省绿色工业园区名单

地区	园区名称
南昌	江西安义高新技术产业园区
九江	江西瑞昌经济开发区
萍乡	江西上栗工业园区
鹰潭	江西余江工业园区
赣州	江西会昌工业园区
宜春	江西樟树工业园区
宜春	江西袁州产业园区
上饶	江西上饶高新技术产业园区
吉安	江西吉水工业园区

资料来源：根据公开数据整理。

其三，"江西绿色生态"品牌试点工作加快推进，助力城市人居环境改善。相对于超级大城市来说，县域人口、产业分布密度相对较低，开发程度相对较低，县域城镇人居环境与自然环境融合度高，其绿色发展潜力相对较大。同时，根据产业空间布局规律，江西县域是长三角、珠三角产业转移的主要区域，制造业占比高，工业偏重，产业耗能高，碳排放量大。近年来，江西省全方位、全过程推行绿色投资、绿色生产、绿色流通，低碳循环发展加速推进。江西省正在深入推进有机农产品试点省建设，实施"赣鄱正品"品牌创建三年行动，持续推进"江西绿色生态"品牌建设，截至2022年底，全省绿色有机地理标志农产品达5039个，"生态赣鄱湖、绿色农产品"品牌持续打响，农业生态化持续推进。江西省发布实施《"江西绿色生态"品牌评价通用要求》等300余项地方标准，县域绿色品牌正在加速打造，绿色标准正加快推广。赣南脐橙、广昌白莲、军山湖大闸蟹、油茶籽油、茶叶等系列13项"江西绿色生态"品牌持续唱响，助力县域绿色转型发展。

其四，金融机构以县域为重点开发金融产品，助力县域城镇化绿色转型。县域林业、湿地资源丰富，江西省金融机构针对县域产业发展特点推动金融产品创新，助力县域产业生态化发展。为实现全省湿地总量不减少、质量不降低的目标，万年县推动湿地银行试点运营，市场化运作湿地生态治理，助力实现碳达峰、碳中和。资溪县森林覆盖率达87.7%，是国家重点生态功能区、国家生态文明建设示范县、国家生态综合补偿试点县，利用生态资源优势，对碎片化生态资源进行规模化收储、专业化整合、市场化运作，把生态资源转化为优质资产包，打造生态资源保护、开发、提升、再保护的价值转化闭环，加快建设"两山"转化中心，走出一条"资源—资产—资本—资金"的"两山"转化之路。

其五，县域绿色低碳发展氛围逐步浓厚，助力城市生产方式绿色变革。中共中央办公厅、国务院办公厅印发《关于推进以县城为重要载体的城镇化建设的意见》，要求推动能源清洁低碳安全高效利用，坚决遏制"两高"项目盲目发展，深入推进产业园区循环化改造，大力发展绿色建筑。江西省出台《江西省县城城镇化补短板强弱项工作实施方案》，提出要抓紧补上疫情暴露出的县城城镇化短板弱项，大力提升县城基础设施水平，促进环境卫生设施提级扩能、产业培育设施提质增效。县域是践行生态文明理念的重要环节，是贯彻绿色生产理念的重要区域。自2020年以来，江西省连续四年以绿色生态为主题开展生态文明宣传月活动。县域围绕生态文明宣传月主题开展形式多样的生态文明宣传活动，呼吁广大群众积极做生态文明建设的引领者、宣传者、践行者，提倡绿色出行、绿色消费、绿色办公、绿色生活，促进生态文明共建共治共享，以绿色发展理念引领县域城镇高质量发展。

表4-5 部分县域出台的产业绿色转型相关政策文件

县域	政策文件
玉山县	《玉山县碳达峰实施方案》
	《打造全省传统产业转型升级高地实施方案(2022-2025年)》
湖口县	《湖口县人民政府关于印发湖口县"十四五"生态环境保护规划的通知》
贵溪市	《贵溪市生态文明建设示范区创建规划(2021-2025年)》
	《贵溪市生态市建设实施方案》
于都县	《关于加强县城绿色低碳建设的意见》
广丰区	《广丰区低碳发展规划》
横峰县	《横峰县深入打好污染防治攻坚战八大标志性战役29个专项行动工作方案》
鄱阳县	《鄱阳湖生态经济区环境保护条例》
瑞昌市	《瑞昌市人民政府关于印发瑞昌市国家农业绿色发展先行区建设项目实施方案(2022-2024年)的通知》
武宁县	《武宁县"十四五"生态环境保护规划》
崇仁县	《关于进一步做好全县公共机构节能有关工作的通知》
乐安县	《关于印发乐安县生态环境保护"十四五"规划的通知》
	《关于进一步加强生态环境保护深入打好污染防治攻坚战的实施方案》
南城县	《南城县绿色低碳县试点实施方案》
靖安县	《靖安县人民政府关于印发靖安县"十四五"生态环境保护规划的通知》
宜丰县	《宜丰县"生态环保、绿色低碳"行动工作方案》

资料来源：根据公开数据整理。

2. 典型案例

由于县域土地、劳动力要素供给充裕，县域成为制造业布局的理想之地，也是吸纳农村劳动力转移的主要区域。尤其是伴随着东部地区产业结构调整升级，越来越多的农村转移人口就地就近就业，县域成为城镇化的重要载体。江西是长三角、珠三角产业转移的主要承接地区，县域产业发展势头良好，但也存在产业结构偏重、产业污染严重、产业能耗大等问题，给生态环境带来挑战。县域产业结构转型、绿色低碳发展可以提高城市的居住环境，建设低碳城市，提高城市吸引力，提升集聚人口的能力，进而促进县域城镇化高质量发展。

（1）瑞昌打造工业强市，助力新型城镇化发展

其一，瑞昌市县域产业与城镇化发展情况。瑞昌市位于江西省北缘偏西、长江中游南岸。2022年，瑞昌市地区生产总值为334.28亿元，增长4.6%，第二产业增加值194.43亿元，同比增长5.0%，高于GDP增速。三次产业结构由上年同期的7.4∶57.9∶34.7调整为7.2∶58.2∶34.6，第一产业和第三产业占比分别下降0.2个和0.1个百分点，第二产业提高0.3个百分点。在工业加快发展的同时，瑞昌市城镇化水平不断提升，城市建设步伐加快，城市更新有序推进。瑞昌市年末全市常住人口39.43万人，城镇常住人口24.51万人，占总人口的比重（常住人口城镇化率）为62.2%。城市的道路设施建设、停车设施建设、市政设施维护取得较大成效。同时，城市的空气质量持续向好，建筑工地扬尘治理水平有效提升。

其二，瑞昌市县域产业生态化转型的实践探索。近年来，瑞昌市根据自己的产业结构特点，在"绿色示范、工业强市"上下功夫。一是加快调整产业结构。瑞昌的产业结构偏工、能源结构偏重，工业在三产结构中达57%以上，14家重点企业能源消耗占规上企业能源消耗的90%以上。为改变这种情况，瑞昌市加快培育发展生产性服务业，为生产性服务业发展提供良好的外部条件，着力提升第三产业产值比例，优化产业结构。二是严格筛选引进项目。以长江经济带产业准入目录为依据，重点选取引进符合要求的项目。三是发展数字经济。瑞昌市以自身的产业结构、项目特点为依据，推进数字产业化和产业数字化，加快推动传统产业转型升级，建设一批两化融合示范企业、智

能车间、数字工厂和数字应用场景。企业的数字化水平不断提升。瑞昌市在推动产业结构转型升级、优化引入项目标准、大力发展数字经济的过程中，促进城镇产业高质量发展，进而带动城镇化绿色转型。

（2）玉山县加快减污降碳步伐，助力低碳城市建设

其一，玉山县工业发展与城镇化情况。玉山地处江西省东北部、上饶市东部，东界浙江省开化县、常山县、江山市，南接广丰区，西邻信州区、广信区，北毗德兴市。近年来，玉山县工业发展势头较好，规模以上工业增加值同比增长9.2%，高于全市平均水平0.1个百分点，第二产业增加值124.8亿元，增长7.2%。2021年全县常住人口中，城镇常住人口30.8万人，城镇化率59.86%。城镇化水平较高。第二产业的快速发展为县域经济高质量发展提供动力，提高县域人口集聚能力，促进城镇化高质量发展。

其二，玉山县县域产业生态化转型的实践探索。玉山县矿产资源丰富，石灰石资源优质，建有全省最大的新型建材产业。建材产业属于污染高、能耗大的行业，对生态环境破坏较大，对城市建设、人居环境造成较大影响。为此，玉山县开展清废行动，建设绿色产业基地，加快基地循环化改造，以科技创新为依托，加强高耗能产业能耗管控、推进新型建材产业基地转型升级，加快企业绿色生态化转型，推动建材行业低碳发展，推进大宗固体废弃物综合利用，碳排放量逐年下降。

一是加快资源循环利用。玉山县以高新技术产业园新型建材基地为主体，以南方万年青水泥有限公司等龙头建材企业为重点，开展包括煤矸石、有色金属灰渣、氟石膏、磷石膏、脱硫石膏等低品位矿产资源和伴生矿资源综合利用，用于生产水泥和水泥熟料，推动产业集中布局、低碳开发利用、更新技术装备、创新运行模式、提高管理规范化水平，加快资源的循环利用。

二是提高固体废物利用水平。加快煤矸石、有色金属废渣、氟石膏、

磷石膏、脱硫石膏等废弃物的循环利用。加快环保科技创新，推动资源综合利用，减少源头排放，加快产业内循环，促进产业绿色低碳发展，加快原料替代、工艺改造、技术更新、循环利用，推进固体废物源头减量和资源化利用。

三是加快项目建设步伐。玉山新型建材企业加大研发投入力度，加快科技攻关步伐，提升固体废弃物综合利用装备技术及再生矿产资源循环利用。万年青水泥股份有限公司引进工业垃圾、建筑垃圾、生活垃圾处理设备，减少二氧化碳排放物7.65万吨。南方水泥股份有限公司利用水泥生产线石膏联合储库、原煤堆棚等，优化能源结构，减轻环保压力。

四是加快建设无废矿区。各水泥建材企业从矿区投资、技术改革、矿物加工、生产组织、资源循环利用、环境治理等方面进行系统优化，加快资源全产业链开发，使用绿色矿区技术。同时，县建材产业基地加快启动无废矿区建设，开展专项清废行动，矿区固体废弃物得到优化配置和合理利用，年减排污染物1300万吨。对固体废弃物进行清洁化生产、资源化利用、无害化处理，从源头上减少固体废弃物的产生。

（3）于都县围绕"1+2+N"工业产业布局，助力城镇化高质量发展

其一，于都县工业发展与城镇化建设情况。于都县地处赣州东部，人口众多、劳动力资源丰富，是赣州唯一一个人口超百万的县，总人口111.95万，拥有丰富的水资源和银、钨、锌、铅、煤等27种矿产资源，森林覆盖率达71.8%，获评"省级森林城市""省级文明城市"。2022年，于都县地区生产总值343亿元，比上年增长5.3%，第二产业增加值140.78亿元，增长6.5%，新型建材和绿色装配式建筑全行业产值突破40亿元。2021年，于都县城镇人口273330人，城镇化率44.65%。第二产业占比相对较低，工业发展相对不足，难以支撑起城镇化高质量发展，城镇化水平相对较低。

其二，于都县工业生态化发展的实践探索。于都围绕"1+2+N"工业产业布局，做实做好"育龙头、补链条、建平台、保要素、强集群"这篇文章，不断加快建筑产业转型升级步伐。重点引进落户装配式建筑上下游企业等循环经济类朝阳产业。奖补支持装配式建筑项目和生产基地发展。引进全市第一家钢结构装配式建筑生产基地，大力推进装配式建筑比例，全县采用装配式建筑占同期新建建筑的比例达30%。开展绿色建材评价认证，推行绿色低碳建造方式，实行工程建设项目全生命周期内的绿色建造。大力培育各类专业人才，促进于都县职校与省、市高职院校及企业校校合作、校企合作，定向培养装配式建筑相关专业的技术人才。以建筑产业绿色转型助力城镇化高质量发展。

（三）产业生态化发展与城镇化绿色转型存在的问题

目前，江西省县域产业发展以制造业为主，在生产要素中，资源、土地、矿物质等所占的比重相对较大，而资金、技术、劳动所占比例相对较小，影响了县域产业发展集聚人口的能力。受到技术条件、资金等约束，江西省县域面临绿色技术研发能力不足、绿色产业体系有待完善、绿色企业带动辐射力度有限、绿色产业领航企业较少等问题，产业生态化发展的步伐相对较慢，绿色转型能力相对不足，给绿色城镇建设、低碳发展带来挑战。

1. 绿色技术支撑相对不足

一是县域创新意识不强，科技创新环境有待优化。产业生态化发展对技术创新有着较高的要求。但县域集聚人才能力有限，专业技术人员缺乏，对外部技术的引进能力相对不足，企业专利申请数量相对较少，企业对绿色技术的研发投入相对较低。二是县域企业创新意识不强，产学研结合度不高。县域矿产资源、农业资源供给丰富，但县域范围内高等院校、职业院校、具有研发能力的企业相对较少,生产与研究的融合度相对较低。县域企业使用的技术往往通过与外省高等院校合作获得,与本地院校合作较少,"硬核"技术缺乏,应用水平不高,生产技术未形成产业化,企业技术对外省依赖程度高。

2. 生态产业链发展不充分

一是县域绿色领航企业较少。实力强、规模大、产值高的企业主要分布在大中城市,小城镇对于龙头企业的吸引力较弱,难以引进和培育绿色领航企业,江西县域具备创新能力的生态企业少且实力弱。二是县域龙头企业辐射带动力有限。江西省县域龙头企业多是飞地经济,即原料、市场在外,加工在本地,与外省企业的联系不紧密,对本地区其他企业的辐射力不足。三是县域产业结构单一。县域企业多依托资源而建立,产业集聚能力不足,产业配套设施有限,上下游企业缺乏,产业链不完整。四是县域企业及产品的品牌影响力不足。企业规模小,市场开拓能力有限,宣传力度小,生态产品品牌影响力小。

3. 生态产业要素保障不足

一是县域层面政策支持不够。目前,江西省县域层面出台的政策集中在产业的生产、销售等方面,加工方面补贴不足,扶持政策呈"两端高、中间低"的状态。扶持政策"普惠多、精准少",针对不同环节企业制定差异化的帮扶政策不足。二是县域层面金融支持体系有待健全。省内绿色金融参与主体以大型企业为主,县域中小微企业难以获得绿色金融的支持。三是县域物流等基础设施建设不足。县域地形条件复杂、地理位置偏远、交通基础设施相对不足。

(四)推进产业生态化与新型城镇化的对策建议

县域是江西省产业生态化发展的重要一环,也是江西省新型城镇化建设的重要区域。县域产业生态化发展对县域城镇建设、产业升级、人居环境改善具有重要的作用。因此，江西省县域产业生态化发展需要加快培育领航企业、加快延链补链步伐，引进、自主研发新技术，促进江西省产业生态化发展，加快推进新型城镇化建设。

1. 积极对接长三角、珠三角产业转移

发挥县域土地、劳动力等要素优势，多措并举，招商引资，积极主动对接融入长三角、珠三角等经济发达地区，承接发达地区产业转移。选派干部赴长三角、珠三角学习，优化政务服务，改进工作作风，优化县域营商环境，提高对外商的吸引力。举办招商推介会，动态跟踪发达地区产业发展趋势，积极对接引进产业链的关键环节企业，促进本地产业转型升级。各县域以自身资源禀赋为基础，发展优势产业，优化江西省县域产业空间布局。

2. 加强县域贸易往来提高对外开放水平

江西省部分县域地理位置相对偏远，交通基础设施有待完善，与外部的经济联系相对较弱，对外开放水平相对不足，难以引进外部的资金、技术等要素，本地产业转型升级存在困难。应加快基础设施建设，优化铁路、公路、航空等交通通道建设，以减少货物运输成本，提高县域与外省的沟通效率，加强贸易往来。应加快户籍、社保、就业等制度改革，加强县域之间的人员交流，从而吸引外省人员到县域投资创业。

3. 加快县域层面产业链延链补链步伐

县域产业发展有其自身规律。要根据县域产业布局的特点，按照一县一策的原则，有重点地引进、培育企业，加快完善产业链。针对县域产业生态化发展中的薄弱环节，如加工深度不足、物流基础设施存在短板、产业链上下游企业缺乏等，加快引进相关企业，补齐产业链，对生态产业链各环节的企业提供配套的仓储、物流、租赁、城市配送、金融

等服务，打通供应链各环节，实现县域节点企业间供需资源共享和价值链提升。

4.大力拓展县域层面企业销售渠道

加快基础设施建设步伐，运用现代信息技术，利用互联网平台，提高县域企业与外部消费市场的连接效率，提升县域企业产品的市场知晓度，打开销售市场。同时，鼓励县域企业建立物流体系和市场营销网络，重点支持加工型领航企业采取联合或自建等方式，向下游商品流通和市场营销环节进行布局，以创新供应链提升产业价值链。鼓励支持县域加工型企业与上下游相关市场主体通过组建产业联盟等方式，构建产业链利益共同体，拓展产业链各节点组织间合作新模式，提升产业链竞争力。联通生产、精深加工、生产服务等产业体系，形成更强创新力、更高附加值的产业链。

5.引进技术，加快县域企业技术更新

加快县域层面企业技术引进的步伐，加快企业与高等院校的合作，促进企业技术更新。同时，加快完善县域层面的创新激励机制，采取资金配套、财政奖励等方式，鼓励支持企业加大研发投入强度，在相关项目申报等方面对研发投入强度达到一定门槛的给予"绿色通道"。支持县域企业设立院士工作站，加强企业与科研院所合作，培养引进产业高端人才、技能人才，重点支持企业实施绿色科技成果转化工程，做到产学研一体化。以技术链为核心，推进县域产业链上中下游企业开展绿色技术的合作协同创新。推动县域产业链、供应链、价值链"三链同构"，打造完整、健康、充满活力的产业链生态。

6.做大做强县域特色优势生态品牌

县域生态品牌独具特色，优势明显。要依据县域的生态产业产品特点，加大宣传力度，通过融媒体平台推出江西省县域优质生态产品，唱

响江西省县域优质的"江西绿色生态品牌"。依托县域优势资源、文化底蕴，打造一批国际领先、带动上下游产业的县域公共品牌和历史悠久老字号产品品牌。鼓励县域领航企业加大对上下游企业并购重组，加强品牌整合，重点打造核心品牌，使其成为叫得响、信得过的品牌。建立江西县域生态产业链企业品牌目录，建立企业品牌准入退出机制，实行动态管理，打造全国影响力，引领形成生态、优质、安全的产品消费新风尚。

二 生态产业化与新型城镇化

良好的生态蕴含着无穷的经济价值，能够源源不断地创造综合效益，实现经济社会的可持续发展。生态产业化的本质就是按照产业发展规律，在确保生态系统功能不被破坏的基础上，对绿水青山进行产业化开发和经营。新型城镇化要坚持绿色、低碳发展，提高城镇化水平和质量。生态产业化与新型城镇化建设密不可分，生态产业化是新型城镇化的时代追求，新型城镇化是生态产业化实现的重要依托。县域是生态产业化推动新型城镇化建设的基础单元。江西县域绿色生态资源丰富，建立健全生态产品价值实现机制，推动江西新型城镇化发展，有利于将县域生态优势转化为经济优势，促进人与自然和谐共生，满足人民对生态环境日益增长的需要，实现百姓富、生态美的有机统一。

（一）相关理论基础与研究现状

1. 生态产业化的理论基础

2005年8月15日，时任浙江省委书记习近平同志在安吉县余村提出

"绿水青山就是金山银山"（以下简称"两山"理念）的科学论断。"两山"理念揭示了生态环境保护与经济社会发展辩证统一的关系，是习近平生态文明思想的核心内容与最终落脚点，要求在满足人民群众日益增长的优美生态环境需要的同时增加经济财富和社会福利，这既是世界观又是发展观，既是价值论又是方法论。

资源禀赋论。资源禀赋论一方面凸显自然属性，另一方面突出产业化属性，不让县域陷入"资源魔咒"的困境。因此，生态产业化实现必须尊重和顺应自然，以自然禀赋及生态属性为前提、以资源环境承载力为基础，通过比较成本优势分析，实现产业最优化布局，确保人与自然和谐共生。

生态产品价值论。反映了人与自然之间物质变换和能量流动的客观规律和生态产品的价值来源。生态产品具有劳动价值和效用价值，人类对于自然资源的保护与合理利用，直接或间接凝聚着人类活动。

生态产品开发利用系统论。作为生命共同体，山、水、林、田、湖、草、沙构成的自然生态系统，与经济社会系统共生共存。形成人与生态要素紧密联系的"人—自然—社会"复合生态系统。

生态产品供给外部性理论。生态产品按照竞争性与排他性划分，可以将生态产品划分为公共物品、纯私人物品、俱乐部类物品和公共池塘类物品四大类。生态产品价值作为一种外部经济，往往不能通过市场交易直接体现，需要规制约束以发挥其综合效益。

民生论。良好的生态环境是最公平的公共产品，是最普惠的民生福祉，这是"两山"理念的本质特征。步入新时代，人民对优美生态环境的需要日益增长，生态产品价值实现机制是利用制度建设、将丰富的生态资源优势转化为经济优势、实现生态产品有效"活化"和利用、满足人民对良好生态环境新需求的有效途径。政府是提供环境公共产品的责任主体，力求最大限度地提供惠及全体公民的生态福利。

2. 生态产业化的研究梳理

（1）生态产业化研究

生态产业化的研究可以追溯到 20 世纪末的自然资源价值论、生态产品（或生态服务）市场价值等相关理论，从讨论生态系统服务和自然资本具有价值开始，其中 Costanza 等就估算全球生态服务与自然资本的价值进行大量研究。随着对生态系统服务具有公共物品属性的共识，Tacconi 指出生态补偿的主要目的是为提供生态系统服务方建立激励措施，以改变那些引发环境资源过度恶化的个体或集体行动。

国内学界认为，生态产业化指按照社会化大生产、市场化经营的方式来提供生态服务，从而建立起生态建设投入与效益良性循环机制，由涉及第一产业、第二产业、第三产业的生态产业相互组合形成。温铁军等进一步指出生态产业化是活化不被定价而长期沉淀的自然资源，是生态资源价值化实现形式的创新，促进资源要素有序流动。

（2）生态产品价值实现机制研究

生态产品价值实现机制是以绿色、低碳、循环、高质量为发展途径，以供给侧结构性改革为主线，发挥政府主导、市场配置作用，尊重自然、顺应自然、保护自然，构建可持续发展的产业链、生态链、价值链，不断满足人民群众日益增长的优美生态环境需要。王金南、王夏晖进一步指出，生态产品价值实现是破解生态保护与经济发展矛盾的重要议题，能够有效解决环境保护的外部性，保护生态系统功能的完整性，是生态产品价值实现以及推进生态环境治理体系与治理能力现代化的重要抓手，也是引领全社会绿色生活新风尚的重要途径。

（3）生态产品价值实现路径研究

生态产品价值的实现关键在于生态产品的有效供给，围绕生态产品价值实现路径的研究逐渐成为学者们的研究热点。Banerjee 等、Woodward

和 Kaiser 认为生态产品交易模式可分为直接交易、票据交易所交易、缓解银行交易和双边谈判。通过总结国内外实践特点，虞慧怡等提出实现生态产品价值应充分依托生态资源实现生态产业化，找准自身特点定位促进产业生态化，建立政府主导下的市场化公共性生态产品补偿机制，通过优化国土空间带动土地溢价。路文海等从各类生态产品出发，提出供给类和文化类生态产品可直接进行市场交易，地方行政管理者为其价值实现路径推进主体，调节类生态产品难以直接进行市场交易，必须由国家进行统筹管理。生态产品价值实现主要包括生态保护补偿、生态权属交易、经营开发利用、绿色金融扶持、促进经济发展、政策制度激励等途径，实现生态产品"增值"和"溢值"。

（二）江西以生态产业化推进新型城镇化

1. 典型做法与经验

近年来，江西牢牢把握国家生态文明试验区建设和全国生态产品价值实现机制试点的双重机遇，全面推进县域生态产业化发展，探索出多种生态产品价值实现路径，着力推动绿水青山转化为金山银山。

（1）逐步构建生态产品价值实现制度体系

2021 年 4 月，中共中央办公厅、国务院办公厅印发的《关于建立健全生态产品价值实现机制的意见》对生态产品价值实现机制进行总体布局，江西抚州市获得生态产品价值实现机制国家试点，抚州市资溪县、金溪县为先行试点，稳步推进区域生态产品价值转换实现，从生态产品价值实现实施制度、管理机制、价值核算体系、市场化运作机制、政策支持机制等方面，逐步构建区域生态产品价值实现制度体系（见图4-1）。

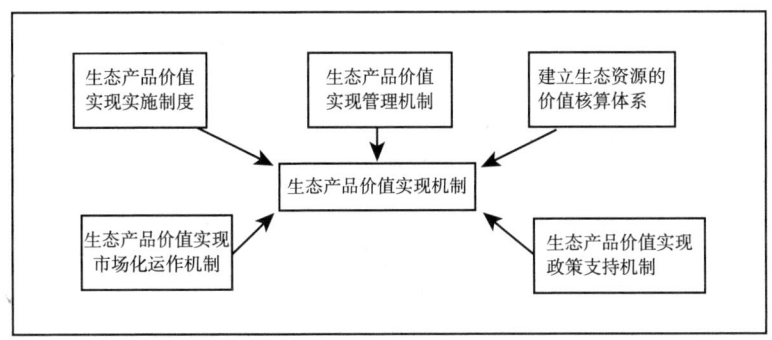

图 4-1　生态产品价值实现制度框架体系

（2）探索建立生态产品价值实现核算制度

出台办法有序推进自然资源确权登记工作。靖安县完成九岭山国家级自然保护区等 5 个自然保护地和修河、潦河干流等 8 条河流的调查确权，初步形成自然资源确权登记成果。资溪县制定河权改革方案，探索河道经营权"三权分离"，对水资源使用权、水面经营权、河沙开采权进行单独确权。邮政储蓄银行利用水资源使用权证质押，发放贷款 8000 万元。

探索建立县域自然资源价值核算标准。2021 年 6 月，江西省市场监督管理局出台《生态系统生产总值核算技术规范》，推动全省 3 个设区市、11 个县区先行开展核算试点工作，为 2022 年 3 月国家出台核算规范提供了参考（见表 4-6）。抚州市东乡区整合县域内土地、森林、水、矿产等各类自然资源，探索出"矿山整治+修复变现""水库退养+综合开发""盘活土地+折价入股""确权颁证+抵押贷款"等多种模式，形成优质资源资产包，实现经营权抵押、产权交易与规模化经营。截至 2022 年底，东乡区完成新增林权抵押贷款 1.08 亿元、林权权属交易 1.4 亿元。

表 4-6 江西省生态产品价值核算指标

类别	核算指标	价值量指标
物质供给	生物质供给	生物质供给价值（主要包括农田、草地、森林、水体等生物质、野生动植物和其他生物质的供给价值）
调节服务	水源涵养	水源涵养价值
	土壤保持	减少泥沙淤积和面源污染价值
	洪水调蓄	调蓄洪水价值
	空气净化	净化二氧化碳、氮氧化物、粉尘价值
	水体净化	净化总氮、总磷、COD 价值
	固碳	固定二氧化碳价值
	局部气候调节	植被蒸腾和水面蒸发调节温湿度价值
	噪声消减	噪声消减价值
	防风固沙	防风固沙价值
文化服务	旅游康养	旅游康养价值
	休闲游憩	休闲游憩价值
	景观增值	受益土地与房屋增值

（3）推动生态产品产权交易

探索搭建交易平台。江西依托省公共资源交易集团上线中国南方生态产品交易平台，集聚了林业碳汇、用能权、水权、矿业权、文旅项目等多种生态产品信息，有效解决信息不对称、资源浪费大、交易成本高等问题。依托南方林业产权交易所设立抚州生态产品运营中心，出台了全国首部《生态资产交易管理办法（试行）》，建设了市县乡生态资产交易场所，开发了市县乡统一使用的生态资产交易系统。

推动环境权益交易。资溪县出台《资溪县"两权"抵押贷款试点实施方案》和《资溪县金融支持生态产品价值实现实施方案》等方案，创新金融支持森林赎买，推动生态产品价值实现。县农行授信全省首笔森林赎买项目贷款额度9800万元，截至2022年底，已发放7700万元。县农商行发放全省首笔林权补偿收益权质押贷款477万元，有效盘活生态公益林和天然商品林3.2万亩。

(4) 深化生态产品产业化利用

"生态+绿色农业"。信丰县以安西脐橙种植园为核心区，充分发挥中央、县级、社会资本三方资金，推动土壤改良工程，探索"猪—沼—林（果）"生态养殖治理模式，并将生态修复治理与文化旅游产业相结合，建设"中国赣南脐橙产业园"国家级4A景区。截至2022年底，信丰县建成有机肥料替代化肥等化肥减量增效核心示范区5000亩，同步推广实施水肥一体化技术2.5万亩，增施有机肥2.5万亩，带动果农人均增收5160元。

"生态+林业"。浮梁县依托"世界三大高山茶产区之一、中国古树红茶核心产区"优势，塑造"国保储叶种、千年浮梁茶"品牌价值，其茶文化入选第六批中国重要农业文化遗产候选名单，填补了江西茶在该领域的空白。截至2022年底，浮梁县有茶园面积20.22万亩，茶叶生产总量达1.3万吨，综合产值突破20亿元；从事茶产业人数达6.2万人，人均涉茶收入1.38万元。

"生态+低碳工业"。上犹县通过实施区域综合治理与生态保护修复项目，关停清理县域内小散乱污企业，使县域内生态环境发生根本性转变，吸引了多家高科技企业签约入驻上犹县新材料科创产业园，如江苏瀚之源集团、赣州森泰竹木有限公司等，有效引导林业深加工项目集聚、企业集聚、产业集聚，走出了一条生态保护好、效益好、后劲足的绿色发展新路。

"生态+文旅"。大余县将"名不见经传"的丫山打造成国家级运动休闲特色小镇，逐步成为粤港澳大湾区旅游休闲后花园，每年吸引游客超300万人次，当地村民人均年收入从过去不足3000元增加到现在42000余元；"丫山扶贫模式"被央视《新闻联播》作为优秀案例进行宣传报道。婺源县通过推进全域旅游，擦亮了"最美乡村"金字招牌，篁岭"景区带村"模式成为世界旅游联盟减贫案例；截至 2022 年底，篁岭 200 余名村民实现就业，承租经营的当地村民年人均收入 4 万多元，并带动了周边晓容、前段、栗木坑等村庄 50 余家农户从事农家乐经营，户均增收 5 万元以上。

(5) 强化生态产品保护补偿

坚持"谁受益、谁补偿"原则。江西不断完善生态保护补偿制度，连续 6 年实施全流域生态补偿，全省累计下发流域补偿资金 210.9 亿元，落实赣粤东江、赣湘渌水跨省流域横向生态补偿资金 4.12 亿元。铜鼓县与修水县在 2019 年签订江西首个跨市流域横向生态补偿协议，每个断面两县各出资 300 万元、期限 3 年，根据断面水质监测结果进行"对赌"结算。乐平市与婺源县签订《共产主义水库水环境横向补偿协议》，协定 2019 年 1 月至 2023 年 12 月，双方各出资 200 万元，以跨界断面Ⅲ水质为标准，开展为期 5 年的横向生态补偿。

坚持"谁保护、谁受偿"原则。江西有效探索生态环境损害赔偿机制，在全省范围内已初步形成生态环境保护者受益、使用者付费、破坏者赔偿的利益导向。万年县创新公益诉讼办案模式，成立湿地保护公益诉讼协作办公室，有效处理受损湿地生态环境问题，使违法行为人以补植增绿、劳务代偿、增殖放流等替代性修复方式承担法定责任，助力破解生态环境无法修复或修复成本巨大的难题。

(6) 创新绿色金融赋能

加快绿色金融产品创新。乐安县在流坑古村落保护与开发中，得到农发行大力支持，积极参与项目策划与认证并发放贷款 9.5 亿元，有效盘活古村落、水南古樟树林等旅游资源，打造集特色住宿、餐饮和休闲旅游于一体的度假村，促进当地乡村旅游发展，带动 9807 人脱贫致富。金溪县创新推出"古村落金融贷"，为古村落活化利用注入金融"活水",截至2022年底,农商银行、上饶银行等5家银行共发放"古村贷"12亿元。

搭建生态资源储蓄运营平台。江西省级层面制定平台运行管理规范省级标准,在武宁县、崇义县等地打造各类生态资源储蓄运营平台;在全国率先开展湿地资源运营机制创新试点,成立万年县、进贤县等7个县级运营中心,湿地占补平衡指标成交2893万元。资溪县创建江西首家"两山"转化中心,完成森林赎买21万亩,收储生态资源资产20余项,撬动社会资金30亿元发展生态产业,促使"青山"变"金山"。

完善融资担保机制。江西省出台《关于开展林权收储担保体系建设的通知》,在崇义、宜黄、乐安等县探索建立林权代偿收储担保机制。资溪县出台林权代偿收储担保管理办法,通过代偿收储成功化解银行不良贷款7起,偿还期贷款3540万元,既化解金融风险,又有效实现林权保值增值。

2.江西以生态产业化推进新型城镇化的主要模式

江西县域以生态产业化发展推进新型城镇化建设,探索出了多种生态产品价值实现路径,主要涉及生态资源指标及产权交易、生态修复及价值提升、生态产业化经营、生态补偿和绿色金融五种(见表4-7)。

表4-7 江西生态产品价值实现主要路径

主要路径	典型地区	主要特点	主要成效
生态资源指标及产权交易类	东乡区	探索"矿山整治+修复变现""水库退养+综合开发""盘活土地+折价入股""确权颁证+抵押贷款"等多种模式	盘活矿产资源、水域资源、林木资源、土地资源,实现经营权抵押、产权交易与规模化经营
	资溪县	实施重点生态功能区域"森林赎买"	集中进行融资贷款、专业运营和开发交易

续表

主要路径	典型地区	主要特点	主要成效
生态修复及价值提升类	瑞昌市	优化调整国土空间规划,对洋鸡山金矿系统修复、综合治理	带动房地产项目和工业产业发展,实现生态资源价值"溢价"
生态产业化经营类	寻乌县	统筹推进山水林田湖草生态保护修复的同时,因地制宜发展生态产业	利用修复后的土地建设工业园区、光伏发电站,发展产业,逐步实现"变废为园、变荒为电、变沙为油、变景为财"
	靖安县	推行"一产利用生态、二产服从生态、三产保护生态"	以可持续性方式经营生态产品,打造生态特色品牌、建设系列大健康产业项目
	信丰县	推动土壤改良,探索"猪—沼—林(果)"生态养殖治理模式	将生态修复治理与文化旅游产业相结合,打造中国赣南脐橙产业园为国家级4A景区
	婺源县	通过产权收购、搬迁安置方式,先把村民"迁下去";而后把村民"请上来",挑选当地村民返迁篁岭古村,展示晒秋、当地手工艺、民俗小吃等	完成古村落的规划建设、风貌修缮及文化灌注,将篁岭打造成4A级景区,并带动景区内周边农家乐、民宿等旅游产业发展
生态补偿类	寻乌、安远、定南、龙南、会昌5县	全面推进东江流域生态补偿案例试点	为跨省流域上下游横向生态补偿提供"赣州样板"
	乐平市、婺源县	推动"共产主义水库水环境横向补偿"试点	建立联合监管机制,保障共产主义水库水源水质安全
绿色金融类	金溪县	实施农村承包土地的经营权和林权("两权")抵押试点	搭建农村产权交易中心,健全征信、产权登记、价值评估三大体系,引入财政保险分担风险

资料来源:江西省自然资源厅。

截至2022年底,江西创建了靖安、婺源、井冈山、崇义、浮梁、资溪、武宁、铜鼓等8个国家级"绿水青山就是金山银山"实践创新基地和多个国家生态文明建设示范县市,在破解"难度量、难抵押、难交易、难变现"等四大难题方面作了大量有益探索(见表4-8)。

表 4-8　江西省国家级"绿水青山就是金山银山"实践创新基地和国家生态文明建设示范县市

批次	国家级"绿水青山就是金山银山"实践创新基地	国家生态文明建设示范县市
第一批（2017）	靖安县	靖安县、婺源县、资溪县
第二批（2018）	婺源县	井冈山市、崇义县、浮梁县
第三批（2019）	井冈山市、崇义县	景德镇市、湾里区、奉新县、宜丰县、莲花县
第四批（2020）	浮梁县	武宁县、寻乌县、安福县、铜鼓县、宜黄县
第五批（2021）	资溪县	共青城市、石城县、吉安县、广昌县
第六批（2022）	武宁县、铜鼓县	安义县、庐山市、上犹县、遂川县

（三）江西以生态产业化推动新型城镇化的发展瓶颈

绿水青山的有形产品、生态系统优良的本底以及包括"幸福感"在内的无形资产与服务都是价值。江西省"两山双向转化过程中"，就如何实现资源资产化、资本化，主要存在以下五大难点。

一是生态产品价值实现确权难。明晰的产权归属是生态产品价值实现的前提基础，但实际工作中依然存在诸多困难。首先，产权边界模糊问题突出。生态资源和产品大多数是公共产品，如河流、森林等生态系统是天然的公共资源，具有流动性、跨区域等特征，很难清晰界定产权，受益主体也难以标识。其次，特定生态产品产权界定存在法律真空。以抚州市传统村落古建筑确权试点为例，根据新修订的土地管理法，农村村民一户只能拥有一处宅基地，但古村落建筑因其特有的文物属性，在

"拆与留"的问题上缺少专门的法律依据,从而受规划方案不够健全、管理方法存在漏洞等因素影响,事实上"一户多宅""一宅超限""未批先建"等现象不同程度存在,无法给古村落建筑办理集体土地所有权登记,导致"确权—确价—交易"在第一步就被卡住。

二是生态产品价值实现度量难。目前尚未建立权威、公允的生态产品价值评估和核算机制。主要原因在于:一方面是技术手段不足。江西省生态产品种类众多,不同区域生态产品价值核算资料来源渠道、衡量指标体系及核算方法模型多样、层次不一,导致省内生态产品价值难以准确量化。另一方面是政策依据不足。江西省在生态服务市场交易、生态转移支付、生态补偿、环境污染责任保险等制度机制方面尚缺乏生态产品价值定量标准,导致在现行的金融政策、规则体系下相关工作难以有效推动。

三是生态产品价值实现交易难。尽管江西省在林权、排污权、碳排放权等交易上已有相关成功探索和实践经验,但这些本质上都是物质产品类的生态产品,对于衍生出的服务类、文化类生态产品,还没有成熟的交易平台和交易体系。同时,随着广大人民群众对优质生态产品的需求与日俱增,江西省在生态产品价值实现的市场设置、特许经营权许可、市场准入、退出机制及各利益主体分配方式等方面尚不完善,这些都增加了生态产品交易的难度。

四是生态产品价值实现变现难。当前江西省较为成熟的生态产品主要包括以绿色有机农产品为主的生产和交易、以康养休闲为主的旅游资源开发等。但前者大多处于初加工阶段,采取"公司、基地、合作社、农户"的不同组合模式,辐射带动力有限,品牌实力不强,大多数公司难以走出地市面向全国市场竞争。一些县(市、区)生态产品和资源优势很大,却一直没有得到合理开发与利用,特别是生态产品的文化价值开发不足。

五是生态产品价值实现持续难。从江西省试点情况来看，相关项目还未能摆脱对政府资金和政策的严重依赖，"自我造血"功能尚未完全激活。在经济补偿方面，目前主要依靠中央财政转移支付、优惠贷款以及生态资源税征收等，资金来源单一、缺口较大，再加上错补、漏补时有发生，因此本就有限的财政资金使用效率更加低下。在金融支持方面，生态产品开发初期需要大量的资金投入，而相关贷款项目回收期长、管理成本高、风险大，因此金融机构特别是商业性金融机构在额度、期限、利率、担保等方面与项目经营主体的需求极不匹配，需要政府财政兜底分担金融风险，如资溪县政府就按照相关项目贷款的80%进行分担，造成了巨大的财政压力。

（四）助力江西以生态产业化推进新型城镇化发展的对策建议

促进县域生态产业化发展，实现"两山"双向转化，要创新和完善生态产品价值实现机制，形成生态产品价值的评估、核算、管理、运营及政策支持体系，实现经济增长与生态质量双提升，实现人与自然和谐共生。

1. 健全生态产品价值核算评估机制

一是全面系统调查，准确摸清全省生态产品资源。在前期自然资源资产负债表统计基础上，全面开展全省生态产品价值核算，摸清全省生态资源存量和生态产品流量等资产的家底。借鉴现代互联网技术，开展以县级为单位的生态资源梳理工作，建立生态资源登记系统平台，建立全省生态资产负债表、生态资源资本账户。二是开展全省生态产品价值转化潜力评估。对全省水资源、林地、湿地等生态资源进行系统分析，厘清哪些资源具有转化优势。加大碳汇资源培育，增强碳汇系统固碳能力，开发碳汇"链条产品"，做大做强全省绿水青山附加值。三是完善生态产品价值标准体系。参考借鉴浙江省、青海省及深圳市等地区建立GEP核算和考核技术体系,尽快制定全省生态产品核算技术指南、评价指标体系;建立省级层面生态产品价值评估管理办法,形成生态产品价值评价标准化的操作细则,指导第三方评估机构对生态产品价值进行科学评估。

2. 完善生态产品市场交易机制

一是推动生态资源有效确权和流转。从省级层面制定和完善生态资源保护利用的产权管理条例,推动生态资源要素确权以及相关产权流转;构建"山水林田湖草沙"生态资源统一确权登记系统,制定产权主体权力清单,从根本上解决生态产品"归谁有"、"归谁管"和"归谁用"等问题,形成多元化生态产品生产和供给主体。二是建立和完善生态产品交易平台。完善全省生态产品交易平台和中转平台。形成生态资产确权、第三方核算、交易市场、转移登记与监管制度等完整的交易体系;重点围绕商品林赎买、公益林收储和水域经营权流转等探索开展出让、租赁、买卖等生态资产产权和生态产品交易试点。三是进一步壮大生态产品交易市场。借鉴福建、浙江、贵州等省在林权抵押贷款、水权交易以及排污权交易等方面的成功经验和做法,积极培育生态产品市场,在森林、湿地等不同生态产品领域开展资源资产化、证券化、资本化改革,建立完善生态变资本、变财富的市场交易新机制。

3. 实现生态产品共建共享机制

一是政府起主导作用。生态资源保护和利用过程,各级政府要起到引领作用,应调动企业、社会公众参与生态保护发展的积极性、主动性和创造性,构建多主体参与的生态资源价值转化的合作机制。二是激发公众参与积极性。由于全省许多重要生态资源都在农村,要大力鼓励农村居民的参与热情,有效协调生态资源转化地区原住民、当地政府、企业等多方的利益分配问题;进一步发挥新乡贤作用,吸引外流的创业成功者、返乡创业者、退休还乡者及有乡村情怀、愿意回报乡村的技术人员和专家学者入驻或扎根农村,引领和带动村落民众进行"生态资源再生产"。三是建立市场化运作的生态产品运营服务体系。完善金融、税收等优惠政策,引进和吸纳社会资本和民间资本,构建实行政企合作开发股份制经营模式,如可以采用 PPP 等融资模式,实现共同经营管理、多方参与管理的生态产品综合开发经营模式;有条件的生态资源丰富地区,可以鼓励组织村民以入股的方式参与生态产品保护和开发建设,共享生态开发利用成果,逐步建立起"企业专业管理、村民参与经营、政府监督管理"的多元化管理模式。

4. 创新生态产品金融服务机制

一是成立生态产品价值转化基金。设立"以财政引导为辅、社会资本投入为主、市场化运作"的省级生态产品价值转化基金,重点支持生态产业培育和生态产品价值实现等重点项目。二是继续探索实施"两山转化中心"等制度。对山水林田湖草沙等自然资源以及适度集中经营的碎片化生态资源资产,采取租赁、入股、托管、赎买等形式整合收储,转化成集中连片优质的"资产包"并开展项目招引,通过混合所有、股份合作、委托经营等方式引入社会资本和专业团队运营管理。三是创新绿色金融产品。依托绿色资源,开发以生态产品为对象的信贷产品,试点公益林和天然林收益权质押贷款,开辟林权抵押贷款新渠道,开办农村"两权"(土地承包权和土地经营权)及水权、矿产权等权益性资产抵押质押贷款业务;探索碳汇金融、绿色债券、绿色基金等现代绿色融资方式,实现绿色融资多元化发展。

5. 构建生态产业培育壮大机制

一是设立生态产品价值示范区。结合江西省主体功能区规划和国家对生态产品价值转化的要求,可选择生态资源潜力大、稳定性较好的如抚州、赣州等地建立示范区，探索培育生态产品价值转化先行示范新模式。二是因地制宜推广生态产品实现的创新模式。根据全省不同类型的生态产品及区域生态产品价值转化程度，选择不同的价值实现模式。针对农业优质产区，可打造优质农、林、牧、渔业生态产品；针对生态资源重点区，可发展生态旅游、生态康养及生态扶贫；针对重点生态功能区，可采用生态补偿、生态银行、绿色金融等方式，通过确权、赋利，使生态产品的非市场价值转化为市场价值。三是推动与数字经济相融合。要在生态资源的保护与发展实践中普及互联网技术，利用互联网技术手段进行产业升级。如推广乡村旅游智能化、乡村生活智慧化，从而形成保护与发展的新态势。通过第三产业的"数字"叠加，将生态资源的生产场所由农业农村部门向非农部门拓展，提高生态资源附加价值。

三 生态修复与绿色城镇化

县域生态修复规划不仅要承接国家、省、市层级的战略规划，也是乡镇生态修复的直接上位指导，还是生态修复规划落实落地的重要环节。在以往粗放式的城镇化发展过程中，许多县域成为资源能源消耗和污染物聚集产生的区域，面临着严峻的生态环境问题。在绿色发展要求下，县域生态修复是绿色城镇化建设的必然要求和重要内容。党的十八大以来，江西县域生态修复取得长足进步，但由于生态修复涉及面广、修复工程类型多、生态系统复杂，加之全省县域发展不平衡不充分问题突出，县域生态修复在推动绿色城镇化过程中还面临不少困境。

（一）生态修复与绿色城镇化相关研究

1. 生态修复与县域生态修复

"生态修复"从一般意义上理解，是针对受到干扰或损害的生态系统，遵循生态学原理和规律，主要依靠生态系统的自组织、自调节能力以及进行适当的人为引导，以遏制生态系统的进一步退化。关于生态修复的研究多集中在基于生态系统服务及生态安全格局等研究范式、单一生态系统及整体性生态系统等修复对象、省区市行政单元及重点生态功能区等区域尺度方面。

县域生态修复是生态修复规划体系中的重要一环，也是国家、省、市等上位发展规划的直接承接对象，同时要对乡镇生态修复的目标定位、修复工程实践等起到重要引导作用，是承上启下的关键环节。因此，县域生态修复更加侧重落地性与实施性，县域生态修复实践要积极响应国家、省、市等上位发展战略，依据上位生态功能区划、主体功能区划要求，结合县域乡镇单元生态系统的地方实际问题，因地制宜明确生态系统修复的具体类型，从而制定面向所属区域的生态修复策略、任务及重大工程。

2. 县域生态修复与绿色城镇化

过去，我国基本上走的是一条非绿色的粗放型城镇化道路，在推动城镇经济快速发展的同时，也带来了诸多生态环境问题，诸如城市边缘土地沙漠化、城市热岛效应及县域水资源污染、空气质量下降、原生态植被破坏、生物多样性减少等。因此，在全球发展面临能源、环境、气候变化等多重危机的背景下，亟须走出一条绿色城镇化发展道路。其中，县域生态修复治理方面历史欠账多，且面临"旧账"未还、又欠"新账"的问题，在绿色城镇化进程中县域生态修复任务十分艰巨。因此，在推进绿色城镇化过程中，要持续加大对县域生态修复的投入力度，强化对县域生态系统的综合性、系统性修复。

（二）江西县域生态修复的基本情况

江西地处中亚热带暖湿季风区、长江中下游南岸，境内山川秀美、丘陵岗地遍布、河谷平原富饶、湖泊湿地众多，山、水、林、田、湖、草共同构成了全省生态系统的核心要素。在全国首个省级层面发布的《江西省"十四五"国土空间生态修复规划》指导下，依据"一带、二核、三网、六区"①国土空间生态修复总体布局，聚焦生态、矿山、农业等方面存在的问题，县域生态修复类型和重点更加明确。此外，出台《关于开展市县级国土空间生态修复规划编制工作的通知》，各县域在此文件指引下正陆续出台本区域国土空间生态修复规划。全省县域生态修复将迈上更加系统、更加全面的阶段，为绿色城镇化建设筑牢绿色本底。

1. 森林生态修复

通过持续实施国土绿化、森林质量提升等重大生态修复工程，江西省森林资源实现量质双升。森林覆盖率从 20 世纪 80 年代初的 32.7% 跃升到 2022 年的 63.35%。县域森林生态修复也持续加强。一方面，县域森林生态修复重点明确。县域森林生态修复主要涉及南岭—罗霄山脉及武夷山西麓山脉的亚热带森林质量提升（见表 4-9）。另一方面，县域森林生态修复载体增加。全省有 19 个县（市、区）开展国家森林城市建设，数量居全国前列。永新县、广昌县成功创建省级森林城市，全省省级森林城市数量达到 78 个。新命名"江西省森林乡村"452 个、"江西省乡村森林公园"164 处。

---

① "一带"指长江干流生态岸线（江西段），"二核"指鄱阳湖湿地与生物多样性保护修复核心区和赣南山地丘陵水源涵养保护修复核心区，"三网"指自然保护地网、交通干线生态防护带网（绿网）、"五河"干流生态缓冲带网（蓝网），"六区"指六大综合分区，包括饶河流域矿山与农田生态修复区、抚河流域山水林田湖草沙一体化生态修复区、赣江中游山水林田湖草沙一体化生态修复区、修河流域自然生态空间保护与农业生态修复区、信江流域生物多样性保护与工矿治理生态修复区、赣西流域农村土地综合整治与城市工矿生态修复区。

表 4-9　江西森林生态修复县域分区

序号	名称	区域
1	南岭—罗霄山脉亚热带森林质量提升	龙南市、定南县、全南县、崇义县、上犹县、遂川县、井冈山市、永新县、莲花县、安福县、芦溪县、大余县、信丰县、分宜县
2	武夷山西麓山脉亚热带森林质量提升	石城县、广昌县、南城县、南丰县、黎川县、资溪县、金溪县、铅山县、贵溪市、广信区、瑞金市、弋阳县

资料来源：作者根据公开资料整理。

2.湿地生态修复

江西是长江中下游地区湿地资源最为丰富的省份之一，2022年，湿地保护率达到61.99%，比2016年提高26个百分点。一是县域湿地保护修复力度加大。全面实行湿地占补平衡，深入实施湿地生态效益补偿等湿地保护修复项目，积极探索湿地修复市场化路径。如万年县积极开展湿地占补平衡指标申报登记与核算、展示与交易，建立湿地产权主体和投资主体"握手"机制，实现湿地生态修复生态价值与经济价值的双赢。二是湿地生态修复县域重点工程划定。工程主要集中在鄱阳湖湿地与生物多样性保护修复核心区，分为鄱阳湖北部和南部湿地生态修复，主要涉及修水县、都昌县、永修县、庐山市、共青城市、鄱阳县、进贤县、南昌县、余干县、铜鼓县10个县及县级市。三是湿地分类管理初步建立。截至2022年底，已建立湿地类型及以湿地动植物为主要保护对象的自然保护区23处，其中国家级2处、省级8处、市县级13处，总面积达26.83万公顷。

3.水域生态修复

全省水生态环境系统坚持"三水统筹"，深化"三个治污"①，水环

---

① "三水统筹"：水环境、水资源、水生态；"三个治污"：精准治污、科学治污、依法治污。

境保护持续改善。一是县域地表水水质良好。根据江西省生态环境厅公布的数据,2022年县(市、区)地表水水质综合指数排名前10位中,只有1个是市辖区,其余都是县及县级市①。二是扎实推进长江经济带沿线县域"共抓大保护"。长江九江段中长江干流断面水质优良比例为100%,水质达优;直入长江河流断面水质优良比例为100%,水质也达优。重点开展长江干流江西段—鄱阳湖入江口瑞昌市、湖口县、彭泽县沿湖沿岸河网水系连通、沿江沿岸重要山塘水库和水源地生境保护修复。三是实施重点流域保护修复。重点实施鄱阳湖(抚河流域)、怀玉山山地丘陵山水林田湖草沙一体化保护修复等2个项目,其中抚河流域涉及抚州9个县,怀玉山以德兴、浮梁、婺源等3县(市)为主,统筹开展山水林田湖草沙保护修复。

4. 矿山生态修复

截至2022年底,全省已完成7023座废弃矿山生态修复,修复面积达35.58万亩,修复座数、面积均约占总数的68%。一是县域矿山修复规范化。在省级《江西省矿山生态修复与利用条例》的指导下,县域矿山修复管理正迈向以企业主责、政府统筹、监管部门各司其职的监管体系。二是县域矿山修复逐步市场化。根据《关于鼓励和支持社会资本参与生态保护修复的实施意见》,积极鼓励和引导社会资本参与矿山生态修复,全省已批复12个生态修复试点县(市、区),9个已确定市场化投资主体并签订协议,预计投入资金26.1亿元,修复面积达4.05万亩。此外,兴国县、永新县、横峰县按照"谁修复,谁受益"推进废弃矿山生态修复治理的市场化运作。其中,永新县以三湾乡废弃矿山为试点,将废弃矿山市场化治理融入当地红色文化资源开发,探索出废

---

① 9个县及县级市:铜鼓县、上犹县、井冈山市、泰和县、婺源县、靖安县、永新县、遂川县、修水县。

弃矿山生态修复"市场投入+系统治理+文旅融合"的"永新模式"。三是聚焦南方丘陵区矿山生态修复。寻乌县废弃矿山治理由试点变示范，探索出一条经济社会发展和生态文明建设相得益彰的新路径，修复模式成为全国废弃矿山治理典范。规划重点在赣江、抚河、信江、饶河、修河等长江生态经济带丘陵山区开展县域矿山生态修复治理和绿色矿山的建设（见表4-10）。

表4-10 江西丘陵地区矿山生态修复县域分区

序号	名称	区域
1	长江岸线及鄱阳湖废弃矿山生态修复	进贤县、南昌县、都昌县、共青城市、湖口县、彭泽县、瑞昌市、庐山市、鄱阳县、余干县
2	修水流域废弃矿山生态修复	永修县、修水县、铜鼓县
3	信江流域废弃矿山生态修复	铅山县、弋阳县、玉山县、横峰县
4	赣江上游赣南废弃矿山生态修复	宁都县、瑞金市、兴国县、于都县、全南县、龙南市、信丰县、安远县
5	赣江中下游废弃矿山生态修复	井冈山市、永新县、安福县、芦溪县、莲花县
6	赣西流域工矿综合整治	樟树市、高安市、丰城市、上高县、万载县

资料来源：作者根据公开资料整理。

5. 全域土地综合整治

江西开展全域土地综合整治试点，2021年江西出台了《江西省自然资源厅关于开展全域土地综合整治试点工作的实施意见》，以全域土地综合整治为平台，着力解决乡村耕地碎片化、空间布局无序化、土地资源利用低效化、生态质量退化等问题，激活配优各类自然资源要素，强化耕地保护和土地节约集约利用，改善农村生态环境和人居环境，助推乡村振兴和生态文明建设。启动实施国家确定的南昌市安义县长均乡、九江市庐山市沙湖山管理处、景德镇市浮梁县寿安镇、萍乡市湘东区湘东镇、鹰潭市余江区马荃镇、赣州市兴国县东村乡、宜春市铜鼓县大塅镇、上饶市婺源县思口镇、吉安市泰和县灌溪镇等20个全域土地综合整治试点。统筹推进农用地整理、建设用地整理和乡村生态保护修复，促进现代农业发展，保障农村产业融合发展用地，推动实现生产、生活、生态空间格局更加优化。

（三）江西县域生态修复典型案例

近年来，全省县域大力践行山水林田湖草沙生命共同体理念，涌现出许多兼具生态、经济、社会效益的典型案例。

1. 寻乌县废弃矿山"生态修复+N"模式

（1）基本情况

近年来，寻乌县牢固树立"生态立县，绿色崛起"的发展战略，创新实践"三同治"① 模式，累计投入近10亿元资金，统筹推进废弃矿区的水域保护、矿山治理、土地整治、植被恢复，其修复模式也成为全国废弃矿山的治理典范。

（2）主要做法

一是加强顶层设计。以前，废弃矿山治理职责交叉、多头治理，监管者和治理者混在一起，既是"裁判员"又是"运动员"，不仅无法形成政策合力，还往往影响行政效率。寻乌县以中央环保督察整改为抓手，坚持"生态立县，绿色崛起"的发展战略，成立了山水林田湖草项目建设工作领导小组，由县委主要领导任组长，县政府主要领导任第一副组长，相关部门主要负责同志为成员。寻乌县高位推动，统筹推进治理工作，把涉及多个部门分开实施的项目，统一打包实施，消除行政壁垒，打破"碎片化"管理模式，形成合力修复。

二是优化制度保障。以废弃矿山治理为着力点，统筹推进山水林田

---

① "三同治"：山上山下同治、地上地下同治、流域上下游同治。

湖草生态修复工作。通过政府采购方式，选定由湖南大学设计研究院编制的《寻乌县山水林田湖草项目修建性详细规划》，并印发《寻乌县山水林田湖草生态保护修复项目实施方案》，以此方案作为寻乌县生态修复试点的指导性文件，保障废弃矿山治理项目的实施"有章可循"，避免试点工作跑偏、走样。

三是加大整治考核力度。废弃稀土矿山的治理涉及部门多、治理难度大，是一项系统性工程。为确保各项整治工作落到实处、取得成效，寻乌县委、县政府将环保工作纳入各乡镇和各责任单位的年度考核，并逐步加大考核权重，强化硬性指标的约束。在生态环境责任损害追究方面，坚持党政同责，权责一致，终身追究。

四是全力做好资金保障。针对矿山治理资金量需求大的问题，寻乌县通过整合中央补助资金、稀土矿山地质环境治理示范工程项目资金、流域上下游生态补偿资金，积极引进社会资本，同时，县财政拨付2000万元设立生态基金，并承诺兜底保障矿山治理和提供生态修复项目资金。

五是创新治理模式。寻乌县坚持以"山水林田湖草是生命共同体"为指导理念，改变过去管山不治水、治水不管山、种树不种草的单一式修复，构筑起山水林田湖草各类生态要素协调的空间格局，实现生态系统化和一体化的科学治理。探索形成稀土矿山治理"三同治"模式：山上山下同治，山上进行地形整治、植被复绿，山下填筑沟壑，控制水土流失；地上地下同治，地上进行改良土壤、种植经济作物，地下进行截水拦沙、生物削氮减污治理；流域上下游同治，上游稳沙固土、建梯级人工湿地，下游清淤疏浚、建水终端处理设施，上、下游治理目标系统一致，确保全流域稳定有效治理。

（3）主要成效

寻乌县打破之前"九龙治水"式的治理格局，一体化推进"山水林田湖草路景村"等多要素整体修复、系统治理,并通过"生态+工业""生态+农业""生态+光伏""生态+旅游"等方式,实现生态保护修复与经济社会发展的双赢。通过治理,寻乌县修复14平方公里的废弃矿山,项目区植被覆盖率从10.2%提高到95%,单位面积水土流失量减少90%,改造低效林建成高标准农田1800余亩,利用整治后形成的工业用地吸引百余家企业入驻,直接收益超过6亿元,新增就业岗位万余个,大力发展生态乡村旅游,年接待游客10万余人次。

2. 婺源县人与自然和谐共生的乡村振兴模式

(1) 基本情况

2015年,婺源县委县政府开拓创新,积极推进乡村振兴,引进北京大学俞孔坚教授设计团队在婺源县巡检司村打造了一种"望山生活"模式,该模式在不破坏和不消耗自然和文化资产的前提下,使"绿水青山"变成"金山银山",实现经济、社会和文化的可持续发展乡村振兴模式,是基于自然的解决方案在中国的本土化发展,成为自然资源部推荐的《基于自然的解决方案中国实践典型案例》之一。

(2) 主要做法

一是完善生态基础。保护并修复以陂塘—低堰—水圳为核心的古代水利遗产。

及时阻止河道的渠化硬化工程,保护自然河床,从而维护水生生物的栖息地,净化面源污染,补充地下水。

二是重拾传统农业智慧。巡检司村优农基地重拾传统农业智慧,通过休耕、轮作、秸秆还田等措施恢复地力;在种植过程中不使用化肥与农药,确保作物的绿色安全;充分发挥农业空间的复合功能,同期建设开放式竹林养鸡场、蜜蜂养殖场等,"以种带养,以养促种",从而保护与恢复了健康的农田生态系统。

三是重塑诗意栖居生活空间。采用"插队与拼贴"的形式对村庄建设进行总体规划，即改造旧宅基地，"插队式"地引入衣锦还乡的城市居民，并用"拼贴"的方式规划新民居与服务设施。

四是打造生态产品。将巡检司及周边三个古村落的物质与非物质文化遗产进行串联，打造全域旅游，开展研学实践和文创艺术活动。

五是共建乡村治理秩序。在管理方面，引导并建立了一种由政府、专家、村民和企业共同组成的联合管理机制。共同讨论、审查规划，监督文化遗产保护和乡村风貌的提升，推进乡村卫生及社会秩序的改善。

（3）主要成效

通过改造，一方面，巡检司村水生态环境、基础设施与公共服务设施得到极大改善，乡土文化得到保护与传承，另一方面，乡村旅游发展红火，居民收入水平大幅提高，2021年村常住人口年均收入比2015年提高了71%，农产品完成优质优价的转型，如"望山鄣顶"茶从过去100元/斤实现到现如今在市场上得到4000元/斤的认可。该模式重塑了城乡关系，是推进城乡融合的有效途径。

3. 泰和县千烟洲生态修复与经济协同发展模式

（1）基本情况

江西省泰和县灌溪镇的千烟洲曾是一个满目荒丘草坡、侵蚀沟纵横、水土流失严重的贫困小山村。20世纪80年代，泰和千烟洲不仅通过植树造林等方式让荒野复绿，还开创了闻名世界的"千烟洲模式"，被联合国授予"全球生态修复百佳"的称号。

（2）主要做法

一是仔细调查本底。在设立千烟洲试验站的初期，农、林、水等不同学科研究人员协同调查、采样，对"丘上—缓坡—谷地—塘库"内每块可利用土地、空间逐块勘察，确认每个地块的土壤类型、土层厚度、坡度坡向等。

二是制定科学、立体修复方案。在土层瘠薄的山丘上造林种草，在丘腰缓坡植果，在丘间筑坝蓄水养鱼并用于灌溉，形成丘底、河谷滩地种粮的立体布局，把荒山秃岭变成了以林为主、柑橘园为辅的生态系统，实现生态修复与经济协同发展。

三是多元化生态价值转化。在专业指导下，单一的橘园已改造成"四季果园"：种有蜜橘、樱桃、枇杷等多个品种，保证四季有果，拓宽百姓增收渠道。探索的泰和乌鸡林下生态养殖模式得到广泛推广，大大提高了林农的经济收益。此外，还积极拓展林下中药材种植、杂交构树等，生态价值转化的路径更加多元。

四是探索打造"千烟洲"模式升级版本。将以雁门水全流域联动发展为轴，上游生态涵养区发展生态康养，中游产业提升区发展特色种植，下游依托试验站搞科普研学。在原有千烟洲模式经验总结、模式创新基础上，探索小流域山水林田湖草生命共同体建设的示范工程。

（3）主要成效

"丘上林草丘间塘、河谷滩地果渔粮"的"千烟洲模式"，迅速实现了当地的生态恢复，使千烟洲的森林覆盖率提高到70%。生物多样性得到恢复，农民收入也大大增加，乡村恢复了往日的生机。该成果作为南方红壤丘陵区生态环境与经济综合发展的典型范例，写入高中地理教科书。

4. 兴国县市场化修复助推"两山"转化模式

（1）基本情况

兴国县废弃矿山点多面广，普遍存在表土裸露、水土流失、河沟淤堵、良田毁坏等环境问题，滑坡、地面塌陷、泥石流等地质灾害频发。该县在全省率先采用市场化矿山生态修复治理方式，引入社会资本，通过复绿增植和土地综合整治，使一座座废弃矿山恢复了绿水青山，走出了一条"还原绿水青山，再造金山银山"的市场化废弃矿山治理新路。

（2）主要做法

兴国县以东村乡小洞村等废弃煤矿生态修复项目为试点，引进社会资本5000余万元，按照"谁修复、谁受益"原则，将获得的生态收益和资源权益回馈企业；同时采用"1+N"立项模式，综合开展"地质环境治理+工矿废弃地复垦+土地开发+山水林田草治理"等多项治理工程；充分结合地形地貌及水土情况，因地制宜将矿区改造为耕地、林地、园地、草地等多种类型用地。

（3）主要成效

项目区共治理水土流失面积1200余亩，恢复生态功能区面积800余亩，消除地质灾害隐患点6处，林草覆盖率达90%，生态环境明显改善；新增水田30余亩，林地450余亩，建成脐橙、油茶园150余亩，年直接经济效益达500余万元，腾退建设用地指标490余亩，价值近6000万元，经济效益突出；同时项目区地质灾害得到有效控制，防灾减灾能力进一步提升，社会效益明显。

（四）江西县域生态修复中存在的问题

各县域在系统性推进生态修复方面有不同的实践探索，也取得了一定的成绩。但可以看到，在推进绿色城镇化的进程中，县域系统性生态修复还存在一些不可忽视的问题。

1. 生态修复理念滞后

一是生态修复的重要性认识不够。一些县域地方政府和部门领导受到传统政绩观的影响，依旧秉持着"经济发展优先"，甚至"唯 GDP"的导向，缺乏对生态环境修复重要性的认识，甚至认为生态环境修复要耗费大量的财政资金，会成为地方经济发展的"包袱"，是"赔本赚吆喝、费力不讨好"。特别是在当前经济下行压力明显和世界百年未有之大变局的形势下，部分县域对于生态修复的重视性不够、主动性不强、积极性不高，认为生态环境的修复可以缓一缓、放一放。二是生态修复缺乏系统性。一些地方政府对于生态修复缺乏系统性思维和长期性规划，生态环境管理职能仍旧分散，缺乏统筹协调性，对于出现的环境问题常常是不敢动真碰硬、解决力度不够，或者以罚代管、一罚了之，导致生态修复短视化、碎片化、简单化。三是敷衍式修复与过度修复现象并存。部分县域的生态修复存在一些重形式、走过场、被动治理、敷衍对待等现象。在税收的吸引下，部分县域对污染型企业的引进也是"睁一只眼闭一只眼"，工业"三废"排放已成为影响县域生态环境的重要因素。有的县建筑垃圾与生活垃圾混堆，垃圾围城现象长期存在，当地仅以"遮羞墙"的方式进行敷衍式的整改。但也存在过于强调人工干预措施和恢复数量指标的情况，从而忽视了生态恢复要与生态系统演变阶段及地域性相适应。

2. 生态修复主体责任落实不到位

一是生态修复的责任落实执行效果不佳。目前，我国已经初步建立了领导干部环境保护责任离任审计制度和党政领导干部生态环境损害责任追究制度，但有些地方在对环保进行追责时往往避重就轻、流于形式，导致部分领导干部在生态修复方面缺乏责任感、紧迫感。二是企业主体责任履行不够。有些县域政府对当地大企业造成的环境污染事件，执法力度偏松偏软，使得企业的守法成本高、违法成本低，一些大企业宁愿受罚也不愿意修复治理，违法违规、超标超量排污现象屡禁不止，对县域生态环境造成极大破坏。县域内的中小企业，基本无力承担较高的环保设施升级改造费用。三是大众生态环保意识和行为较弱。县域生态修复中，大多数居民是被动接受生态环境保护的动员和监管。尤其在生态修复完成后，大多数民众缺乏主动参与保护生态环境的自觉性和自主性。虽然全省已基本实现行政村生活垃圾收运处置体系的全覆盖，但村民随手乱扔垃圾、随意丢弃农膜、"屋内现代化、屋外脏乱差"的现象仍然较为普遍。

3. 生态修复评估体系缺乏科学性

一是生态修复考核的时间指标缺乏灵活性。生态系统的修复和重建都需要一定的时间，不同的生态系统类型所需要的时间也不同，有的生态系统甚至需要几十年才能恢复到顶级群落。部分生态保护和修复的考核指标缺乏对时间维度的考量，导致有些工程未快速满足数量指标，采用速生植物、引进外来物种等，还有的工程通过过度灌溉、施肥等人工辅助方式进行生态恢复。二是生态修复项目多功能目标还比较欠缺。目前，大多数生态修复项目在大气、土壤、水质、防洪等方面具有较为明确的标准和考核目标，而在生物多样性及生态系统完整性等方面的考量还不多。三是生态修复项目缺乏长期维护和管理。生态修复的维护和管理主要由项目建设单位负责，缺乏对其长期性的跟踪监测和评估，导致项目效果难以为继。另外，由于缺少社会公众的监督和反馈，项目的社会效应也往往大打折扣。

4. 生态修复保障力度不强

一是县域生态修复历史欠账多。受到过去高强度的国土开发建设及资源开发利用等影响，县域生态修复历史欠账还比较多。比如，乐平市是景德镇的县级市，全市历史遗留的矿山非法开采点多达86处，涉及土地面积1200余亩，目前，未完成生态修复治理的仍有650余亩，而且该市的砂石加工领域还存在非常突出的未批先建问题。二是生态修复技术研究与应用水平较低。全省矿山修复实践丰富，但有些县域矿山修复存在机械式"复制粘贴"的情况，有的地方以披"迷彩服"等方式遮掩矿山治理不力之实。在水环境综合治理过程中，违背自然规律使用混凝土抹平部分河道的河堤、河床。有的工程前期科学性论证不足，实施过程中做表面文章，项目验收"以指标论完工""管种不管活"。三是生态修复的资金压力巨大。生态修复项目通常涉及较大的资金数额，对于财政本就举步维艰的县域政府来说是雪上加霜，很多项目因为资金不到位而延期或停滞。加之生态修复项目有投资大、周期长、收益低的特点，社会资本在参与生态修复项目中存在一定的悲观情绪。

（五）完善县域生态修复的对策建议

县域生态修复也不仅局限于县域，还要从省级层面和县域层面双轮驱动，不断完善和优化生态修复的管理机制、参与主体、评价体系、科技支撑、要素保障。

1. 完善生态修复管理机制

一是强化责任意识，以系统性观念推进县域生态修复。生态修复是生态环境建设中一项重要的工作任务，不能拖延，更不是可有可无。要建立系统思维，山水林田湖草沙是生命共同体，牵一发而动全身，不能急功近利。要科学制定县域生态修复实施规划，突出"统筹发展与安全""人与自然和谐共生"导向，坚持生态效益、经济效益、社会效益相统一的可持续发展观，采用更加灵活多样的经济、行政、法规治理方式。二是优化管理体系，构建协调联动生态修复网络。一方面，要有效落实国家、省、市的发展战略，并结合县域乡镇单元特点，开展生态修复。另一方面，生态修复是一个整体性工程，涉及生态环境、自然资源、交通、住建、水利、水务、公安等多个部门，要建立职责清晰、条块明确的管理体系。可借鉴一些地区的先进经验，探索构建"1+M+N"①的网络化县域生态修复新模式。三是奖惩分明，构建更加有利于生态修复的政绩考核体系。通过对地方政府的生态修复绩效进行考核和奖励，严格落实生态环境损害责任追究制度，敦促地方政府真正把生态环境治理责任落到实处。

2. 建立多方参与的生态修复体系

一是落实政府和企业主体的修复责任。各县域要严格落实属地重点生态功能区域的生态修复规划。根据"谁破坏、谁治理"的原则，严格落实生态环境损害赔偿制度，对企业等主体的生态保护修复责任进行监督落实。二是引导和鼓励社会公众参与生态修复。通过广播、电视、报纸、网络等多种媒体，分阶段、有计划地宣传生态修复的意义、效果和进度，提高社会公众对生态修复工作的理解与认识；在项目实施现场，设置项目实施前后对比图片以及项目概况、建设任务、预期成效、宣传标语等醒目标识，直观形象地展示工作进展情况和工作成效。进一步提升地方生态修复项目的信息公开度，保障公众的知情权，强化县域居民自觉参与生态保护修复的认同感和责任感。三是积极引导社会资本参与生态修复。在落实企业主体、地方政府生态修复责任的基础上，鼓励和支持社会资本用好用活自然资源资产使用权、生态产品关联收益、碳汇交易等市场化支持政策，推进生态修复的价值性转化，构建政府引导、市场运作、社会参与的生态修复新格局。

---

① "1"即在县级层面建立生态修复网格化治理中心，全面负责牵头组织实施县域生态修复的综合推进；"M"即生态环境、自然资源等涉及生态修复的各相关职能部门，在统一指挥协调下，按各自职能开展工作；"N"即在各乡镇层面成立生态修复网格化大队，具体承担辖区内的生态修复的日常监督工作。遇到重大问题、复杂问题，则统一协调各有关部门协商、联合处置、形成合力。

3. 构建生态修复监督评价体系

一是加强生态环境监督部门间的联动。将中央和地方生态保护监管、生态环境保护督察、生态环境执法进行联动，强化部门间的协同和问题的移送报送，充分发挥综合执法效应。二是强化生态破坏问题发现的能力。有效利用卫星遥感、无人机、大数据等先进数字化手段，提升对生态破坏问题和"伪生态建设"问题的发现能力。三是完善生态修复项目的评估。探索建立生态修复监测监管平台，对中大型生态保护修复项目实施前后的生态环境效益进行科学评估，包括修复项目前的科学论证、修复目标是否达成、修复过程是否科学合理、后期管护是否有效到位等方面。

4. 加强生态修复的科技支撑

一是加大生态系统的科学研究。对全省重点生态系统的演进规律和内在机理进行研究，强化对各类生态系统相互作用、演进历程、服务与功能、生物多样性等方面的研究与实践应用，为全省生态修复筑牢理论基础。二是强化对生态系统的本底调查。各县域要加强对本地区生态系统类型的调查，在尊重生态系统恢复的基础上，对生态系统的敏感空间和关键节点建立预警和识别机制。三是探索生态修复的标准化建设。在省级层面，研究制定生态修复系列标准和政策，对生态修复的各环节进行明确。例如，针对全省实践丰富的矿山生态修复，可修订完善规划设计、工程实施、后期管护等标准规范，形成标准化的矿山生态修复治理体系。

5. 强化生态修复的要素保障

一是搭建资源共享的信息服务平台。生态修复涉及的技术要求往往比较高，可为企业主体搭建生态修复信息、技术服务平台，为企业主体生态修复提供参考选择。二是提高生态修复相关人才的素养。积极开展相关技术人员的能力培训，确保人员队伍的能力素养符合实际工作需求，此外，在生态修复人员管理中，可引入绩效考核制度，激发相关专业技术人才的积极性。三是拓宽融资渠道。鼓励县域完善多元化生态修复资金筹措机制，试点推广生态环境导向的开发（EOD）模式。加强与金融机构的战略合作，充分发挥金融机构的资金支持作用。拓展"生态修复+"，通过生态保护和修复带动区域经济社会发展。

四　文旅产业发展与新型城镇化推进

文化旅游产业是典型的无烟产业、绿色产业、朝阳产业，与新型城镇化的人文化、品质化、绿色化要求高度契合。文旅产业发展将显著提升城镇化的"硬件"和"软件"，新型城镇化的推进将有力承载文旅产业的"形"和"魂"，两者融合互促、共同发展。江西历史文化璀璨、旅游资源丰富，近年来文旅产业发展在全国有优势、有地位、有影响，深厚的文化底蕴和丰富的旅游资源正呈现快速发展势头。文旅产业快速发展的同时，也辐射带动全省县域城镇基础设施改善提升、城乡融合发展提速深化、新型人文城市建设探索创新，有力促进文旅产业发展与新型城镇化建设相互促进、相得益彰。迈入谱写中国式现代化江西篇章的新征程，江西尤需高质量发展文旅产业，以文旅产业发展联动推进新型城镇化，促进县域城乡融合发展，进而为全省推进共同富裕提供强有力支撑。

（一）基本现状

党的十八大以来，剔除三年新冠疫情影响，江西县域文旅产业发展势头强劲，总量快速扩张、载体不断增多、品牌日益唱响、贡献作用更加突出，对全省县域新型城镇化的驱动作用日益增强。

1. 县域旅游综合实力明显增强

近几年,江西入围全国旅游百强县市的县域个数增多、位次跃升,根据《中国县域旅游竞争力报告2022》①,江西入围百强县域的个数达11个,是近几年入围数量最多的一次,入围的庐山市排在县域旅游综合竞争力百强榜第1位,且百强榜前十位中江西有3个,分别是庐山市、婺源县和玉山县(见表4-11),表明江西县域旅游竞争力整体实力明显增强。

表4-11 近几年江西入围县域旅游综合竞争力百强情况

报告及年份	入围百强县域个数	入围百强县域名单	备注说明
《中国县域旅游竞争力报告2022》	11	庐山市、井冈山市、瑞金市、德兴市、婺源县、玉山县、南昌县、弋阳县、浮梁县、永修县和武宁县	县域旅游综合竞争力百强中前十位有3个,其中庐山市排第1位、婺源县排第4位、玉山县排第7位
《中国县域旅游竞争力报告2021》	8	庐山市、弋阳县、玉山县、婺源县、瑞金市、德兴市、井冈山市、武宁县	县域旅游综合竞争力百强中前十位有3个,其中庐山市排第1位、玉山县排第3位、婺源县排第9位
《中国县域旅游竞争力报告2020》	6	庐山市、玉山县、井冈山市、德兴市、瑞金市、婺源县	
《中国县域旅游竞争力报告2019》	7	德兴市、浮梁县、井冈山市、庐山市、瑞金市、弋阳县、玉山县	
《中国县域旅游竞争力报告2018》	8	瑞金市、浮梁县、庐山市、井冈山市、德兴市、玉山县、弋阳县、婺源县	

资料来源:根据公开数据整理。

---

① 中国县域旅游综合竞争力评价,主要考察县域旅游资源富集度、旅游经济活跃度、旅游设施完善度、生态环境优势度、政府推动实效度、旅游品牌美誉度等六个方面,六个分项指数集合成综合竞争力指数,竞争力指数前100名即中国旅游百强县市。

2. 县域是全省5A景区的主要分布区域

当前，江西共有14个5A级景区，覆盖全省11个设区市（见表4-12），然而，除明月山景区、滕王阁景区在城区之外，其他12个5A级景区的所在地全部在县域，这些5A级景区的创建和发展，对县域经济社会发展发挥了积极作用，特别是依托5A级景区建设的文旅小镇等加快了县域新型城镇化进程，如庐山市牯岭文旅小镇、安远县三百山小镇、萍乡武功山风景名胜区户外小镇。

表4-12 江西14个5A级景区分布情况

景区名称	景区所在地	景区名称	景区所在地
庐山	庐山市	明月山	袁州区
三清山	玉山县、德兴市	大觉山	资溪县
婺源江湾	婺源县	景德镇古窑民俗景区	昌江区
武功山	萍乡市芦溪县、吉安市安福县、宜春市袁州区	滕王阁	东湖区
井冈山	井冈山市	瑞金共和国摇篮	瑞金市
龙虎山	贵溪市	庐山西海	永修县、武宁县
龟峰	弋阳县	三百山	安远县

资料来源：根据公开数据整理。

3. 文旅类特色小镇建设扎实推进

江西着力建设一批各具特色、富有活力的现代制造、商贸物流、休闲旅游、传统文化、美丽宜居等特色小镇。2021年11月，《江西省发展改革委关于印发江西省特色小镇清单管理名单的通知》，明确有45个创建名单、23个培育名单，即清单管理的特色小镇共68个，仔细梳理会发现六成以上为文旅类特色小镇。2022年，江西省发展改革委对特色小镇进行评估，根据《江西省发展改革委关于江西省特色小镇评估结果的公示》，优秀等次的4个、良好等次的19个、合格等次的34个、不合格等次的5个，其中23

个良好等次及以上的特色小镇中属于文旅类的占据六成左右。

4. 重点文旅品牌日益唱响

党的十八大以来，江西持续实施旅游品牌提升计划，"江西风景独好""全国学子嘉游赣""庐山天下悠、三清天下秀、龙虎天下绝"等旅游品牌深入人心；"江西风景独好"媒体矩阵号多次上榜全国省级文旅新媒体传播力指数、全国省级文化和旅游新媒体国际传播力指数前10名榜单；召开全省旅游产业发展大会旅游推介会、赣湘红色旅游推介会、"红土情深·嘉游赣"系列省外宣传推介会、"百万学子研学游"等系列活动，不断增强江西文化旅游传播力和影响力。2022年，井冈山入选全国首批红色旅游融合发展试点名单，庐山、井冈山、武功山入选文旅部2022年旅游景区质量提升案例汇编，3个镇晋升为全国乡村旅游重点镇，12条线路入选全国乡村旅游精品线路。

表4-13　2022年江西及周边六省重点旅游品牌数量对比

单位：个

品牌名称	江西省	浙江省	安徽省	福建省	湖北省	湖南省	广东省
国家5A级景区	14	20	12	10	14	11	15
国家4A级景区	214	239	210	115	174	164	192
国家级旅游度假区	4	8	1	1	2	3	2
国家级旅游休闲街区	2	3	2	3	1	2	2
国家级夜间文化和旅游消费集聚区	11	12	8	11	7	10	11
全国乡村旅游重点村	51	54	47	49	52	48	45
全国乡村旅游重点镇	6	7	6	6	7	6	6

注：文化和旅游部及各省文化和旅游部门，数据统计截至2022年12月31日。

（二）典型案例

江西县域文旅产业发展过程中辐射带动新型城镇化推进，涌现出形式各样的典型案例，总结梳理这些典型案例，有助于为全省乃至全国文旅产业发展双向赋能新型城镇化提供借鉴。

1. 井冈山市：以红色文化旅游助推新型城镇化建设

（1）基本情况：一座没有围墙的红色博物馆。井冈山位于江西省吉安市，地处湘赣两省交界的罗霄山脉中段，是"中国革命的摇篮"，两年零四个月的井冈山革命斗争，孕育了跨越时空的井冈山精神，留下了一大批可歌可泣的经典红色故事和100多处革命旧居遗址，是一座没有围墙的红色博物馆。井冈山也是我国为数不多的生物多样性保存完好、植被和景观资源丰富的生态名山，森林覆盖率高达86%，每立方厘米空气中负氧离子含量超过8万个。井冈山市辖1个街道、8个镇、6个乡，另辖4个乡级单位，截至2021年末，井冈山市常住人口为155901人，全市城镇化率为63.18%，比上年提高0.9个百分点。2022年井冈山市地区生产总值为100.17亿元，城镇居民人均可支配收入44509元、农村居民人均可支配收入15974元。

（2）主要做法：全域联动建设"1+6"特色小镇。井冈山市以巩固提升国家全域旅游示范区为契机，推动山上山下联动，重点实施"茨坪+"行动计划，推进"1+6"特色小镇建设。"1"是指以茨坪镇为核心，通过推进茨坪二环路提升、停车场改造升级等项目建设，提升城市品位，着力将茨坪打造成为全国知名的宜居宜游特色生态休闲小镇。"6"是指梨坪、罗浮、拿山厦坪、黄坳、龙市、茅坪6个特色旅游小镇，把梨坪打造成以会议培训、避暑度假为主的文化小镇，把罗浮打造成以休闲养生为主的度假小镇，把拿山厦坪打造成以农业观光、民俗体验为主的休闲小镇，把黄坳打造成以运动健身为主的运动小镇，把龙市打造成红色旅游重要目的地，把茅坪打造成以红色培训、民宿度假为主的体验小镇。"1+6"特色小镇建设显著提升了井冈山市城镇化水平和品质。

（3）主要成效：推动"景点游"向"全域游"转变。井冈山通过大力实施红色引领战略，创新推出以"井冈山精神"为核心的"红色+"旅游产品链条，形成集培训、研学、体验于一体的红色培训"井冈模式"，游客在山逗留时间由过去平均1.5天延长至4~5天，旅游综合效益明显提高，疫情前连续5年年均增长40%以上，领跑全国，神山、坝上等村镇通过"红军的一天"红色培训体验项目，促进当地贫困群众户均年增收2.3万元。同时，红色旅游还辐射带动了罗浮、梨坪、拿山厦坪等特色小镇及乡村旅游，罗浮"双养小镇"、黄坳"运动小镇"、茨坪"生态小镇"等一批特色旅游小镇的打造，有效推动"景点游"向"全域游"的转变，井冈山成为全国红色培训教育服务业的标杆和红色旅游产业发展的引领者。2022年，井冈山共接待游客1139.52万人次。2023年春节黄金周，井冈山实现旅游开门红，累计接待游客10.43万人次，实现旅游收入9908.50万元，较2022年春节同期分别增长100.96%、102.02%。

2.婺源县：以乡村文化旅游助推新型城镇化建设

（1）基本情况：全国唯一的以县命名的全域3A级景区。婺源县地处赣浙皖三省交界，原属古徽州"一府六县"之一，面积2967平方公里，下辖1个街道、10个镇、6个乡，有中国传统村落28个、中国历史文化名村7个、古建筑4100余幢，现有国家5A级景区1个、4A级景区14个，因生态环境优美和文化底蕴深厚，被誉为"中国最美的乡村"，先后获得中国旅游强县、全国旅游标准化示范县、国家乡村旅游度假实验区、中国优秀国际乡村旅游目的地、首批国家全域旅游示范区等荣誉称号，婺源县全域以"婺源文化与生态旅游区"获评国家3A级旅游景区，是全国知名的天然大氧吧，是目前全国4A级及以上景区最多的县。截至2022年末，婺源县常住人口312311人，地区生产总值为239.12亿元，常住人口城镇化率48.66%。

（2）主要做法：把全县作为一个大景区来谋划、建设和管理。2001年以来，婺源坚持走生态立县、绿色发展之路，始终把旅游业作为婺源的首位度产业，坚持把全县作为一个大景区来谋划、建设和管理，在"多规合一"的框架下，编制《全域旅游发展专项规划》，坚持规划引领，统筹城乡开发，实现"全县一张图，县域全覆盖"，秉承"旅游是文化的载体，文化是旅游的灵魂"的理念，结合"商、学、养、闲、情、奇"新六要素，围绕建设"中国最美乡村"目标，以高等级景点作"红花"，以美丽乡村作"绿叶"，以东线"梦里老家古村游"、西线"山水奇观生态游"、北线"古洞古建古风游"三条旅游精品线路为主干，建设婺源县梦里老家演艺小镇、婺源县珍珠山乡运动休闲特色小镇、婺女洲徽艺文旅特色小镇、翼天文化演艺特色小镇等特色小镇，为产业发展插上"旅游+"的翅膀，丰富了旅游产品和旅游业态，逐步实现步步皆景、四季宜游的旅游新格局。按照全县作为一个3A级景区的标准，深入开展农村面源污染防治和城乡环境整治提升工程，从2001年起先后启动三轮"徽改"，改造非徽派建筑1万余幢，要求全县所有新建建筑保持徽派特色，基本实现全县建筑风格统一、风貌协调，打造"徽派建筑大观园"。针对长期困扰的旅游高峰期拥堵难题，积极拓宽旅游公路、增设停车场，在重要节点采取了统一换乘、信息预报、技防管控等措施，实现"睹花不堵路"。通过全域整体高起点规划、高标准打造、高质量管理，全县在大环境上"着锦"，在小环境上"绣花"，基本实现了"景点内外一体化"和"空间全景化"，推动形成全空间、全产业、全时间、全过程的旅游发展模式和旅游驱动城镇发展模式。

（3）主要成效：正成为全国特色旅游地。我国《"十四五"旅游业发展规划》提出要优化旅游城市和旅游目的地布局，其中明确婺源县建设成为全国特色旅游地，这是国家在新时期对婺源的新要求和新定位。

近年来，婺源县在全国旅游中的品牌影响力不断提升，进而带动城市品位和人文底蕴不断提升，虽然疫情对旅游发展造成较大冲击，但婺源县的旅游韧性较强，2022年4~5月受疫情影响，最美油菜花遭遇最冷旅游季，但2022年全年婺源全县接待游客1467.7万人次，综合收入143.9亿元。其中，从6月开始，婺源旅游持续回温，第三季度全县接待游客357.7万人次，同比增长54%，综合收入29.29亿元，同比增长55.1%，已恢复至2019年同期水平。在2022年江西全省旅游产业发展大会上，婺源县以第一名的成绩获评首批"江西风景独好"旅游名县，全省仅5家。搜狐旅游综合2022年一年来的数据监测报告，汇总发布了2022年县域旅游影响力百强榜单，其中婺源县居榜单第4名。

3.庐山市：以山岳文化旅游助推新型城镇化建设

（1）基本情况：以山命名的山岳型旅游名市。庐山市地处江西省北部、鄱阳湖腹地，因境内世界文化景观、世界地质公园庐山而得名，匡山蠡水，钟灵毓秀，绿色底蕴深厚，素有"中国天然氧吧"之美誉，是江西省第二个以景区命名的县级市，曾荣获"中国生态旅游大县""中国最佳绿色休闲旅游名城""国家生态文明建设示范区"等称号，入选"中国十佳休闲旅游名县"，总面积913平方千米，辖9个镇、1个乡，根据第七次全国人口普查数据，截至2020年11月1日零时，庐山常住人口为231525人。2022年完成生产总值174.7亿元，三次产业构成中第三产业占比近六成，城乡居民可支配收入分别达到42090元和20963元。

（2）主要做法：山上做明珠，山下串珍珠。庐山风景名胜区自然风光秀丽，生态环境优美，人文底蕴深厚，是世界文化景观遗产，世界地质公园、国家级风景名胜区、国家5A级旅游景区。重塑庐山辉煌，是设立庐山市的重要使命之一。近年来，庐山市按照"山上大景区、山下大本营；品牌在山上、潜力在山下；以庐山为龙头，山城湖联动，打造全国全域旅游示范区、打造世界级旅游名山和国家级旅游名市"的发展定位,加快建设以庐山风景名胜区为核心的庐山旅游经济圈、唱响做实"庐山天下悠"品牌、打造国内外知名旅游目的地。为"擦亮山上明珠",以庐山市牯岭文旅小镇建设为核心,投资近6000万元基本建成"智慧庐山",推进南北门换乘中心、管网下地、人行隧道等基础设施建设,规划建设牯岭艺术小镇、交通索道旅游综合体、庐山文明新城旅游综合体、通远茶叶小镇等,先后举办庐山国际山地马拉松、庐山国际名茶名泉博览会、庐山国际爱情电影周等重大活动,开展"寻梦赏花节""金秋赏枫节""冰雪嘉年华"等主题营销活动,创作《我在庐山等你》等主题歌曲,面向全国开展"把庐山带回家——庐山文旅产品文创产品创意大赛",着力开发具有庐山特色的文创产品。为实现"环山珍珠逐步串连",庐山市重新编制《环山旅游发展规划》《环山旅游控规》,环山六大景区景点实行"一票制",高标准改造提升桃花源景区,收回太乙村索道、秀峰景区经营权,秀峰景区被评定为国家4A级旅游景区,开通环山旅游公交,串点成线,激活名山、名湖、名人、名墅、名茶、名泉优势,构建全域旅游格局。

（3）主要成效:蝉联"全国县域旅游综合竞争力百强县"榜首。自2016年设市以来,庐山市以体制机制改革为引领,以"一体化、集团化、专业化、市场化"为改革取向,以"上下联动、城乡一体、景城融合、全域布局、四季可游"为目标,打造环庐山旅游圈,推动山上山下一体发展,全市城市建设品质和管理水平得到明显提升,2022年率先发布境内外游客6月免票政策,开通"庐山天下悠"度假首发专列;举办"迎冬奥、庆新春·庐山冰雪嘉年华""多彩庐山·云上绘秋"等系列活动,庐山冰雪游、鄱阳湖大草原火爆出圈,单日索道购票人数、单日客流量均创历史新高,2022年全年共接待游客3182万人次,同比增长12.6%;旅游总收入261亿元,同比增长10.2%。获评全国首批"天气气候景观观赏地"、全省首批"风景独好"旅游名县,温泉镇、海会镇、白鹿镇入选江西省"避暑旅游目的地"。

(三)经验启示

井冈山市、婺源县和庐山市等县域通过文旅产业发展,推动县域经济社会发展和新型城镇化建设的探索与做法,对县域通过文化旅游发展促进城镇化具有一定借鉴意义。

1. 必须坚持因地制宜、统筹规划

我国地域广阔、幅员辽阔,县域千差万别,各个县域的资源禀赋、基础条件、发展阶段、产业形态等各异,这就决定了县域经济社会发展的着重点和侧重点不同,体现到文旅产业发展尤为如此。文旅产业发展具有鲜明的历史性底蕴、资源型特征、整体性配套、创意性宣介等综合性、立体性特点,县域文旅产业发展在同质化竞争中突出特色和差异并予以放大,是重要考验更是关键路径。零散化、碎片化的文旅产业发展时代早已过去,在更加突出品质和品牌的当下,县域文旅产业发展需要更加突出统筹规划,需要通过统一谋划、统一管理、统一运营等,强化与城镇化建设等相结合,不断提升县域文旅产业发展的标准化、规范化和品质化水平。

2. 必须坚持持续推进、久久为功

文旅产业的生发、壮大、规范与发展等,有一个渐进式的持续推进过程,在这个过程中需要有为政府与有效市场的紧密结合与有效协作。文旅产业发展壮大并形成有较大影响力的品牌,不是一朝一夕的间歇式用力,而需要持续有效抓和抓持久,比如婺源县通过20多年持续将乡村旅游产业发展作为全县的头号工程并耕耘打造,将文旅产业发展作为引领带动全县城市建设、乡村建设等的"主抓手",才取得当前的品牌效应,这背后反映的是城镇规划、城镇建设、城镇管理等的持续跟进与有效联动。为此,在注重全域旅游、全景式展示游客深层次体验的今天,更加需要通过在不同阶段的重点突破,不断提升串联式的文旅产业发展水平和城镇功能品质,来打造县域文旅产业品牌。

3. 必须坚持文旅融合、产城一体

文化是旅游的灵魂,旅游则是文化扩大的载体,旅游业的竞争在本质上是文化的竞争;与此同时,文化元素与旅游要素的场景展示和体现,需要在城镇建设、景区打造等过程中予以全方位系统地考量与呈现,否则就难以形成具有高标识度的文旅品牌。当前,文旅产业发展呈现链条越来越长、内涵越来越丰富、拓展越来越多元的趋向,与新型城镇建设的紧密度也越来越高,文旅产业与城镇建设融为一体是必然路径和现实选择,井冈山市、婺源县、庐山市等县域,都将文旅产业与城镇建设紧密结合,特别是以文旅特色小镇建设来拓展文旅产业的空间场景、提升城镇建设的功能品质。因此,在游客对旅游业态与品种要求更加多元化、品质化的当下,县域文旅产业发展应深化文旅融合来创新推出新业态新产品,并与当地城镇建设有机结合起来,践行全域旅游理念来提升县域文旅产业的整体品质。

4. 必须坚持改革创新、推陈出新

景区景点往往会跨县域、跨市域甚至跨省域,进而不可避免存在发展体制机制不顺的情况;与此同时,文旅产业发展涉及较多职能部门和相关领域,不易形成齐抓共促的合力,通常是制约县域文旅产业发展的重要障碍,如庐山市的庐山景区,发展面临的难点是"一山多治"管理体制的弊端,行政主体、地域划分、资源分割带来的矛盾日趋增多,通过改革创新,成立了深化庐山管理体制改革工作协调组,实施"市局合一"的管理体制改革,围绕"一体化、集团化、专业化、市场化"目标,

实现了"统一班子、统一机构、统一管理、统一财政"的管理运行机制，并且持续不断创新文旅业态、丰富文旅产品、更新宣介方式等。因此，对县域文旅产业发展而言，需要改革创新制约发展的体制机制，持续推出顺应旅游市场要求的产品与业态，借助现代信息技术手段，运用现代宣传媒介加大宣传力度，以持续不断的改革创新赢得游客的认可与肯定。

（四）现实问题

1. 同质化现象比较严重

文旅项目往往需要持续不断地创新和投入，否则就很容易被同质化或者自身模仿其他景区景点的产品或业态，导致的最终结果必然是难以持续增加对游客的吸引力。当前，不少县域文旅项目低端同质化竞争，缺乏特色和创意，表现为文旅项目的类型同质化、文旅产品内容的同质化和文创产品的同质化等，背后的深层次原因是缺乏充足资金保障、缺少专业化投资运营管理的人才队伍等，这是目前不少县域文旅项目最直接的现实困境，这种困境一旦出现又很容易陷入经营困难乃至最终惨淡收场，进而会挫伤县域文旅产业信心和城镇建设的后劲。

2. 文旅融合、产城一体的深度有待提升

当前，县域文旅融合发展缺乏实质性的载体与抓手，停留于形式和面上的居多，而真正以文塑旅、以旅彰文的深度融合创新较少，也正是因为文化底蕴、文化内涵、文化故事等的研究阐释体现不够，进而导致旅游项目缺乏"灵魂"和"动感"，其结果便是文旅项目让游客缺少"嚼劲"和"回味"。与此同时，部分县域文旅产业发展与城镇建设缺乏综合考虑和系统协调，为快速发展文旅产业盲目建造一些网红打卡地，人为建设一些水土不服的仿古建筑等，千城一面、缺乏差异，不仅不利

于文旅产业，而且浪费了投入的资源，还给游客带来不好的体验，最终损害的是县域经济社会发展。

3. 投资运营能力和水平有待增强

文旅产业发展和城镇建设是专业化非常强的领域，需要有一支数量充足、结构合理、素质能力高的人才队伍，而县域层面对人才的吸引力普遍偏弱，不仅比较难引进人才还存在人才流失的问题，进而制约了文旅产业投资运营能力的提升和城镇规划建设管理质量的提高，特别是创新性运用现代信息技术营销方式推出适合现代游客尤其是年轻人的文旅产品和服务不足。

4. 体制机制改革创新有待深化

县域往往通过设立国有文旅公司来发展文旅产业，而国有文旅公司的经营管理人员通常是政府任命，虽然也会社会招聘一些专业技术人员参与经营，但激励约束机制等体制机制的束缚，制约了文旅公司专业化水平的提升。与此同时，文旅产业发展过程中涉及用地、财税、金融等不同职能部门，相互之间的协同机制有待完善。

（五）对策建议

为推动县域文旅产业高质量发展，借鉴典型案例做法，针对存在的现实问题，提出如下对策建议。

1. 立足文旅资源禀赋，走差异化特色化发展路子

县域发展文旅产业，应全面系统梳理本地文化与旅游资源禀赋，并进行深度挖掘、研究和阐释，在文旅产业发展过程中充分依托本地独具特色的文化底蕴和文化特色，打造和推出特色化的文旅产品、文旅业态和文旅项目，并且城镇建设过程中将独具本地特色的文化资源禀赋、风土人情、人文习俗等予以立体化呈现，将城镇建设与宜居宜业宜游的场景紧密结合起来,让游客真正体验到不一样的县域风景、历史人文、风土人情等。

2. 注重文旅产业项目招商引资,提升文旅产业发展竞争力

项目是文旅产业发展的关键,县域应将抓文旅产业项目作为加快文旅产业发展的重点。县域应全面梳理和调研分析本地的文化旅游资源,立足已有发展基础和优势,列出文旅产业发展的项目清单,针对性地招商引资,通过持续加大文旅产业招商引资力度,举办形式多样的文化和旅游项目签约暨投融资大会,引进一批具有标志性、引领性、示范性、带动性项目和市场主体,增强文旅产业链的整体实力。出台文旅产业发展专项政策,以贷款贴息、项目补助、奖励等方式,扶持平台基地、文化创意、智能穿戴、数字出版、会展演艺、文旅融合等重点文旅项目建设。

3. 提升文旅产业发展与城镇建设的数智化水平

加快推进文旅产业和城镇建设数字化,是推进文旅产业线下提质、线上拓展的重要举措。以做优做强数字经济"一号发展工程"为抓手,加快县域文化产业、旅游业、城镇建设管理等与数字经济融合发展的步伐,推进文化产业和旅游业"上云用数赋智",扩大优质数字文化和旅游产品供给,加快发展新型文旅企业、文旅业态、文旅消费模式。在城镇建设和智慧景区建设过程中,加快推进"一部手机自在游"项目建设,引导县域景区利用互联网、AI、VR 等新技术实现智慧化服务,如井冈山景区笔架山红色情境体验园、"智慧公厕"改造建设等。

4. 推进文旅项目与城镇建设联动,推动点上突破与串点成线系统谋划

在县域文旅产业发展过程中,应注重"两点论"与"重点论"相统一,以"点"上突破促进"线"上延展。积极打造 5A 级景区、4A 级景区、文化产业和旅游产业融合发展示范区、全域旅游示范区、旅游名县、

特色小镇、旅游风情小镇、特色文化街区等载体，集聚资源、聚焦政策、集中力量，将文旅产业发展与城镇功能品质提升相结合，重点提升文旅功能载体建设品质、增强各类文旅功能载体承载力、丰富不同文旅功能载体内涵，充分发挥"龙头型""引领型"文旅项目在促进县域文旅产业发展中的示范带动作用。县域在做亮"点"文旅项目的同时，注重逐步推进串"点"成"线"，推动打造景点链式化、景区全域化。

5.强化体制机制创新和专业化人才队伍建设

针对县域文旅项目发展过程中可能存在的跨部门协调难的现实问题，可成立县域文旅产业发展协调小组，由主要领导或分管领导担任组长，涉及的相关职能部门负责人为成员，定期或不定期协调解决县域文旅产业发展过程中可能存在的重大问题。针对县域文旅发展公司经营管理体制与文旅产业发展不相匹配的情况，应推进完善现代企业制度、强化激励约束机制建设等，通过招引职业经理人等方式，不断提升县域文旅发展公司的投资经营管理水平。针对营销管理、创意设计类和城镇规划、城镇运营等专业人才缺乏的现实，县域层面可出台专项人才政策，降低学历和年龄门槛、加大人才待遇力度，不断提高招引外来人才的吸引力、加大培养本地人才的投入力度、强化留住本土人才的政策举措，让县域文旅产业发展和城镇规划、建设、管理的专业化人才队伍不断壮大。

参考文献

曹宇等、王嘉怡、李国煜：《国土空间生态修复：概念思辨与理论认知》，《中国土地科学》2019年第7期。

程功、吴左宾：《县域国土综合整治与生态修复框架及实践》，《规划师》2020年第17期。

丁立、程钰、王建事：《山东新型城镇化与产业生态化耦合关系研究》，《中国环境管理干部学院学报》2019 年第 3 期。

范必：《绿色是未来城市发展的方向》，《中国人力资源社会保障》2016 年第 3 期。

冯奎、贾璐宇：《推进绿色城镇化政策优化的建议》，《经济研究参考》2016 年第 60 期（网络首发）。

冯琳、王少慧、李潇涵：《产业生态化研究进展：内涵、评估与研究对策》，《经济研究导刊》2021 年第 6 期。

付战勇等：《生态保护与修复理论和技术国外研究进展》，《生态学报》2019 年第 23 期。

辜胜阻、李行、吴华君：《新时代推进绿色城镇化发展的战略思考》，《北京工商大学学报》（社会科学版）2018 年第 4 期。

谷树忠：《产业生态化和生态产业化的理论思考》，《中国农业资源与区划》2020 年第 10 期。

胡文涛、孙俊娜、陈亮：《绿色金融、产业结构生态化与地区绿色发展》，《当代经济管理》2023 年第 5 期。

李集生：《产业生态化、环境规制与循环经济绩效的耦合实证——基于 18 个城市群面板数据》，《技术经济与管理研究》2022 年第 6 期。

刘春芳等：《西北地区县域生态系统服务的供需匹配——以甘肃古浪县为例》，《自然资源学报》2020 年第 9 期。

路文海等：《关于提升生态产品价值实现路径的思考》，《海洋经济》2019 年第 6 期。

马勇、刘军：《长江中游城市群产业生态化效率研究》，《经济地理》2015 年第 6 期。

米亚玲、毛必文：《产业生态化综述》，《赤峰学院学报（自然科学版）》2015 年第 20 期。

倪庆琳等：《基于生态安全格局识别的国土空间生态修复分区——以徐州市贾汪区为例》，《自然资源学报》2020 年第 1 期。

潘家华：《建设美丽城市要突出碳中和取向》，《智慧中国》2022 年第 12 期。

史宝娟、张立华：《我国产业生态化空间分异及驱动因素分析——基于 2005—2019 年我国 30 省份经验数据》，《生态经济》2023 年第 11 期。

涂颖清：《江西产业生态化现状与升级路径研究》，《江西行政学院学报》2015 年第 3 期。

王金南、王夏晖：《推动生态产品价值实现是践行"两山"理念的时代任务与优先行动》，《环境保护》2020 年第 14 期。

王军、应凌霄、钟莉娜：《新时代国土整治与生态修复转型思考》，《自然资源学报》2020 年第 1 期。

王鹏、赵微：《典型喀斯特地区国土空间生态修复分区研究——以贵州猫跳河流域为例》,《自然资源学报》2022 年第 9 期。

王夏晖等:《山水林田湖草生态保护修复思路与实践》,《环境保护》2018 年第 Z1 期。

魏后凯、张燕:《全面推进中国城镇化绿色转型的思路与举措》,《经济纵横》2011 年第 9 期。

温铁军等:《乡村振兴背景下生态资源价值实现形式的创新》,《中国软科学》2018 年第 12 期。

肖金成、王丽:《"一带一路"倡议下绿色城镇化研究》,《环境保护》2017 年第 16 期。

虞慧怡等:《生态产品价值实现的国内外实践经验与启示》,《环境科学研究》2020 年第 3 期。

张永生:《基于生态文明推进中国绿色城镇化转型——中国环境与发展国际合作委员会专题政策研究报告》,《中国人口·资源与环境》2020 年第 10 期。

张永生:《基于生态文明推进中国绿色城镇化转型》,《中国人口·资源与环境》2020 年第 10 期。

周宏春:《环境保护与绿色城镇化(上)》,《中国经济时报》2015 年 9 月 11 日。

周宏春:《环境保护与绿色城镇化(下)》,《中国经济时报》2015 年 9 月 18 日。

周璟等:《开都河流域生态安全格局构建与生态修复分区识别》,《生态学报》2022 年第 24 期。

周小喜等:《工业产业生态化效率演变特征及其驱动因素》,《统计与决策》2022 年第 15 期。

Banerjee S., Secchi S., Fargione J., et al., "How to Sell Ecosystem Services: a Guide for Designing New Markets" [J]. *Frontiers in Ecology and the Environment*, 2013, 11 (6): 297-304.

Costanza R., d'Arge R., De Groot R, et al. "The Value of the World's Ecosystem Services and Natural Capital" [J]. *Ecological Economics*, 1998, 25 (1): 3-15.

Tacconi L. "Redefining Payments for Environmental Services" [J]. *Ecological Economics*, 2012, 73 (15): 29-36.

Woodward R. T., Kaiser R. A.. "Market Structures for U. S. Water Quality Trading" [J]. *Review of Agricultural Economics*, 2010, 24 (2): 366-383.

后　记

本书是中国社会科学院"江西国情调研基地"调研成果报告，全书由中国社会科学院生态文明研究所和江西省社会科学院的专家学者共同完成。李学锋、杨开忠负责调研大纲设计和书稿统筹工作，麻智辉、李志萌承担了部分章节的组稿工作。各部分执笔人如下：

总报告：李学锋、陈瑶

第一章：麻智辉、朱顺东

第二章：张宜红、毛丽娟、余永华、程皓、陈宁、麻骏斌

第三章：卢小祁、李华旭、谢伟伟

第四章：李志萌、盛方富、马回、王露瑶、陈思怡

为顺利完成相关调研报告，项目组赴江西省南昌市、赣州市、上饶市、景德镇市、九江市和吉安市进行了实地调研，并与江西省发展改革委、农业农村厅等相关省直部门进行了多次座谈。在此，对调研活动给予支持的各级领导和相关部门致以诚挚谢意。

李学锋
2025 年 4 月 7 日

图书在版编目(CIP)数据

江西省县域新型城镇化研究/李学锋等著.--北京：社会科学文献出版社，2025.5. -- ISBN 978-7-5228-5424-3

Ⅰ.F299.275.6

中国国家版本馆CIP数据核字第2025J3E722号

江西省县域新型城镇化研究

著　　者 / 李学锋　杨开忠　麻智辉　李志萌　等

出 版 人 / 冀祥德
责任编辑 / 陈　颖
责任印制 / 岳　阳

出　　版 / 社会科学文献出版社·皮书分社（010）59367127
　　　　　 地址：北京市北三环中路甲29号院华龙大厦　邮编：100029
　　　　　 网址：www.ssap.com.cn
发　　行 / 社会科学文献出版社（010）59367028
印　　装 / 三河市龙林印务有限公司

规　　格 / 开　本：787mm×1092mm　1/16
　　　　　 印　张：19.75　字　数：264千字
版　　次 / 2025年5月第1版　2025年5月第1次印刷
书　　号 / ISBN 978-7-5228-5424-3
定　　价 / 128.00元

读者服务电话：4008918866

版权所有 翻印必究